강원용 나의 현대사

강원용 나의 현대사

젊은이에게 들려주는 나의 현대사 체험

5 비스가 봉우리에서

한길사

Kang Won-Yong, My Historical Journey
5 At Pisgah Peak
by Kang Won-Yong

Published by Hangilsa Publishing Co., Ltd., Korea, 2003

강원용 나의 현대사
5 비스가 봉우리에서

지은이 강원용
펴낸이 김언호

펴낸곳 (주)도서출판 한길사
등록 1976년 12월 24일 제74호
주소 413-120 경기도 파주시 광인사길 37
홈페이지 www.hangilsa.co.kr
전자우편 hangilsa@hangilsa.co.kr
전화 031-955-2000~3 **팩스** 031-955-2005

디자인 창포 **출력** (주)써니테크 21 **인쇄** 오색프린팅 **제본** 광성문화사

제1판 제1쇄 2003년 6월 10일
제1판 제3쇄 2015년 2월 25일

값 17,000원
ISBN 978-89-356-5470-3 04900
ISBN 978-89-356-5465-9 (전 5권)

• 이 도서의 국립중앙도서관 출판시도서목록(CIP)은 서지정보유통지원시스템 홈페이지(seoji.nl.go.kr)와 국가자료공동목록시스템(www.nl.go.kr/kolisnet)에서 이용하실 수 있습니다.
(CIP제어번호: CIP2015004131)

나는 오늘도 새 하늘과 새 땅을 향해 가고 있다. 나의 삶이 허물투성이라는 것을 알지만 그 부끄러움까지 감싸주는 큰 사랑, 태양빛에 비할 그 사랑이 나를 지키신다는 것을 믿기에 몸이 정지하는 그 순간까지 쉼없는 전진을 하며 살아갈 것이다.

6·25전쟁 중에 만나 지금까지 지기지우로 지내는 김정문알로에 회장 김정문. 그는 크리스챤 아카데미 이사로서 사회교육 분야를 후원하였다.

흰눈이 쌓인 길을 수필가 전숙희 여사와 함께 걷다.

아래 _ 평생 동지의 길을 걸어온 이태영 여사의 생신모임에 참석하다.

크리스찬 아카데미 30주년 기념 한일심포지엄(1995년 2월 2~3일)에 참석한 사람들.
왼쪽부터 김지하, 야스에 료스케, 사카모토 요시카즈, 오에 겐자부로, 이홍구, 필자, 조순, 야
미시타 신타로.

한국교회 백주년기념관에서 가진 크리스챤 아카데미 사회교육원 개원식.
왼쪽부터 김성식, 오재식, 필자, 최태섭, 조향록.

1994년 2월 원광대학교에서 종교간의 화합을 도모하고 한국종교의 위상을 국제사회에 고양하였다는 공로로 명예 철학박사 학위를 받았다.

아래 _ 1995년 8월 이화여대에서 기독교 교육과 여성운동, 인간화를 위한 평화운동에 기여한 공로로 명예 문학박사 학위를 받았다. 수여식을 마치고 정의숙, 윤후정, 송월주, 이태영 등과 함께.

1995년 10월 8일 가평에 '바람과 물 연구소'를 설립하고 이 사회에서 생명 가치를 실현하기 위한 활동에 들어갔다. 바람과 물이라는 뜻깊은 이름은 성서와 우리의 풍류사상을 토대로 김지하가 지은 것이다.

1998년 6월 한겨레신문, 문화방송, 시민단체연합이 결성한 '실업극복국민운동' 모임에서 김수환 추기경, 송월주 스님과 함께 공동위원장으로 피선되었다.

2000년 5월 12일 세계 평화 실현에 기여한 인물과 단체에게 주는 니와노 평화상(제17회)을 수상하다.

아래 _ 2002년 6월 5일 백담사에서 거행된 만해상 시상식.

강원용 나의 현대사

젊은이에게 들려주는 나의 현대사 체험

5 비스가 봉우리에서

강원용 나의 현대사

5 비스가 봉우리에서

환경은 생명이다

신의 사랑, 인간의 사랑

해방 50년, 카이로스의 시간

IMF라는 태풍이 불다

내가 사랑한 사람들

하나님이 새로 열어주신 길은 평화였다

부시 대통령과 북핵

신자유주의와 종교전쟁

느보 산 비스가 봉우리에서

맺는 말-돌아보고 내다보며

강원용의 삶과 정신을 말한다

환경은 생명이다

인간 중심에서 생명 중심으로

지난 몇 년간 남북 교류 문제와 함께 나의 생각이 집중된 주제는 생명 문제였다. 이미 출간된 『빈들에서』에도 그 싹이 나와 있지만 나는 이후 매스컴을 통해서나 설교 강연 등 기회 있을 때마다 이 문제를 깊이 다루곤 했다.

내가 살아오는 동안, 특히 박정희 정권 때 견딜 수 없었던 비극은 인간이 수단이 되어버리는 현상이다. 경제 역시 인간이 인간답게 살기 위해 필요한 것이다. 따라서 경제는 수단이고 인간이 목적이어야 한다. 그런데 이것이 거꾸로 되어 가치 전도 현상이 나타났던 것이 박정권 시절이었고, 나는 그것을 받아들일 수 없었다.

박정권 시절 나는 여러 가지 문제로 정부와 대립했지만 그 중에서도 박정권이 권력과 경제를 상위 또는 목적에 두고 인간을 수단으로 취급하는 데서 특히 많은 갈등을 빚었다. 정치 경제뿐 아니라 종교와 문화도 인간을 위한 수단이어야 한다. 인간이 수단이 되는 비인간화된 사회는 악의 영이 지배하는 '빈 들'이 되고 만다.

그래서 나는 1970년대의 가치 기준을 인간화에 두고 양극화의 해소와 인간화에 총력을 집중했던 것이다. 크리스챤 아카데미 25주년 행사 때에는 '인간화의 길 25년'이란 현수막을 사방에 걸고 여러 가지 이벤트를 마련했다.

그런데 80년대 말부터 나의 생각에 작은 변화가 일어났다. 물론 인간화에 대한 믿음을 버린 것은 아니다. 다만 진정한 인간화의 길은 인간 중심이 아닌, 생명 중심으로 패러다임을 바꾸어야 한다고 생각하게 되었다.

2천 년 기독교 역사에서 사고의 중심은 늘 하나님, 그리고 인간이었다. 사랑도 인간과 인간 사이에 국한되었다. 그런 가운데에서도 12세기의 성 프란체스코(나의 책 『믿는 나 믿음 없는 나』 참조), 20세기의 슈바이처 박사 같은 이들은 "태초에 하나님이 천지만물을 창조하시니 보시기에 심히 좋았다"는 말씀을 토대로 그들의 사랑을 자연계로 넓혀놓았다. 그럼에도 학문적인 신학 논쟁에서는 이러한 생명 문제가 거의 무시당해왔다.

그러나 20세기 후반에 접어들면서 이른바 환경 문제가 부각됐고, 1972년 UN 주최로 스톡홀름에서 '하나뿐인 지구'라는 주제로 국제회의가 열리면서 자연계를 보호하자는 목소리가 비로소 정당화되기 시작했다. 그러나 지금도 현실은 경제 발전이라는 미명 아래 자연 파괴 현상은 더욱 빠르게 진행되고 있다.

크리스챤 아카데미는 1960년대 후반 우리나라에 본격적인 공업화가 시작될 무렵부터 공해 없는 경제 발전을 주장했다. 국내의 그 어떤 단체나 기관보다 환경 문제에 일찍이 관심을 가졌던 것이다. 이 문제를 다루는 과정에서 경제 제일주의를 밀고 나가는 정부와 갈등을 빚고 정부의 탄압을 받기도 했다.

1980년대 말, 본격적으로는 1990년대에 들어와 우리는 공해나 환경이라는 말을 생명 중심이라는 말로 바꾸었다. 그리고 나는 환경 문제를 고민하는 조직체의 고문 자격으로, 혹은 다른 직책으로 참여하면서 나름대로 노력을 계속해왔다.

나는 우선 이 운동의 밑바탕이 되는 센터를 하나 만들어야겠다고 생각했으나 문제는 돈이었다. 하는 수 없이 수원에 있는 사회교육원을 팔기로 했다. 수원 사회교육원은 1970년대 인간화를 실현하기 위해 지은 집이었는데, 생명 중심주의를 위한 집으로는 적당하지 않아 내놓기로 한 것이다. 그래서 경기도 가평에 설립한 것이 1995년 10월 8일 개원한 바람과 물 연구소다.

하나뿐인 지구

사실 환경 문제를 해결하기 위해서는 입법 사법 행정을 통괄하는 국가 정책과 기업의 방향, 그리고 민간 운동이 서로 조화를 이루고 협력해야 성과를 거둘 수 있다. 그러나 무엇보다 먼저 생명에 대한 올바른 윤리관이 정립되어야 한다. 그리고 생명에 대한 윤리관을 정립하기 위해서는 환경 또는 생명에 관한 개념부터 명확히 해둘 필요가 있다.

내가 정의한 생명의 개념은 1994년 11월 이탈리아에서 열린 세계 종교인 평화회의(WCRP) 6차 총회에서 연설한 '환경은 생명이다'에 잘 나타나 있다.

1992년 유엔 환경개발회의(UNCED)에서 역사적인 '리우 선언'이 있었다. 우선 이 리우 선언의 배경부터 간단히 살펴보자.

오늘날 많은 과학자들은 우리 태양계에서 생명이 존재하는 유일한 별인 지구에 첫 생명, 즉 세포가 생기고 분열하기 시작한 때를 대략 35억 년 전으로 본다. 그런데 지구상에는 이 35억 년 전 태어난 오직 하나의 생명이 있을 뿐이다. 이 생명을 지구 생명(global life)이라고 하고, 나의 생명까지 포함해서 이 지구 위에 있는 많은 생명들은 이 글로벌 라이프의 한 부분인 보생명(co-life)이라고 한다.

나의 생명은 이 글로벌 라이프를 형성하는 모든 생명뿐 아니라 무생물까지 포함해서 서로 유기적으로 상호 의존(interdependence)하고 있으며 내적인 관계(inter relation)를 맺으며 목적의 내재성(internality of end)을 갖고 있다. 그러기에 나의 생명은 햇빛, 공기, 물, 나무, 땅(흙), 채소, 곡식, 과일 등 모든 식물, 동물 등과 연결되어서 존재하고 생명을 유지하고 있는 것이다. 나의 생명은 이 모든 것 중 어느 한 가지와 관계가 끊어져도 생명을 유지할 수 없게 된다.

그런데 이 총체적인 지구 생명에 속한 각각의 다양한 생명들은 서로 깊이 관련되어 있으나 똑같은 것은 아니다. 그 중 이 지구상에 가장 늦게 등장한 인간은 매우 특수한 존재다. 성서에서는 하나님의 형상으로, 동양 사상에서는 만물의 영장(靈長)으로 묘사되는 인간은 3층 구조로 된 두뇌와 정교한 신경계통, 불가지한 영역인 심층 지대(영성), 그리고 언어를 구사하는 존재로서 창조력을 지니고 있다. 그런데 그 창조력을 잘못 발휘하면 파괴력으로 바뀌기도 하는 존재다.

이런 인간은 P.W. 테일러(Tayler)의 말처럼 다른 생물체로부터 위협을 받을 때 자기를 방어할 수 있으며, 다른 생물체와 이익을 다툴 때 우위를 점할 수 있으나, 이것은 동시에 책임을 수반하는 것이었다.

그런데 이 인간이 그 특권을 남용하고 책임을 다하지 않음으로써 창조력보다 파괴력이 더 두드러지게 된 것이 약 300년 전 서구에서 시작된 근대화, 공업화였다. 이것은 인체를 파괴하는 암세포처럼 지구 생명에 나타났다. 암에 걸린 초기에는 통증을 자각하지 못하는 사이에 암세포가 몸 안에 퍼져나가듯이 이 지구의 환경 파괴도 초기에는 특별한 자각 증세 없이 악화되어갔다.

암은 악화되고 나서야 그 표징이 나타나듯 지구의 환경 파괴 표징은 공업화의 선진국인 유럽 몇 나라와 일본 등지에서 먼저 나타났다. 1952년 런던과 1950년 로스앤젤레스에서 나타난 스모고 현상, 그리고 1946년 일본의 이타이이타이병과 1953년 미나마타병등이 그 첫 징후였다.

이런 현상이 점점 확산되자 1972년 UN에서 '하나뿐인 지구'라는 주제로 스톡홀름에서 인간과 환경회의를 여는 등 생태계 파괴를 막으려는 운동이 세계 도처에서 일어났다. 그러나 사태는 점점 악화되어 1992년 세계 183개국 정상들이 참가한 UNCED(유엔 환경개발회의)가 열렸고, 여기에서 '리우 선언'이 나왔다.

이 회의에는 전세계의 종교 지도자들도 참가하여 "지구를 살리자"는 호소에 나섰고, 이듬해인 1993년 9월 4일 우리는 시카고에서 열린 100주년 세계 종교인회의에서 '지구 윤리선언'(The Declaration of Global Ethics)을 하게 되었다. 지구 윤리선언은 종교인뿐 아니라 전세계 사람들에게 다음과 같이 간절히 호소하고 있다.

'우리의 지구는 개개인의 의식이 바뀌지 않는 한 더 나아질 수 없습니다. 우리는 명상, 기도, 적극적인 사고로 우리의 마음을 훈련하고 우리의 지각을 넓혀갈 것을 맹세합니다. 모험과 희생이 없이는 근본적인 변화를 가져올 수 없습니다. 그러므로 우리는 지구 윤리에 맞는 삶에 헌신할 것이며, 서로를 이해하고 평화를 앞당기며 친자연적인 삶을 위해 헌신할 것입니다. 종교인이든 아니든, 이와 같은 일에 모든 사람을 초대합니다.'

나는 생태계 문제를 환경이라는 말로 인식하는 한 환경 위기는 해결할 길이 없다고 생각한다. 환경이란 말은 모든 것을 인간 중심으로 하고 자연계는 인간의 들러리로 인식하게 한다. 그러므로 우리의 사고를 '환경은 생명이다'로 전환해야 한다. 1988년 서울올림픽의 주제는 '천(天) 지(地) 인(人)'이었다. 즉, 하늘과 땅과 인간의 조화가 우리의 전통적인 사고이다. 동물계도 인간과 마찬가지로 생명이며, 물과 흙과 공기와 햇빛도 역시 생명이다.점

동양의 고대 철학가인 장자는 "천지는 나와 더불어 같은 무리요, 만물은 나와 더불어 한몸이다"라고 했다. 한국의 토착 종교인 천도교는 "천지와 부모는 한몸이어서 천지는 곧 부모요, 부모는 곧 천지이니 천지 부모는 일체라고 믿고 이 땅 아끼기를 어머니같이 하라"고 하였다. 자연 파괴는 곧 어머니의 피부를 깎는 행위이며, 이 우주 만물을 하나의 생명체로 보고 모든 생명의 존엄성을 강조하고 있는 것이다.

아울러 불교에서는 자연 속에서 불성(佛性)을 보고, 도교에서는 도성(道性)을 본다. —나는 동양 종교와 문화만이 환경과 생태계를 종교적인 신앙 속에서 가꾸어 왔다는 주장을 하려는 것이 결코 아니다. 서구 기독교 역사에서도 12세기 이탈리아의 성 프란체스코 같은 이는 생각뿐 아니라 그의 행동과 삶에서, 특히 그가 죽기 전에 남긴 『태양의 노래』에서 참으로 놀랍게도 동양적인 사고를 보여 준다.

위대한 신학자이자 음악가, 의학자인 슈바이처의 삶의 외경 사상은 기독교 신앙을 모든 생명에 대한 외경으로 보았고, 또 그렇게 살았다. 그러므로 우리는 동양, 서양 할 것 없이 전세계

의 모든 종교와 문화 속에 있는 환경을 생명으로 이해하는 전통을 토대로 인간 중심주의에서 생명 중심주의로 패러다임을 바꾸어야 하는 것이다.

오늘날 우리가 가장 서둘러 해결해야 할 과제는 바로 생명 보전이라는 것을 분명히 인식하기 위해서는 우리의 사고를 전환하는 것이 필요하다.

이미 지나간 일이지만 한국이 1960년대 후반 공업화를 본격적으로 추진할 때, 먼저 공업화한 나라들의 생태계가 넘어진 자리를 피해가면서 공업화를 해나갔어야 했다. 그러나 경제 제일주의 정책을 밀고 나간 군사 정부는 경제 성장에 장애가 되는 것은 어떤 것도 용납하지 않았으므로 이런 문제를 논의조차 할 수 없게 했다.

정도 차이는 있지만 이런 생태계 파괴 정책은 오늘날까지 계속되고 있다. 그래서 서울의 대기 오염은 세계 2위, 아황산가스는 로스앤젤레스의 69배, 산업폐수 속의 중금속은 미국 권고치의 25배에 달한다.

사실 이러한 문제는 해결할 방법이 없는 것이 아니다. 병이 너무 깊어 치유하는 데 엄청난 비용이 들어 해결하지 못하고 있을 뿐이다. 그렇기 때문에 더더욱 정권을 담당하는 행정부와 입법부의 윤리가 바뀌어야 한다. 그 다음에는 기업가들이 바뀌어야 한다. 생명에 반대되는 행위를 해가면서까지 이윤을 추구하고 기업을 경영하는 것은 살인을 해서 돈을 만드는 반인간적 범죄에 해

당한다는 인식을 가져야 한다.

그리고 무엇보다도 국민 전체가 생명을 존중하는 윤리 의식을 지니고 행동에 나서지 않으면 안 된다. 생명을 위한 윤리 실천은 좁은 의미의 환경 보호만이 아니라 우리나라에서 발생하는 교통사고, 부정식품, 마약 문제 등으로 넓혀가야 할 것이다.

분단국가에서 열린 평화회의

이미 언급했지만 나는 1965년부터 종교간의 대화와 협력에 많은 관심을 기울여 왔다. 각 종교가 자기 정체성을 지키면서 서로 대립하지 않고 국내외 문제를 풀어가는 역사의 현장에서 만나 협력하는 일은 너무나 당연한 일이다. 사실 대화와 협력이란 말로 하는 것이 아니라 구체적인 활동을 통하여 더 잘 이루어진다는 것을 나는 경험으로 알고 있다.

이 일을 위해 크리스챤 아카데미는 내가 회장을 지낸 아시아 종교인 평화회의(ACRP)와 내가 공동의장으로 활동했던 세계 종교인 평화회의(WCRP)를 통해 활발한 활동을 해왔다.

1981년 뉴델리에서 열린 아시아 종교인 평화회의(ACRP 총회)에 한국 대표로 참석한 김수환 추기경, 이병주 회장(유교), 박길진 원광대 총장 등은 다음 총회(1986년)는 한국의 서울에서 개최할 것을 제안했다.

총회 간부들은 이 제안을 긍정적으로 받아들였고, 그 준비 책임을 나에게 맡겼다. 나는 1965년 용당산에서 처음 모였던 6대

종교로 한국 종교인 평화회의(KCRP)를 새롭게 구성하고 서울 회의의 주제를 '평화의 가교'라고 정했다. 평화는 아시아 전체의 문제이기도 하지만 특히 분단 한국에서 모이는 총회인 만큼 적합한 주제라 생각했기 때문이다.

그리하여 중동과 소아시아를 포함한 아시아 22개국 18개 종교 대표들이 모인 제3회 아시아 종교인 평화회의(ACRP) 총회가 1986년 6월 15일부터 21일까지 서울 앰배서더 호텔에서 열렸다.

총회 준비를 하면서 가장 어려웠던 일이 종교마다 다른 식사 문제였다. 미리 채식, 육식 등을 문의하여 준비했는데 인도의 자인교 교주는 자기 요리사를 데리고 온다고 했다. 그들은 흙에서 나온 음식, 예를 들어 감자, 무 같은 것은 안 먹는다고 했다.

"우리가 그런 것을 먹지 않는 이유는 그런 식물들을 땅에서 뽑을 때 버러지들이 많이 죽기 때문입니다."

"그러면 사과나 배 같은 것은 농약을 칠 때 버러지들이 죽지 않습니까?"

나의 질문에 그는 "자인교가 처음 생겨날 때는 농약이 없었다"고 설명했다.

이 회의는 6대 종단이 적극 협력하여 총회 전체 비용의 50퍼센트를 담당했고, 각 종단 지도자들뿐 아니라 평신도들, 특히 카톨릭 호콜라레 회원들의 짜임새 있는 봉사로 모든 일이 순조롭게 진행되어 참가한 외국인들의 찬사를 받았다.

1986년은 국제연합이 '세계 평화의 해'로 선포한 해이자 한국 분단 41년째 되는 해였다. 그런 때에 한국에서 '평화의 다리를 놓자'는 주제로 전 아시아 종교 지도자들이 열띤 토론을 하게 된 것은 매우 뜻깊은 일이었다.

총회에서 참가자들은 '서울 선언'을 발표했다. 약 5,500자로 이루어진 이 선언서는 우리의 과제, 우리의 비전, 우리의 기도, 우리의 관심과 제안 등의 항목으로 되어 있었다. 그 구체적인 내용은 한국과 같은 분단 국가와 아시아 각 지역에 퍼져 있는 대립과 갈등 속에서 종교인들은 중립이 아니라 고통당하는 자들과 하나가 되어 그들의 고통을 덜 수 있도록 최대한 노력을 계속하며 갈등과 대립, 차별이 있는 아시아 모든 지역에 평화의 다리를 놓아야 한다는 것이다.

총회에서는 두 가지 결의안이 만장일치로 채택되었다.

첫째는 남아연방의 억압된 민중들과 연대 의식을 갖고 이들에게 깊은 관심을 표명하며 비인간적 인종 차별 정책과 제도를 즉시 철폐할 것, 그리고 둘째는 서울에 평화교육 센터를 설치할 것이었다.

이 모임에서 나는 5인 회장단 중 한 사람이 되었고 다음해 스리랑카에서 모인 실행위원회에서는 다섯 명을 대표하는 총회장(Moderator)으로 선출되었다.

세계의 다변화와 종교

같은 해에 세계 종교인 평화회의(WCRP) 국제위원회가 중국 북경에서 열렸다. 미수교 국가인 우리나라에서는 박길진 원광대

총장과 이병주 전 성균관 관장과 내가 참석했다. 우리는 미수교 국가에서 갔기 때문에 이 회의 이외의 일은 볼 수도 없고 전혀 다니지 못하게 되어 있었다.

주일에는 각각 소속 교회에 가서 예배드리게 되어 나는 북경에 있는 중국인 교회에 갔다. 그 교회에서 나는 한국인 교인을 수십 명 만났는데, 그들은 내게 이런 부탁을 했다.

"중국 교회는 정부가 정치 선전용으로 세운 곳이기 때문에 우리는 가정 중심(처소 교회)으로 모여 예배를 드리고 있습니다. 목사님께서 처소 교회에 다니는 신도들에게 세례를 베풀어 주셨으면 좋겠습니다."

"공안국 사람들(정보원)이 제 뒤를 따라다니므로 비밀 장소인 처소 교회에 가는 것은 신도 여러분들에게 위험합니다. 대신 우리 모임 순서 중에 천단(Temple of Heaven)에 가는 때가 있는데, 그 장소에서 여러분들을 위하여 공개 기도를 하기로 하지요."

약속한 대로 나는 옛 황제들이 하늘에 제사를 지내던 천단에 올랐을 때 그들을 위해 기도를 올렸다.

그런데 북경에 있는 동안 조선족 몇 사람이 우리에게 인사를 하러 찾아와 그들의 자동차를 타고 거리로 나섰다가 중국 종교단체 연합회 일을 보는 신자이푸(申在夫)에게 호되게 당하고 추방당할 뻔한 일도 있었다.

그후 나는 아시아 회원국과 아직 가입이 안 된 나라들을 방문하다가 1992년에 남미 브라질에서 세계 종교인 평화회의 실행위원회에 참석했다. 이 모임은 얼마 후 리우데자네이루에서 모일 예정인 UNCED(유엔 환경개발회의)의 준비 모임이었다.

'지속 가능한 발전'을 주제로 한 UNCED는 지구 전체의 사활이 걸린 큰 대회였다. 환경 보존과 개발 문제를 전지구적인 차원에서 다루었던 대회니 만큼 여러 국가들의 이익이 첨예하게 대립할 수밖에 없었는데 특히 이미 경제 발전을 이룬 나라들과 아직 미개발 혹은 발전도상에 있는 나라들은 심각한 의견 대립을 보여주었다.

예를 들어 아마존 지역 원시림 개발 문제에 대해 선진국에서는 환경 보전을 위해서는 개발해서는 안 된다고 하고, 그 지역의 가난한 나라들은 개발해야 한다는 주장으로 맞섰다. "가난한 나라의 개발을 제한하기에 앞서 이미 발전한 나라들이 환경 파괴의 주역들이니 그런 나라들부터 제한해야 공평하다"는 것이었다.

1993년 9월 4일에는 시카고에서 열린 세계 종교인대회(Parliament of World Religion)에 참가했다. 1892년 세계 종교인들이 모이고 꼭 백년째 되는 해를 기념하여 모인 이 대회에는 약 6천 명이 참가하여 '지구 윤리'(Global Ethics)라는 문서를 만장일치로 통과시켰다. 환경 문제를 이대로 두면 백년 후인 2093년에 있을 세번째 대회에는 지구의 생명이 다 죽어 모일 수 없을 것이란 전제에서 독일 신학자인 한스 큉(Hans Küng) 박사를 비롯한 여러 종교 학자들이 이 지구 윤리 선언서를 작성했다.

이 대회 분과 토의에서는 지금까지 역사에서 종교가 해온 역할에 대한 논의가 이루어졌는데, 나는 역기능이 더 많았다는 편의 토론 주제를 맡았다.

종교의 순기능을 주장한 미국인 강사는 마틴 루터 킹 목사를 예를 들어 설명했다. 나는 킹 목사의 훌륭한 역할을 부인하지 않으나 킹 목사가 목숨을 걸고 싸운 인종 차별의 원인이 무엇이었는가를 물었다.

"청교도의 후예인 미국인들이 아프리카에서 흑인들을 짐승 사냥하듯이 강제로 잡아다가 백인들의 노예로 삼을 때 과연 기독교는 무슨 역할을 했습니까? 헉슬리(Huxley)가 '기독교는 역사적으로 인류를 위해 좋은 역할을 많이 했지만 인류에게 해를 더 많이 끼쳤다'고 한 주장은 지나치기는 해도 우리 종교인들은 겸손하게 경청해야 할 것입니다.

지난 2천 년 동안 일어난 참혹한 전쟁 중에 종교 전쟁이 얼마나 많았는지도 생각해봅시다. 특히 이슬람교와 기독교 사이에서 계속되어온 1400년간의 전쟁 기록을 살펴보아야 하며 19세기 식민지 쟁탈전에서 종교가 행한 역할을 다시 한 번 검토해보고 반성합시다."

종교의 역기능이나 허물에 대해 부인하거나 모른 체하기보다는 솔직히 인정하고 반성하는 것이 종교의 생명이라고 생각한다. 이 대회에서 가장 크게 다룬 문제인 지구 윤리만 해도 1960년대 하비 콕스가 공업화와 도시화 현상을 예찬하면서 이런 공업화의 배경에는 기독교의 공헌이 컸다고 한 것과는 매우 대조적인 입장이었다.

대한 성공회에서는 이해 11월, 이 세계 종교인대회의 지구 윤리를 주제로 백주년 기념 학술대회를 개최했다. 나는 대회 기간 중인 11월 5일 '21세기를 향한 한국 종교의 비전과 과제'라는 제목으로 강연했다.

"향후 우리 앞에 전개될 지구촌 시대의 특징은 종교와 문화의 다변화이며, 이러한 시대에는 상호 협력하여 공동의 광장을 만드는 일이 모든 종교의 최우선 과제여야 한다."

세상은 바야흐로 새로운 변화의 시기를 맞고 있었고, 종교와 종교인 역시 이런 변화에 맞는 길을 찾아가는 것이 큰 과제로 떠올랐다.

에바는 늙었지만 우정은 변치 않고

1994년 내게 경사스러웠던 일은 그해 2월 26일, 원불교가 설립한 이리의 원광대학교에서 명예 철학박사 학위를 받은 것이다. 6대 종교 모임을 주도하면서 종교간 화합을 도모하였다는 공로로 받았는데, 불교계 대학에서 기독교 목사에게 그런 학위를 준 것은 세계에서 처음이 아닌가 생각하며 무척 감사했다.

그해 11월에는 세계 종교인 평화회의 제6차 총회가 이탈리아에서 열렸다. 먼저 바티칸에서 교황 요한 바오로 2세가 임석한 가운데 개회식이 있었고, 총회는 북쪽 지방에 있는 레바 가든에서 열렸다.

이 총회는 사상 최대 규모였다. 전세계 63개국 22개 종교에서 860여 명이 정식으로 등록했는데, 미등록자를 합하면 참석자가

천 명이 넘었다. 나는 이 총회에서 공동의장에 피선됐고, 실행위원 및 차기 총회 준비 위원장직을 맡게 되었다. 앞에서 소개한 나의 강연 '환경은 생명이다'는 바로 이 총회에서 연설한 것이었다.

6차 총회에는 아시아 지역 외에 유럽, 아프리카, 중동 지역에서도 대거 참여했다. 특히 동구권과 이전까지 비교적 냉담한 반응을 보였던 서구 기독교 문화권에서 많이 참석한 것이 인상적이었다.

총회의 주제는 '세계의 상처 치유'와 '평화를 위한 종교'였다. 참석자들은 6개 분과로 나뉘어 회의를 진행한 뒤 마지막에 종교간 협력을 통해 세계 각지의 분쟁과 문제를 해결하자는 내용의 '카르다 선언문'을 채택한 뒤 막을 내렸다.

나는 이 총회에 참석하러 가는 길에 오랜만에 프랑크푸르트에 들러 1954년부터 변함없는 우정을 나누고 있는 에바 간츠를 만나보았다.

에바는 상당히 늙어버린 모습이었다.

"남편 스텡글이 세상을 떠난 후 혼자 지내고 있는데, 나이 탓인지 건강도 별로 좋지 않아."

우리 나이가 나이인지라 그런 소식을 접하게 되자 내 마음은 쓸쓸했다. 그후 나는 그의 건강이 늘 걱정되면서도 편지를 쓰게 되지는 않았다. 무심한 나의 성격 탓이었다.

우리는 크리스마스나 특별한 때가 되면 안부 인사를 나누어 왔는데 나는 카드나 엽서를 보내는 정도지만 에바는 크리스마스가 되면 긴 편지를 보내오곤 했다.

그런데 한번은 크리스마스에도 연락이 없어 은근히 걱정이 되어 전화를 걸어보았다. 그런데 전화도 받지 않고 전보를 쳐도 답장이 안 오는 것이었다. 나이도 나이인지라 불길한 생각마저 들었다. 독일 같은 서구에서는 늙은이 혼자 살고 있다 변고를 당해도 아무도 발견해주지 않아 우편 배달부가 자꾸 쌓이는 우편물을 보고 경찰에 신고하여 부패한 시체를 찾아내는 일이 간혹 있다는 얘기가 생각났다.

나는 프랑크푸르트에 있는 우리 영사관에 연락하여 에바의 생사를 알아봐 달라는 부탁까지 했다. 다행히도 장기 여행 중이라는 소식이 왔다. 서운함은 둘째치고 우선 죽지 않아 다행이라고 안심했다.

휴가에서 돌아온 에바는 내가 찾았다는 소식을 영사관으로부터 들었는지 내게 전화를 걸었는데 시차를 몰라 전화를 건 시간이 한국 시간으로 새벽 두 시였다.

"나를 찾았다면서?"

"내가 얼마나 걱정을 했는지 아는가? 왜 편지를 하지 않아 사람을 걱정시키고 그러나?"

"내가 편지를 하지 않는다고? 아니, 편지를 안 하는 사람이 누군데 그래?"

"내가 카드를 보내잖아."

"그게 카드지 편지야?"

평소 손으로 직접 쓴 긴 편지를 자주 보내오는 에바에 비해 그저 카드나 엽서만 달랑 보내곤 했던 나는 에바의 응수에 할 말을 잃었지만 나는 여전히 화를 내는 에바가 고맙고 반갑기만 했다. 그날 밤 우리는 한바탕 웃고 전화를 끊었다.

에바와 관련된 이야기를 조금 더 해야겠다. 1996년 10월 독일 힐데스하임이란 곳에서 세계 종교인 평화회의가 열렸는데, 그때 프랑크푸르트를 거쳐가기로 되어 있었다. 나는 아무래도 내 생애 마지막이 되겠다 싶어서 에바에게 프랑크푸르트에 들르겠다고 연락을 했다.

"눈이 어두워서 저녁에는 내가 차를 몰고 공항까지 못 나가니 미안하지만 택시를 타고 우리집까지 찾아와 줄래?"

나는 어차피 혼자 살고 있는 에바의 집에는 갈 생각이 없어서 아는 사람을 통해 호텔을 잡아달라고 부탁해 놓은 터였다.

그런데 프랑크푸르트 공항에 내리자 놀랍게도 에바가 나를 기다리고 있었다.

"암만해도 네가 제대로 찾아오기 힘들 것 같아 나왔어."

"그럼 네 집에 가기 전에 예약해둔 호텔에 체크 인을 하고 가자."

내 말에 에바는 화를 버럭 냈다.

"아니, 우리 집에 빈 방이 네 개나 되는데 무엇 때문에 모처럼 이곳에 와서 호텔에서 자겠다는 거야? 그럴 것 같으면 내게 편지는 왜 썼어?"

나는 솔직히 말했다.

"프랑크푸르트 총영사관에서 내가 이곳에 오는 것을 다 아는

데, 내가 호텔에 안 들고 비록 나이는 많지만 여자가 혼자 사는 집에서 자면 사람들이 오해하지 않겠어?"

"아니, 한국 사람들 사고 방식은 다 그래? 외국에 와서 친구 집에서 묵는 것도 이상하게 보는 거야?"

에바의 화에 나는 오히려 따뜻한 친구의 오래된 정을 느낄 수 있어 고마웠다.

그날 밤, 비록 에바의 집에서 자지는 않았지만 나는 그의 집에 들러 차를 마시며 긴 얘기를 나누었다. 독일식으로 홍차와 치즈 한쪽을 먹으면서 우리는 언제나 그랬듯 신학과 정치 문제를 화제로 이야기를 나누었다. 이튿날에는 점심을 같이하며 남은 이야기를 했다. 우리는 만나면 변함없이 곧바로 신학 이야기로 들어가곤 했는데, 그때는 많은 이야기를 나누지 못하고 아쉽게 헤어졌다.

에바와 만난 지 40년이 흘러 이제는 우리 둘 다 노인이 되었지만 남녀를 초월하여 변함없는 우정을 나눌 수 있는 친구란 그렇게 좋은 것이다.

신의 사랑, 인간의 사랑

영성은 나를 비움에서 시작한다

1990년대 들어와 나는 특별히 개신교의 영성(spirituality) 문제에 대해 깊이 생각하게 되었다. 대부분의 종교 특히 불교나 힌두교에서 영성 수련은 매우 중요하지만 기독교 역시 동방정교회, 카톨릭, 성공회 등에서는 영성 수련을 중요시하고 또 오랜 전통을 갖고 있다.

그러나 개신교는 카톨릭의 수도원, 영성 수련(피정) 같은 것의 여러 문제를 인식한 때문인지 이 문제를 등한시해왔다.

예를 들면 15세기 토마스 아 켐피스(Thomas à Kempis)가 썼다고 전해지는 『그리스도를 본받아서』(*Imitatio Christi*)와 같은 책에 담긴 사고 즉 예수 수난을 명상함으로써 영성을 기르는 방식에 대해 개혁자들은 그리스도 안에서는 성(聖)과 속(俗)의 경계선이 무너진 것으로 이해하고 이를 받아들이는 것을ㄴ 꺼렸는지 모르겠다.

개신교는 영성 수련이 없는 대신 카톨릭에서 하는 청원 기도, 즉 전능하신 하나님께 호소하는 기도를 열심히 한다. 그러나 영성 수련이 없는 기도는 자칫하면 하나님의 음성을 경청하기보다는 하나님을 향한 설교가 되기 쉽고 복을 얻기 위한 기복(祈福) 신앙이 되기 쉽다. 나의 욕구를 호소하는 기도를 드리기 이전에 천지만물을 창조하고 지금도 날마다 새롭게 하시는 하나님의 영(에너지)을 받아들이는 일부터 해야 한다.

그러자면 우선 나 자신을 철저하게 비워 진공 지대를 만들어 두어야 한다. 그래야 영이 내 안에 들어온다. 따라서 하나님에게서 오는 사랑의 에너지를 받아들여 자기중심적이고 이기적인 탐욕을 내몰고 나서 기도를 열심히 드리는 것이 올바른 순서다.

이 영성 수련 중 대표적인 것이 명상(contemplation)인데, 이런 생활에 집중하면 우리가 사는 세상일에는 자칫 멀어지기 쉽다. 세상일에 적극적으로 참여하는 대신 오히려 내면 세계에 머물며 타계(他界) 지향적이 된다면 이는 참된 영성의 각성이 아니다. 이런 의미에서 토머스 머턴(Thomas Merton)이 한 말을 다시 한 번 음미해볼 만하다.

"정적 속에서 내면으로 눈을 돌리는 일이 묵상의 일부이듯이, 바깥 생활을 영위하고 남들을 위하는 것도 묵상의 일부입니다. 기독교의 묵상이 세상 생활을 질적으로 변화시킬 수 없다면 그런 묵상은 할 필요가 없습니다."

명상 없는 사회 참여는 진정한 사회 참여에 이르지 못한다. 토머스 머턴은 "우리가 발견했고 우리가 사랑하고 우리 가까이 있으며 우리를 끌어당기려고 다가오시는 그분 안에 거하는 것이 묵상"이라고 했다.

많은 신학자들이 21세기에는 형이상학적인 신학의 발언권은 약해지고 영성 문제가 기독교뿐 아니라 모든 종교에서 크게 드러날 것이라고 했다. 그리고 그런 경향은 이미 시작되었다.

나는 지난 몇 해 동안 이 문제를 깊이 생각하며 나 자신부터 영성을 닦는 새 생활을 하고 특히 개신교 지도자들에게 이 사실을 깨닫게 하려고 노력했다. 그래서 가평에 새로 지은 바람과 물 연구소에서 몇 차례 모임을 갖기도 했다.

그러나 개신교 안에서 이 분야를 공부하고 실천하는 사람이 몇 안 되고 개신교 지도자들도 대부분 무관심하다. 그도 그럴 것이 이를 주장하는 나 자신부터 이 '새로운 힘을 얻기 위한 생활이 잘 되지 않는다. 영성 수련은 어려운 문제지만 앞으로 더 연구하고 노력하여 개신교의 갱신에 이바지하고 싶은 마음이다. 어쨌든 신자가 된다는 말은 바울이 말한 "나 자신을 비우고 내 삶에 그리스도가 사는 것"(「갈라디아서」 2:20)이며, 또 비운 마음에 받아들인 영성이 개혁의 원동력이 되어야 한다는 것만은 분명한 사실이다.

묵상 혹은 영성은 언어가 정지되는 상태다. 말(言)은 인간에게만 준 하나님의 가장 큰 선물 중 하나다. 그러나 이 귀한 말은 창조적이 될 수도 있고, 파괴적이 될 수도 있다. 이 언어가 위조 지폐처럼 거짓말이 되거나 인플레 현상이 나타날 때 그것은 파괴적으로 변한다.

말이 창조적이 되려면 먼저 참말을 들을 수 있어야 한다. 즉 내 말이 아닌 그분의 말을 들을 수 있도록 침묵해야 하고 그 속에서 얻은 에너지를 바탕으로 말을 해야 창조적인 말이 된다. 사실 침묵을 배경으로 삼지 않은 말은 소음 아니면 오염이다. 침묵의 여과 과정을 거쳐야 참말을 할 수 있다. 침묵은 이렇게 참말을 당당하게 하기 위해 있는 것이다.

아가페와 에로스

앞에서도 잠깐 언급했지만, "구체적으로 어떻게 사는 것이 참된 신앙 생활인가" 하는 물음에 대한 대답은 역시 사랑이라고 나는 생각한다. 하나님은 곧 사랑이요(「요한일서」 1 4:8), 그 사랑은 예수의 십자가 죽음을 통해 나타났으니(「요한일서」 1 3:16), 햇빛 같은 그 사랑을 받아들이며 사는 사람이 신자인 것이다. 그리고 신앙을 갖고 사는 삶이란 결국 크신 사랑에 대한 반사체로 사는 것이다.

그러나 "하나님은 사랑이다"라는 말을 "사랑은 하나님이다"라고 뒤집을 때 그 하나님은 '악마'가 되기 쉽다. 나라를 사랑한다, 민족을 사랑한다는 구호 아래 얼마나 많은 사람들이 피를 흘렸는가. 2차 대전 중 일본과 나치 독일이 저지른 악마적 대량 학살이 그 좋은 예다. 남편을 사랑하는 것은 남편과 운명을 같이하는 것이라는 구실로 죽은 남편과 살아 있는 아내를 함께 묻는 인도의 예도 그렇다. 그런 의미에서 기독교의 사랑에 대해 좀더 언급해 둘 필요가 있을 것 같다.

하나님은 사랑이라 했지만 구약의 하나님은 과연 그런가. 『성서신학사전』 전4권 5444항목 중에 사랑에 대해서는 '자비'라는 한 항목밖에 없다. 소돔과 고모라, 노아의 홍수 이야기 등이 대표적인 예다. 십계명도 사랑의 계명이라기보다는 일종의 보상 사상이다.

구약의 하나님은 그의 백성 이스라엘을 아내 사랑하듯 사랑한다. 이스라엘의 배반에도 불구하고 하나님의 사랑이 변하지 않은 많은 예(「예레미야」 3:1, 「호세아」 1:2)가 있다.

구약에는 의로운 하나님과 자비로우신 하나님 간의 끝없는 갈등과 타협이 나온다. 이 갈등으로 율법 이행이 불가능해지게 되자 이번에는 고난의 종 예언이 등장한다. 근원적인 심판을 하나님 스스로 받아버리는 것이다. 그것이 신약의 예수 그리스도 사건이다.

신약의 예수는 "인간과 똑같은 분이지만 죄는 없었다"(「히브리서」)고 했다. 그러므로 예수님은 하나님을 야훼라 부르지 않고 아바 아버지라 불렀고, "하나님은 선한 사람, 악한 사람 차별 없이 해를 떠오르게 하시고 의로운 사람이나 불의한 사람에게나 똑같이 비를 내려주시는 분으로 완전한 사랑을 하시는 분"(「마태복음」 5: 43~48)이라 했다.

이런 사랑을 우리는 알지 못하고 실행해낼 수 없으니, 그리스도가 몸을 드려 실현시킨 것이다. 그래서 「요한일서」 3장 16절부터 이런 말이 나온다.

"그리스도께서 우리를 위하여 자기 몸을 버리셨습니다. 이것으로 우리가 사랑을 알게 되었습니다. 그러므로 우리도 형제 자매를 위하여 목숨을 버리는 것이 마땅합니다. 하나님의 완전한 사랑이 그리스도 안에 나타났고, 그 사랑의 빛을 받아들이는 때에 그 사랑의 반사체가 되어 응답하며 사는 삶이 신자의 생활인 것입니다."

그런데 인간의 사랑에는 여러 종류가 있다. 그리스에서는 인간의 사랑을 스튜로게(stroge), 즉 자연적이고 본능적인 사랑과, 필리아(philia)라는 우정과 같은 사랑, 그리고 가치 있는 것에 대한 사랑, 소유하고 싶은 마음을 지칭하는 에로스(eros)로 나누었다.

그러나 하나님의 사랑을 말할 때는 아가페(agape)라는 말을 쓴다. 내어주는 사랑, 조건 없는 사랑, 무가치한 대상에 대한 사랑이다. 즉, "우리가 죄인이었을 때 그리스도께서는 우리를 위하여 죽으심으로써 하나님의 사랑을 나타내셨습니다. 죄인을 단순히 용서하는 것만이 아니라 목숨을 다해 사랑하시는 것입니다. 죄인이 의인으로 바뀐 후부터 사랑하시는 것이 아니라 죄인인 때도 사랑하신 것입니다."(「로마서」 5:5~8)

결국 태초에 하나님이 천지만물을 창조하셨다는 말은 천지만물은 사랑으로 창조되었다는 뜻이다. 따라서 우리는 "그의 사랑의 인력권 안에 사는 것"(샤르뎅)이며, "우리가 형제를 사랑함으로써 사망에서 생명으로 들어간 줄 알거니와 사랑하지 아니한 자는 사망에 머물러 있는 것"(「요한일서」 3:14)이다.

우리 인간은 하나님에 의해 창조된 피조물의 하나로서 전 생태계의 일부이기 때문에 피조물 전체와도 사랑의 관계를 가져야 한다.

기독교 신학은 오랫동안 인간의 사랑인 에로스와 하나님의 사랑인 아가페는 서로 대립되는 개념으로 이해해왔다. 이러한 입장의 대표적인 신학자가 니그렌(Nygren) 같은 사람이다. 그러나 폴 틸리히는 이렇게 말했다.

"아가페는 대립하는 힘이 아니라 구원하는 능력이므로 에로스를 배격하지 않고 이를 변화하고 완성시키는 힘이다."

이는 정녕 아름답고 옳은 말이 아닌가?

친구 문익환의 죽음

1994년은 나 개인적으로, 또 국가적으로도 안타까운 일이 많았던 해다. 그해 1월 18일 나의 오랜 친구인 문익환 목사가 갑자기 세상을 떠났다. 내가 막 외국 여행을 마치고 돌아온 날 밤, 나는 텔레비전 뉴스에서 이 비보를 접했다.

여행을 떠나기 전 그는 나와 만나 깊은 이야기를 나누고 싶다고 했다. 나는 다녀오면 꼭 만나자고 하면서 대신 박경서 박사를 만나게 했는데, 안타깝게도 그 사이 세상을 떠나고 만 것이다.

내가 간도 용정의 은진중학에 다닐 때 다닌 교회가 용정 중앙교회였다. 그 교회 교역자가 그의 선친이신 문재린 목사님이었다. 장남인 문익환은 나보다 한 살 아래였지만 학교로는 선배였고, 차남 동환은 나와 몇 살 차이가 났다. 우리는 한가족처럼 지냈다. 익환이 형제는 음악을 좋아했고, 문학 작품을 애독했다. 특히 익환이는 시에 소질이 있었고 윤동주와도 가까운 사이였다.

내가 일본 유학을 마치고 돌아와 용정 중앙교회에서 전도사로 일할 때 익환이는 신학을 공부했는데 특히 구약과 히브리어에 주력했다.

그와 나는 사상적인 면이나 행동 실천 방법에는 다소 거리가 있었지만, 우리 둘은 이런 점을 뛰어넘어 변함없는 우정을 나누었다. 그는 목숨을 걸고 법적 장애를 뛰어넘어 평양까지 갔고 계속 옥살이를 하면서도 끄떡하지 않는 강한 의지와 용기의 소유자였다. 그러면서도 운동권 지도자들에게 흔히 보이는 배타성이나 독선적인 면을 찾아 볼 수 없는, 참 인간미가 넘치는 사람이었다.

문익환 목사의 장례식은 1월 22일에 있었는데, 공교롭게도 역시 나의 오랜 친구인 정일권 전 총리의 장례식도 같은 날이었다. 정일권의 장례는 국회장으로 치른다 했고, 문목사는 운동권에서 겨레장으로 한다고 했다. 나는 양쪽 다 참석하지 못했다.

무너지고, 무너뜨리고

1994년 11월 김영삼 대통령은 오스트레일리아 시드니에서 열린 에이펙(APEC)에 다녀와서 '세계화' 시대를 천명했다. 그 전에도 똑같이 APEC에 다녀와서 '국제화' 이야기를 했는데, 그 둘이 무엇이 다른지 도무지 모를 일이었다. 그때부터 그는 "세계화 시대는 무한 경쟁 시대로 한국은 머지 않아 세계의 중심 국가가 될 것이다"라고 역설하기 시작했다.

그러나 이 무렵에 나라는 무너지고 무너뜨리는 비극적인 일들이 잇따라 일어났다. 그해 10월 28일 성수대교가 무너지면서 등교하던 여고생과 시민들이 참사를 당했고, 아시아나 항공기 추락으로 66명이 사망했다. 구포에서는 열차가 전복하는 바람에 78명이 목숨을 잃었고, 서해 페리호가 침몰하는 등 육해공에서 대형 사고가 끊이지 않았다. 급기야 이듬해 6월 29일에는 삼풍백화점이 붕괴되어 수많은 사람들이 참변을 당했다. 내 동생과도 같은 김정문 회장의 젊은 부인과 어린 아들도 그곳에서 참사를 당했다.

이렇게 허망하게 무너지는 한편에서는 인위적으로 무너뜨리는 상황도 일어나고 있었다. 남산 외국인 아파트를 폭파하고, 원래 중앙청으로 쓰다가 국립 중앙박물관이 된 옛 조선 총독부 건물을 해체하는 것 등 나로서는 이해할 수 없는 일이었다. 특히 나는 중앙박물관 건물을 철거한다는 소식을 듣고 일시적이고 선동적인 개혁이라는 판단이 들어 반대했다.

나는 '국립 중앙박물관 보존을 위한 시민의 모임' 공동 대표를 맡아 강기원 변호사 등과 함께 여러 번 항의 집회를 가졌고, 일간지에 "우리는 국립 중앙박물관 철거를 반대합니다"라는 광고를 싣기도 했다. 내가 구 조선 총독부 건물 철거에 반대한 것은 그런

행위가 정부에서 내세우는 민족 정기 회복이 아니라, 한국 현대사의 파괴라고 생각했기 때문이다. 말하자면 죽은 역사를 위해 산 역사를 파괴하는 오만하고 독선적인 행위로 보였다.

나는 한 신문과 가진 인터뷰에서 "이 건물을 파괴하면 일제 식민 통치와 만행의 증거가 인멸되니까 이를 제일 좋아할 사람은 바로 일본인일 것"이라고 신랄하게 말해주었다. 그 무렵 내가 신문(『경향신문』 1994년 12월 2일자)에 기고했던 글 하나를 옮겨본다.

> 국립 중앙박물관 건물 철거 계획은 지금부터라도 다각도로 심사 숙고하여 중단하기 바란다. 그 첫째 이유는 역사와 교훈을 잊지 않기 위함이다. 나는 영국에 갈 때마다 기회가 있으면 런던 탑을 찾아가 영국민의 정신을 느끼곤 한다. 영국 통치사에서 참으로 수치스러운 사건을 숨김없이 런던 탑에 진열하여 만인이 보게 만드는 것은 그런 수치스러운 역사를 다시 반복하지 않고자 하는 산 교육으로 삼고자 하는 뜻이다. 1961년 처음으로 인도를 방문했을 때 감탄했던 것도 그들이 영국 식민지 통치 시절의 유물을 그대로 보관하고 있다는 점이었다.
>
> 수치스러운 역사의 흔적을 모두 무너뜨리고 해체해야 한다면 일제 시대의 유물을 모조리 없애야 하고, 조선시대의 수치스런 사건의 유적들이나 군사 통치 시대의 수치스런 유물들도 다 없애버려야 할 것이다. 그러면 이 나라 역사는 과연 어떻게 될 것인가. 과거를 망각하는 것은 미래를 밝힐 수 없다는 이치

를 알아야 한다.

둘째, 우리는 8·15해방이 되던 날 바로 이 수치스런 건물에 태극기를 휘날린 기억이 있다. 6·25전쟁 중 서울이 수복되는 날 국군에 의해 다시 태극기가 휘날렸으며, 대한민국 건국의 역사가 시작된 장소이기도 하다.

셋째, 그 동안 중앙박물관을 다섯 차례나 이전하며 우리 문화재에 손상을 입힌 것만도 통분할 일인데, 이제 박물관을 또 다시 옮길 수밖에 없다면 사전에 철저한 계획과 검토를 거쳐 적어도 10년 후에 완벽한 준비를 하고 나서 옮겨야 하는 것이 상식이다.

1996년 10월 28일 독일의 헬무트 슈미트 전 수상이 문화일보 초청으로 한국에 온 일이 있었다. 그는 몇 사람과 저녁 식사를 하는 자리에서 조심스럽게 "한국 정부가 하는 일 중에 두 가지는 전혀 납득이 안 된다"고 말했다.

"독일 정부가 통일을 위해 해온 일을 한국 정부가 왜 참고하지 않는지 모르겠습니다. 독일은 동독인들의 자존심을 존중해 그들이 필요로 하는 물자를 비공개의 여야 협의를 통해 계속 보내주고 때로는 소련을 통해 도와주기까지 했습니다. 우리는 그런 노력을 기울이면서 물꼬를 트게 되었는데, 한국 정부는 왜 그렇게 딱딱한 태도로 임하는지 모르겠습니다."

나머지 하나는 국립 중앙박물관 철거였다. 건물도 건물이려니와 박물관에 보존된 문화재는 한 번 훼손되면 복원할 수 없는 것인데, 새 박물관을 짓지도 않은 채 부수는 것은 상식 밖의 일이라고 했다.

"카터가 서울에 와요?"

이 무렵 문민정부의 인기도 주춤거리기 시작했다. 개혁 실패 등 여러 가지 원인이 있었지만 무엇보다 인사가 제대로 되지 않았기 때문이었다. 김영삼 대통령은 인사가 만사라며 "재임 중 국무위원을 바꾸지 않겠다"고 장담했는데, 수시로 내각이 바뀌며 인사망사(人事亡事)가 되어갔다.

1995년은 해방 50년이자, 크리스챤 아카데미 창립 30주년이 되는 해여서 우리 크리스챤 아카데미는 한 해 전에 미리 큰 이벤트를 하나 계획했다. 독일의 전 대통령 리하르트 폰 바이체커와 미국의 전 대통령 지미 카터, 남아프리카의 투투 대주교를 평화사절로 북한을 방문하도록 한 후 다시 남한에 오게 하는 계획이었다. 남북 화해와 교류를 위한 큰 물꼬를 터보자는 의미였다.

문제는 북한의 동의를 얻는 일이었다. 나는 일본 이와나미 서점의 야스에(安江) 사장에게 부탁하여 북한의 동의를 얻는 한편 이홍구 총리를 통하여 김영삼 대통령과 점심 약속을 받아냈다.

김대통령은 언제나 하던 대로 내게 기도를 시키고 칼국수를 들면서 내 이야기를 들었다. 유심히 얘기를 듣고 있던 그는 불쾌한 표정으로 물었다.

"지미 카터가 한국에 와요?"

그 말에 나는 얼마 전 김대중이 미국에서 한반도 위기 해결을 위하여 카터의 북한 방문을 제의한 일이 생각났다.

"이번 우리의 계획은 크리스챤 아카데미 30주년을 앞두고 한반도 평화를 위해 유럽에서 리하르트 폰 바이체커 전 독일 대통령, 제3세계에서는 아프리카의 노벨 수상자 투투 주교, 북미를 대표해서 지미 카터 전 대통령을 평화 사절(Peace Mission)로 보내는 것입니다. 팀장은 바이체커이구요."

나의 설명에도 김대통령은 잘 납득이 안 간다는 표정이었다.

결국 나는 이 계획을 단념하고 1994년 6월 13일부터 16일 사이에 인도네시아 발리 섬에서 모이는 아시아 종교인 평화회의에 참석하였다.

귀국길 비행기 안에서 신문을 본 나는 그 동안 카터 대통령이 6월 13일 서울에 와 김대통령을 만나고 평양으로 갔다는 소식을 접하고 깜짝 놀랐다.

'역시 김대통령은 정치 9단이구나!'

내가 그를 만났을 때 이미 카터가 오기로 되어 있었는데도 기밀이 새어 나갈까봐 일부러 그런 반응을 보였구나 하고 생각했다.

그런데 서울에 돌아온 후 제임스 레이니 주한 미국 대사에게 "김대통령이 카터가 서울에 오는 것을 알게 된 것이 언제냐"고 물었더니 내가 대통령을 만난 후라고 했다.

나는 김대통령이 내게 취한 태도를 문제삼는 것이 아니다. 그 시절에 벌써 북한의 핵문제로 한반도에는 심각한 위기가 도래했는데, 우리는 북한과 미국 사이에 갈등이 있다는 것만 알았지 어느 정도 심각한지는 까마득히 모르고 있었다는 말이다.

아슬아슬하게 넘긴 94년 북핵 위기

이 글을 쓰기 얼마 전에 그 당시 상황을 MBC 텔레비전의 「이제는 말할 수 있다」 프로그램을 통해 다시 한 번 접하게 되었다. 그 프로그램에 의하면, 당시에도 북한은 지금과 비슷하게 IAEA(국제 원자력기구)의 특별 사찰을 주권 침략이라며 거부하고 준전시 태세를 선포했다.

그 시절(1994년 4월) 남북간 판문점 회의에서 북한 대표가 "서울을 불바다로 만들겠다"는 발언을 한 것은 나도 알고 있었지만 그 진짜 상황은 자세히 알지 못했다.

미국의 전쟁 계획을 눈치챈 북한은 남한을 선제 공격할 계획이었다고 한다. 이때 레이니 대사의 권고로 카터 전 대통령이 6월 13일 내한, 6월 15일 판문점을 거쳐 평양으로 가서 16일 주석궁에서 김일성과 세 시간 동안 회담하고 17일에 다시 만난 뒤 김영남, 강석주 등과도 만나 타협에 성공하자 이 사실을 미국에 통보하고 기자 회견을 통하여 세계에 알리게 됐다.

바로 그때(6월 17일) 미국은 북한을 폭격하기 위해 국가 안보회의를 하고 있었는데 카터의 회담 결과가 알려져 일촉즉발의 한반도 위기 상황은 모면한 것이다. 참으로 기적에 가까운 하나님의 역사라 할 만한 사건이었다.

천용택 전 장관은 이 방송에서 "그때 전쟁이 터졌으면 500만은 죽었을 것이고, 수천 명이 방사능 피해를 입었을 것"이라고 했다.

이런 끔찍스런 상황이 전개되고 있는 것을 김대통령이 까마득히 몰랐기에 나와 만났을 때 카터에 대한 불쾌감을 나타냈을 것이다. 어쨌거나 김대통령이 그런 개인적인 감정을 떠나 카터를 만나고 카터의 주선으로 남북 정상 회담까지 동의하게 된 것은 참으로 다행한 일이라고 생각한다.

이 기적을 만드는 데는 당시 주한 미국 대사 레이니와 윌리엄 페리의 공로가 컸다고 그 텔레비전 프로그램은 보도하였다.

레이니 대사는 해방 후 미군으로 한국에 왔다 미국에 돌아가 공부하고 목사가 되어서 감리교 선교사로 다시 한국에 온 일이 있다. 그때 나는 한국 기독학생운동연합회 위원장이었고 레이니 목사는 선교사 자격으로 오재식과 함께 기독학생운동에 참가했었다. 한국에 대한 레이니 대사의 애정은 한국인과 다를 바 없었다. 이런 사람이 1994년 주한 미국 대사로 있었던데다 카터와도 개인적으로도 무척 가까운 사이여서 이런 일을 해낼 수 있었던 것이다.

카터가 김일성과 만나 담판한 결과 북한은 핵사찰을 받기로 태도를 바꾸고 김영삼 대통령과 면담하는 데에도 합의하였다. 최근의 MBC 보도에 의하면 그때 미국은 한반도에 있는 미국민들을 철수시키고 북한을 폭격할 계획을 논의하고 있는 도중에 카터의 보고가 들어왔다고 한다. 카터는 미국 정부와 사전 협의 없이 전 세계 기자들에게 김일성과의 면담 결과를 발표해버림으로써 전쟁 계획은 중단되고 말았다는 것이다.

이것이 1994년에 있었던 핵 위기다. 우리는 상상조차 하기 싫은 이 위기를 과거에 있었던 사건이라고 해서 망각할 것이 아니라 이런 위기는 언제든지 다시 일어날 수 있다는 사실을 명심해야 한다.

조푸츠 박사가 건네준 마지막 선물

나는 그해 7월 16일 아시아 종교인 평화회의 총회장 자격으로 중국 북경을 방문하여 중국 종교계 지도자들과 모임을 가졌다.

이때 잊을 수 없었던 일은 노령에 노환으로 입원 중이던 조푸츠 박사가 참석한 일이다. 그는 중국 불교연합회 회장, 중국 인민대표회의 부의장이란 직함보다는 시인이자 중국의 국보로 지정된 8대 서예가 중 하나로 더 유명한 사람이었다. 그 동안 나는 그를 몇 차례 만나왔는데 이때 내가 북경에 왔다는 소식을 듣고 특별히 의사의 허락을 받아 나왔다고 했다.

나는 그가 언제 세상을 떠날지도 모른다고 생각하면서 그에게 불쑥 이런 말을 던졌다.

"혹시 써놓은 서예 작품 가운데 하나만 제게 주실 수 있겠습니까?"

그랬더니 그는 아무 말 없이 빙그레 웃기만 했다. 나는 내가 실례한 것으로 알고 얼마나 미안했는지 모른다.

그런데 다음날 북경에서 상해로 가는 비행기를 탔는데 여자 승무원이 내 곁에 와 손에 무엇인가를 살짝 쥐어주고는 급히 사라졌다. 열어보니 조푸츠 옹의 서예품이었다. 가만 내용을 보니 이미 써놓은 작품 중에서 하나를 보낸 것이 아니라 그날 밤 돌아가서 새로이 써서 보낸 시 작품이었다. 나중에 안 일이지만 그의 작품은 국보로 지정되어 정부 허가 없이 외국에 내보낼 수 없었다. 그래서 그는 밤에 돌아가 새로 글씨를 써서 여승무원을 통해 비밀리에 내게 전해준 것이었다.

나는 그의 속깊은 사랑에 너무 감사하여 그 글을 표구하여 지금도 내 방에 걸어놓고 있다. 그는 그 뒤에도 중국 도자기 꽃병 두 개를 보내주는 등 나에 대한 사랑을 보여주었으나 오래지 않아 별세 소식이 들려왔다. 나는 그의 장례식에 가보려 노력했으나 뜻을 이루지 못했다.

해방 50년, 카이로스의 시간

살아 있는 일본의 양심

1995년은 나에게 역사적인 한 해였다. 해방 50주년을 맞이하는 해이자 내가 세운 경동교회도 설립 50주년을 맞이했다. 아울러 크리스챤 아카데미가 30주년을 맞은 해였다. 이해에 나는 크리스챤 아카데미 원장직에서 은퇴했다. 국가적으로나 개인적으로나 하나씩 매듭을 지어가는 해였다.

돌이켜 보면 8·15해방, 미군정, 대한민국 건국, 6·25전쟁, 4·19와 5·16, 군사정권과 민주화 운동, 문민시대 개막 등 숱한 역사의 질곡을 헤쳐 나온 50년이었다. 나는 해방 50년을 맞으며 이제 역사의 한 장을 넘겼다는 생각에 1994년 한 해가 저무는 날 '광복 50년에 거는 기대'라는 글을 신문(『경향신문』 1994년 12월 30일자)에 기고했다.

이제 울려퍼질 제야의 종소리와 함께 1995년이 밝아올 것이다. 그리스어 성서를 보면 시간에 대하여 '카이로스'라는 말과 '크로노스'라는 말을 쓰고 있다. 크로노스는 시계 속의 시간과 같이 원으로 혹은 선으로 가는 보통 시간이지만, 카이로스란 그 과정 속에서 일어나는 특수한 시간으로서 크로노스 속에 수직적으로 돌입해오는 특별한 시점이다.

우리가 맞이하는 1995년은 분명히 카이로스의 시간이다. 이 해는 해방 50주년이 되는 동시에 분단 50주년이 되는 해다. 지난 1988년 한국 기독교 교회협의회(KNCC)는 이 해를 '통일 희년'으로 선포했다.

희년이라는 말은 구약의 「레위기」 25장 10절 이하에서 나온 것이다. 7년 만에 오는 안식년을 일곱 번 지낸 다음해, 즉 50년째 해를 이르는 것이다. 이해가 되면 7월 10일에 양각(兩角)나팔을 부는데, 백성들은 전국에 울려퍼지는 이 소리와 함께 그들이 지은 죄를 자복하고 하나님은 그 죄를 사해준다고 되어 있다. 나팔 소리는 바로 용서, 해방 그리고 원상복구를 알리는 것이라 하겠다.

이때 특히 기쁜 소식은 '원상회복'이다. 인간 생활에 필요한 토지, 가옥, 몸(노예)을 원래의 출발점으로 되돌려주는 자유와 해방의 선포이다. 말하자면 지난 50년간의 모든 매듭이 풀리고 새 출발을 기약하는 대축제라 하겠다. 이를 위해 우리는 지난 50년간의 죄, 우리가 만들어온 온갖 어두운 그림자를 찾아내고 참회하는 일을 해야겠다. 참회한다는 것은 우리의 마음을 진공 지대로 만드는 일이다. 진공 지대가 생겨야 새 바람이 불게 되는 것이 물리 법칙이다. 참으로 1995년은 새 역사가 출발하는 한 해가 되어야겠다.

역사는 결코 '운명적'인 것이 아니다. 역사는 오히려 주권자인 우리 국민이 능동적으로 개척해나가는 바를 수동적으로 받아들일 뿐이다.

그해에 잊을 수 없는 일 중 하나는 '한국 해방 50년, 일본 패전 50년'이라는 주제로 크리스찬 아카데미와 일본 이와나미(岩波) 서점이 공동으로 심포지엄을 개최한 것이었다. 이와나미 서점의 야스에 료스케(安江良介) 사장은 일본에서 가장 양심적이고 진보적인 지식인으로 알려진 사람이다. 유명한 월간지 『세카이』(世界)지 편집장 출신이기도 한 그는 탁월한 저널리스트였고, 우리나라의 민주화 운동에도 영향을 끼친 인물이다.

심포지엄은 서울과 도쿄를 오가면서 진행됐는데, 그해 노벨 문학상을 수상한 오에 겐자부로(大江建三郎)를 비롯해서 사카모토 요시카즈(坂本義和) 동경대 명예교수 등 일본을 대표하는 지식인들이 내한하여 언론에서도 대단한 관심을 보였다.

서울에서는 2월 1일부터 3일까지 다채로운 프로그램으로 진행됐고 도쿄에서는 두 달 후인 4월 7일부터 9일까지 심포지엄이 열렸다. 일본에서도 이 심포지엄은 해방 후 그 많은 한일간의 모임 중 가장 뜻깊은 것이었다는 평을 받을 정도로 뜨거운 호응을 얻었다.

심포지엄의 반응이 워낙 좋았기 때문에 행사가 끝난 후 크리스찬 아카데미와 이와나미 서점은 해마다 이같은 모임을 갖기로 했는데, 얼마 후 야스에 료스케 사장이 뇌일혈로 쓰러져 아쉽게도 중단되고 말았다. 야스에 사장은 안타깝게도 끝내 재기에 성공하지 못하고 예순둘이라는 아까운 나이로 1998년 1월 타계했다.

당시 야스에 료스케 사장은 심포지엄을 통해 「한일조약의 본질: 한일 관계의 기본 문제」라는 논문을 발표했는데, 이 논문에서 그는 "한일 관계의 출발점은 한일 기본 조약 제2조의 개정에서 출발해야 한다"고 거듭 강조했다. 이는 구한말 경술국치의 강제 합방 조약을 소급 무효화하는 데에서 재출발해야 한다는 주장이어서 일본의 '살아 있는 양심'의 면모를 엿볼 수 있었다. 이미 언론에 일부 소개된 적이 있지만 다시 한 번 그의 목소리를 들어보자는 뜻에서 논문의 핵심이랄 수 있는 부분을 옮겨본다.

> 일한조약 체제는 한국 군사 정부와 미일 안보조약 체제의 강고한 테두리 속에서, 그리고 지금도 시정되지 않고 있는 일본 사회의 잘못된 '조선관'에 의해 뒷받침되면서 오늘까지 유지되어 왔습니다.
>
> 그 조약의 취약점은 첫째, 앞서 말씀드린 대로 일본측은 시종 일관 '역사 청산'의 의사가 없으며 그로 인해 일한 양국이 화해하는 길이 열리지 않았다는 것입니다. 화해의 길을 막아온 것은 일본 정부의 자세뿐 아니라 일본의 국수주의에도 있다고 할 수 있습니다.

일한조약 체제의 두번째 취약점은, 조약 자체가 지닌 결함입니다. 주지하는 바와 같이, 일한 기본 조약의 제2조와 3조의 규정을 둘러싸고 일한 양국 정부는 결국 견해 일치를 보지 못하고 각각 자국 내에서 상반되는 해석을 계속해왔습니다. 일한조약의 장래를 위해 조약은 공통의 해석을 내릴 수 있도록 시정되어야 하며, 오늘 같은 상황에서는 가능한 일입니다.

특히 "대일본제국과 대한제국 사이에 체결된 모든 조약 및 협정은 이미 무효이다"라고 하는 제2조에 들어 있는 '이미'는 역사를 청산하려고 하는 입장에 선다고 할 것 같으면 당연히 식민지 지배를 성립시켰던 구조약, 구협정을 체결했던 시점으로 거슬러 올라가서 '이미' 무효로 해야 할 것입니다.

서른 돌 맞은 아카데미

그해 5월 7일에는 크리스찬 아카데미 30주년 기념식이 아카데미 하우스에서 열렸다. 원래 크리스찬 아카데미는 1959년에 결성된 기독교 사회문제연구회가 그 뿌리였으나, 정식으로 재단법인 크리스찬 아카데미란 이름으로 불린 것이 1965년이었기 때문에 이날 30주년 행사를 갖게 된 것이었다.

이날은 공교롭게도 일요일이자 음력 사월 초파일이었다. 게다가 5월 첫 주일이기 때문에 교회에서 자체 행사가 많아 교회 관계자들도 참석하기가 쉽지 않은 날이었다. 이 때문에 크리스찬 아카데미에서는 사전에 날짜를 조정해 5월 8일에 하기로 잠정적으로 결정했다.

그런데 아카데미 30주년 기념 공연인 「돌아보며 내다보며」의 공연 날짜가 5월 7일이었다. 반년 전에 문예회관을 대관하면서 잡아놓은 그 날짜를 변경할 수 없다는 통보를 받은데다, 5월 8일은 어버이날이고 월요일이어서 직장인들이 참석하기도 용이치가 않았다. 그렇다고 우리 행사에 이틀간 계속 참석해달라고 할 수도 없는 노릇이어서 논란 끝에 원래 날짜에 하기로 다시 결정을 내렸다.

결국 날짜 때문에 기독교와 카톨릭 등 여러 교단 지도자들이 오지 못했는데, 당초 도저히 오지 못할 것으로 예상했던 송월주 조계종 총무원장이 참석해 축사까지 해주어 너무나 감사했다.

크리스챤 아카데미는 기독교인들이 주도하여 시작했으나 꼭 기독교도만을 위한 기관이 아니라 누구에게나 항상 열려 있고자 했다. 크리스챤 아카데미를 스쳐간 사람들의 직업과 종교, 계층도 참으로 다양하다.

이날 이홍구 국무총리를 비롯하여 최태섭 회장 등 정 · 재계 인사들과 종교계 인사, 그리고 여성, 농촌, 노조 관계자들이 다양하게 참석했다. 다만 대우그룹 김우중 회장이 이날 공로패를 받기로 되어 있었는데, 외국 출장 중이어서 아쉽게 참석하지 못했다.

돌이켜보면 크리스챤 아카데미는 이미 1960년대부터 환경을 파괴시키지 않는 공업화와 의식 개혁을 주창했고, 70년대에는 인간화란 기치 아래 양극화 해소와 중간집단 교육을, 80년대에는 민주 문화 공동체를 형성하기 위해 노력하는 등 역사와 시대의 요구에 부응하여 사회 개혁에 힘을 쏟아왔다. 30년 동안 크리스찬 아카데미는 대화 모임 약 500회, 사회교육 400회, 연구모임 185회, 출판물 86종이라는 기록을 남겼다.

이날 기념사를 통해 나는 지나온 30년을 짤막하게 더듬어 보고 앞으로의 방향에 대해 이야기했다. 나는 이 30주년 기념식을 끝으로 일선에서 물러날 계획이었고, 물러날 때도 따로 공식 은퇴식을 할 계획이 없었기 때문에 이 30주년 기념사가 결과적으로 나의 은퇴사나 마찬가지가 되어버렸다.

지난 30년 간 우리가 해온 노력에 비해 오늘의 현실은 아직도 우리가 지향하는 지점과는 먼 거리에 있습니다. '대화' 문화도 이 땅에 충분히 뿌리내리지 못했고, 인간화의 길도 거센 비인간화의 물결 앞에서 앞길이 여전히 험난하기만 하고, 양극화를 해소하고 자유와 정의를 위해 노력하는 중간매개 집단의 육성도 우리의 소원에 이르기에는 아직 요원한 느낌이 듭니다.

우리는 양극화된 이 사회에서 화해를 통한 제3의 장소를 마련하기 위하여 힘든 길을 걸어왔으나, 양편에서는 이에 대해 이해와 협력을 보여주기는커녕 오히려 오해와 협공만 있었고, 우리는 이를 감당하기가 너무도 힘들었습니다.

한편에서는 우리가 말하는 화해니 대화니 중간이니 하는 용어 자체부터 보수 반동으로 취급하는가 하면, 한편에서는 용공 반체제 취급을 했습니다. 그래서 『내일을 위한 노래집』, 월간 『대화』가 폐간 처분을 받았고 1979년 봄에는 전세계에 충격을 준 크리스챤 아카데미 반공법 위반 사건 혹은 용공 서클 사건으로 직원들이 구속되어 심한 고문을 당하고 전원이 기소되는 사건까지 겪어야 했습니다.

30주년을 맞이하는 90년대부터 2000년대에 이르는 시기는 역사 환경이 엄청나게 변화하는 큰 전환기입니다. 공업화 사회에서 후기 산업사회로 바뀌어가고 있습니다. 우리는 1988년 '후기 산업사회와 인류 공동체'라는 주제로 세계 35개국 석학들이 19일간 모인 국제 학술회의를 주관했고, 90년대에는 혁명적인 정보화 시대를 맞이하여 '변화의 새 물결'에 대한 각계각층의 대응책을 집중 추구해오고 있습니다.

아울러 우리가 지난 30년간 노력해온 과제들 중 성공하지 못한 몇 가지는 새로운 방식으로 계속 노력해 나가려고 합니다.

그 첫째는 교회 갱신입니다. 엄청난 변화가 일어나는 역사 현장에서 제대로 대응해내지 못하고 역사의 뒷전에 밀려나는 교회 구조와 선교 방향에 큰 변화가 일어날 수 있도록 노력해 갈 것입니다.

다음으로 우리가 사는 이 나라의 문제입니다. 새 문민정부는 세계화를 향한 무한 경쟁을 정책적으로 주장하고 있으나, 이는 1960년대 이후 지속되어온 경제 제일주의의 방향을 답습하는 것이 아닌지 걱정스럽습니다. 우리는 이 나라의 국가 정책이 인간과 생명을 존중하는 방향으로 바뀌어야 한다고 생각하므로 우리의 작은 힘부터 생명 존중, 생명 문화를 창조하는 방향으로 집중하여 노력할 것입니다. 이 일을 위해 지금 경기도 가평에 작은 규모의 새 건물을 짓고 있습니다.

셋째로 우리가 바라는 사회 체제는 주권자인 국민이 참여하는 민주주의입니다. 위에서 아래로 내려가는 관료주의 정부가 아니고, 주권자인 국민이 아래에서 참여하고 주민 자치를 토대로 형성되는 민주 정부입니다. 이 일을 위해 교육, 대화, 연구, 출판을 통해 노력할 것입니다.

넷째로 새로운 변화의 물결이 이데올로기와 종교, 남녀 양성 문화 등에 새로운 가치관을 몰고와 그 동안 높이 쌓아온 벽이 무너져 가고 있다는 사실입니다. 그러나 아직도 우리에게는 남북간 이데올로기의 높은 벽, 그리고 교파간, 종교간, 지역간, 남녀간의 벽이 그대로 버티고 있습니다. 우리가 추구해온 대화의 신학, 화해의 이념을 더 구체적으로 실현시켜 나가야 할 때입니다.

마지막으로 새로운 정보화 사회는 소수의 두뇌 집단의 주도로 변화가 일어나며, 더욱 크게, 더욱 넓게, 더욱 빠르게로 추진되어온 공업화 사회와는 달리 작은 것이 아름다운 사회로 바뀌어갈 것입니다. 작은 집단인 우리 아카데미는 한국의 대표적인 두뇌들이 모이는 장소로서, 또한 다원화된 사회 속에서 상호 보완과 협조를 지향하며 다리를 놓는 일, 고장난 전화를 수선하여 통화가 되게 하는 일을 하는 터전으로서 이 변화에 대응해나갈 것입니다.

우리는 결코 환상도 좌절도 아닌 극히 현실적인 인식을 바탕으로 목표를 향해 나아갈 것입니다. 이런 현실적인 접근으로 나아간다면 40주년이 되는 2005년은 오늘에 비해 목표에 훨씬 더 가까이 가 있을 것이라고 믿습니다.

끝으로 1959년 이 일을 새로 시작할 때부터 오늘까지 주도해 온 나의 역할을 더 늦지 않게 후배들에게 물려주려고 합니다. 그 동안 저를 아껴주고 믿어주고 도와주신 여러분의 고마운 마음을 나의 후계자들께도 변함없이 베풀어주실 것을 부탁드립니다.

크리스챤 아카데미 30주년은 내 삶에서도 하나의 큰 매듭이었다. 그러나 매듭은 그 다음에 지을 또 다른 매듭을 위해 힘을 모으는 것이기도 하다. 나는 크리스챤 아카데미의 일이 지속적으로 잘 수행돼 나가도록 하기 위해 30주년을 계기로 후원 기구를 결성하려고 노력했다.

아울러 시대 흐름에 맞추어 아카데미의 구조도 수직 체계에서 수평 체계, 즉 서로를 방사선적으로 연결해가는 체제로 바꾸었다. 다시 말해 재단법인 크리스챤 아카데미와 부설 기관인 한국사회교육원, 공동체 성서연구원, 계간 『대화』 등이 수평 관계를 가지도록 조직을 개편했다.

그후 우리는 10월 8일 가평에 바람과 물 연구소를 설립하고 이 사회에서 생명 가치를 실현하기 위한 활동에 들어갔다. 바람과 물이라는 뜻깊은 이름은 성서와 우리의 풍류 사상을 토대로 김지하 시인이 지어 주었다.

변선환 박사를 죽음으로 내몬 것은

그해 9월, 나는 문익환 목사를 잃은 데 이어 또 한 명의 절친한 친우를 떠나 보냈다. 내가 그토록 사랑하고 크게 기대했던 변선환 박사가 갑작스레 세상을 떠난 것이다.

그는 학생 때부터 나와 가깝게 지낸 신옥희 교수의 남편이자 훌륭한 신학자였다. 특히 그는 다른 종교들에 대해 개방적이었고, 폐쇄적인 모든 것을 뛰어넘어 행동하는 학자로서 세계 종교계에 내놓을 수 있는 인물이었다. 그러한 그의 열린 태도를 편협한 교역자들은 우상 숭배니, 친불교니 하며 그를 신학대학장 자리에서 내쫓았을 뿐 아니라 목사직까지 박탈해버렸다. 그는 이 일로 마음에 큰 상처를 받고 살다 생을 마쳤으니 내 마음은 더욱 아팠다. 변박사의 사망 원인이 폐쇄적인 교단 풍토 때문이므로 나는 할 말이 적지 않다.

나는 변박사가 이화여고 교목으로 재직할 때 처음 만났고 후일 신옥희 씨와 부부가 되면서 친해졌다. 그는 스위스 바젤에서 공부했는데, 전공은 조직 신학이었다. 그는 한국에 돌아와 감리교 신학대 교수가 되었고, 신옥희 씨는 이화여대 교수가 되었다.

그때부터 그는 기독교와 다른 종교의 관계에 대해 많은 공부를 했는데, 특히 불교에 대한 연구가 깊었다. 그는 개신교 신학자로서 입장이 분명하면서도 다른 종교에 개방적이었고 이해하는 폭도 넓었다. 그런 깊은 이해력을 바탕으로 다른 종교와 좋은 협력관계를 모색하려고 노력하는 학자였다. 나는 1965년 종교간 협력 문제에 관여하면서 그와 더욱 가까이 지냈다.

그가 감리교신학대 학장이 되었을 때 나는 학장직을 맡지 말라고 충고한 적이 있다.

"학장을 맡게 되면 어쩔 수 없이 교회 정치에 말려드는 게 현실인데, 자네는 학자로서만 정진하는 게 좋지 않겠나?"

그러나 변박사는 모든 문제를 복잡하게 생각하는 나의 성격과는 정반대였다.

"저는 감신대 학장으로서 신학적인 입장이 분명합니다. 또 주위에서도 권유하니까 맡아보도록 하지요."

그러나 학장이 되고 난 뒤 그는 어려운 상황을 맞았다. 다른 종교, 특히 불교와의 관계가 문제가 되었고, 차츰 감리교 안의 교회 정치에 말려들면서 심각한 양상이 전개됐다. 목사를 양성하는 대학의 학장으로서 폐쇄적인 입장을 취하지 않는다는 게 문제가 된 것이다. 그러나 그의 태도는 신학적으로 결코 문제가 될 수 없는 것이었다.

당시 나는 변박사의 신학 문제와 관련하여 『중앙일보』 등에 글을 썼는데, 요약하면 대강 이런 내용이다.

「요한복음」 14장 6절에 나오는 "나로 말미암지 않고는 아버지께로 갈 수 없다"는 구절을 제대로 이해해야 한다. 예수님이 한 얘기는 "내가 길이요, 진리요, 생명이니 나로 말미암지 않고는 아버지께로 갈 수 없다"는 것이다. 여기에서 나라는 것은 바로 길이요, 진리이고, 생명을 이야기하는 것이지, 기독교를 말하는 것은 아니다. 감리교라는 말도 아니다. 진리인 나, 생명인 나를 통해야 한다는 말인데, 이 말을 폐쇄적으로 이해하는 것은 성경을 바르게 해석하는 것이 아니다. 십계명에 나오는 "나 외에 다른 신을 섬기지 말라"는 말은 다른 여러 신이 있는데 그 중 제일 나은 신이 하나님이란 뜻이 아니다. 신이란 상대적인 것이 아니라 모든 것을 초월한, 손으로 만질 수도 없고 눈으로 볼 수도 없는, 알 수도 없고 상상해낼 수도 없는 초월자를 말하는 것이다.

그러나 교회 정치는 결국 변박사를 학교에서 내몰았을 뿐 아니라, 일종의 종교 재판까지 가했다. 그리고 그의 목사직을 박탈하기도 했다. 카톨릭으로 말하자면 파문까지 시키는 그런 가혹한 판결을 내린 것이다. 그때 내가 받은 통분과 좌절과 고통은 이루 말로 표현할 수 없었다.

변박사는 그렇게 갔지만 그가 생전에 품어온 높은 생각이 우리 학계에서 결코 밀려나지 않을 것이라는 걸 나는 믿고 있다. 아니 세계적으로도 그 중요성이 커져가는 종교간 협력 문제가 다뤄질 때면 '한국의 변선환'이라는 이름은 반드시 되살아날 것이다.

경동교회 50주년 기념 예배는 1995년 12월 3일에 있었다. 우리는 기념식을 따로 갖지 않고 기념 예배로 50주년을 축하했다. 교인들을 중심으로 50주년이 갖는 의미를 되새겨보고 싶었기 때문이었다. 예배와 성찬식도 시간을 조절해 경동교회와 관계 있었던 사람들 중 다른 교회에 나가는 신도들까지 참석할 수 있도록 배려했다.

이날 나는 50년 전, 월남한 몇 사람이 중심이 된 선린형제단과 함께 첫 예배를 인도할 때를 회상하며 참으로 세월의 무상함을 느꼈다. 당시의 젊은 나는 50년 후에 내가 살아서 예배에 참석할 줄 어찌 상상이나 할 수 있었으랴. 특히 6·25전쟁 중 겪었던 고난과 교회 건물의 화재 사건 등을 떠올리면 경동교회와 보낸 50년 세월은 전적으로 그리스도의 은총과 돌보심을 떠나서는 있을 수 없는 일이었다.

나는 이날 '만물의 근원이 되는 그리스도'라는 주제로 한국 현대사 50년과 경동교회 50년을 돌아본 뒤 다음과 같은 메시지를 전했다.

"이제 앞으로 경동교회가 백주년이 될 때까지 생명을 위한 선교에 모든 노력을 다하자."

추락하는 문민정부

1996년에 들어서면서 김영삼 정권은 천천히 추락하기 시작했다. 1994년부터 개혁이 잇따라 실패하고 성수대교, 삼풍백화점 붕괴 등으로 인기가 하락하더니 이른바 '상도동 가신'들의 부정, 차남 김현철의 각종 이권 개입 소문 등으로 점점 내리막길을 걷고 있었다.

김대중은 그 전해인 1995년 7월 정식으로 정계에 복귀하여 새

정치국민회의를 창당하고 1996년 4·11총선에 참여했다. 김영삼 대통령은 자신이 경질했던 이회창 전 총리와 박찬종 등을 전격적으로 영입했고, 신한국당은 4·11총선에서 가까스로 승리를 거두었다. 그러나 각 당 '보스'들의 출신 지역에 기반을 둔 투표 성향은 전혀 변하지 않았다. 참으로 개탄할 일이었다.

총선이 끝난 바로 다음날인 4월 12일 나는 롯데호텔에서 인간개발원의 조찬 모임에 초대받아 '4·11총선을 통해 본 정치 현실과 한국의 진로'라는 제목으로 강연을 했다. 사실 나는 1992년 대통령 선거 이후 정치 문제에 대해서는 침묵으로 일관해왔다. 그러나 총선 결과를 보니 우리 정치 풍토가 전혀 개선될 조짐이 보이지 않아 그간의 침묵을 깨고 한마디했던 것이다.

> 이번 선거에 당선된 사람들은 21세기를 맞이하는 정치인들이다. 우리의 21세기는 오천 년 역사의 그 어느 때와도 비할 수 없는 대전환의 시기다. 이미 후기 산업사회의 정보화 시대로 진입했고, 요즘 세계화 시대라고 하지만 사실은 지구촌 시대다.
>
> 이러한 대전환기에 민족의 장래에 대한 뚜렷한 비전이나 우리 민족이 지향해야 할 청사진도 제시하지 못한 채, 각 당은 그저 '안정' '견제' '3김 청산' '내각 책임제' 정도의 슬로건만 내놓았다.
>
> 또한 이번 선거에서도 각 당 지역구 당원들에 의한 후보 선출 과정은 전혀 없이 그저 총재가 지명한 사람들이 입후보했

다. 이것을 어떻게 민주주의라 할 수 있는가. 그럴 바에야 돈 들여 선거할 필요 없이 각 당 총재가 국회의원을 임명하는 것이 더 낫지 않겠는가.

아직도 선거에 지연, 혈연, 학연이 작용하고 있으니 전근대적인 농업 경제 시대를 벗어나지 못한 상태라 할 수 있겠다. 거기다 1970년대 공업화 시대의 향수가 후기 산업사회 시대의 선거에 영향을 주고 있다.

이번 선거에서 크게 부각된 이른바 3김 시대의 재현, 지역 할거주의는 이미 30년 가까이 지속되어온 수치스런 역사 현실이다. 한 김씨는 경남북, 또 한 김씨는 전남북, 나머지 한 김씨는 충남북을 거의 휩쓸었다.

이번 총선을 통해본 한국 정치 현실은 한마디로 비관적이다. 유권자들도 냉소적으로 선거에 임했던 것으로 보인다. 유권자의 냉소는 63.9퍼센트라는 저조한 투표율로 나타났다. 그리고 53퍼센트 이상이 투표일이 임박해서야 후보를 결정했다고 한다. 이는 정치가 국민에게 외면당하고 있다는 증거다.

그러나 결코 비관만 하고 있을 때가 아니다. 우선 정당마다 자기 반성을 냉혹히 해야 한다. 신한국당이 승리했다고 하지만, 국민은 여당에게 과반수를 안겨주지 않았다. 이제 김대통령은 독선과 독단을 버리고 중론에 귀를 기울여야 한다. 야당도 국민의 뜻을 겸손히 받아들이고 눈을 크게 떠서 21세기 우리 민족 앞에 전개된 미래를 분명히 볼 줄 알아야 한다.

장애인단체와 인연을 맺다

총선이 끝나고 얼마 후 나는 참으로 뜻깊은 행사의 대회장을 맡게 되었다. 4월 20일 전국 장애인 한가족협회에서 '제1회 장애인 고용 촉진 걷기 대회'를 개최했는데, 여기 대회장을 내가 맡았다.

나는 팔십 평생을 살아오면서 사회의 여러 분야에 관계했지만, 장애인 복지 문제를 해결하는 데는 아무런 일도 하지 못했다. 이 때문에 장애인 문제가 나오면 항상 죄의식을 느끼고 있던 차에 대회장을 맡아달라는 부탁을 받고 하나님께 감사하는 심정으로 흔쾌히 받아들였다. 이날 나는 대회사를 통해 이렇게 말했다.

> 모든 사람은 인간으로서 동등한 권리와 차별 없는 대우를 받으며, 함께 사는 사회를 만드는 일에 주력해야 합니다. 그럼에도 그런 사회를 만들지 못하고, 신체 장애자를 위한 대책조차 제대로 마련하지 않는 이유가 무엇입니까. 그것은 바로 우리 사회의 절대다수에 속하는 정신적인 장애인들 때문입니다. 그리고 장애인 여러분들도 이 행사를 통해 사람은 환경에 지배받는 존재가 아니라 오히려 그 환경을 지배하고 새로운 창조의 기회로 삼는 존재라는 것을 깨닫기 바랍니다.

사실 장애인을 위한 정책과 제도를 실시하지 못하는 정부는 장애 정부나 마찬가지다. 장애인들을 위한 우리 정부의 정책은 늘

일회성에 그쳤고, 무엇보다 우리들 스스로가 정신적 장애자임을 깨닫지 못하고 살아왔다.

이날 대회사를 마치고 나는 장애인들과 더불어 종로 거리를 행진했다. 이 장애인 고용 촉진을 위한 걷기 대회를 계기로 지체(肢體), 청각, 시각, 정신지체 등 4개 단체를 통합하는 한국 장애인 단체 총연합회가 결성되어 그해 9월 11일 세종문화회관에서 역사적인 출범식을 가졌다.

그해 여름에는 종교 자유 세계 연맹(IARF, International Association for Religion Freedom) 29차 총회가 이리 원광대학에서 열려 나는 주제 강연을 하기 위해 참석했다.

IARF는 1900년 보스턴에서 시작된 종교 협력 기구로 국제적으로 가장 역사가 깊은 단체다. 이 조직은 다양한 문화에 대한 이해, 정의와 인권 신장, 모든 종족과 종교간의 화해와 평화 증진을 위해 노력해왔으며 6대주 22개국 58개 종교 단체가 회원으로 있다. 3년마다 여러 나라를 돌면서 국제 대회를 개최하는데 1996년은 원불교의 원광대학이 50주년을 맞는 것을 계기로 이 총회를 유치하게 된 것이었다.

대회의 주제는 '영성 회복, 종교간의 협력 그리고 책임'이었고, 세계 종교 지도자 400여 명이 참석하여 성황을 이루었다. 종교간의 협력과 종교의 책임 문제가 전세계 종교인들 사이에 최대 관심사로 떠오르고 있음을 알 수 있었다.

나는 주제 강연을 통해 "종교간 협력 문제에서 가장 중요한 것은 주체성과 연대성"임을 강조하고, 각 종교는 자신의 근본 교리에 충실하면서 동시에 다른 종교의 다른 점을 존중해야 한다고 말했다.

대회의 주제에 걸맞게 여러 종교 지도자들은 기도, 강연, 그룹 연구모임, 워크숍, 문화행사 등의 다양한 프로그램에 함께 참가하고 8월 8일은 비무장 지대 도라산 전망대에서 기도를 올림으로써 대회를 마무리했다.

이로부터 한달쯤 후인 9월 18일 전혀 예상치 못했던 사건이 터졌다. 동해안에 북한 잠수함이 침투한 것이다.

당시 나는 국내 6대 종단 대표들과 연초에 결성한 '북한 수재민 돕기 범종단 추진위원회'를 통하여 북한 동포 돕기 운동에 박차를 가하고 있었다. 당초 2월 20일까지 잡았던 대북 지원 기간을 북한의 춘궁기가 계속되는 5월 말까지 늘여 잡는 등 정열적으로 활동해오고 있었으므로 잠수함 사건으로 인한 나의 충격은 매우 컸다.

정부는 대기업이 대북 지원을 못하게 막았고, 민간 단체의 지원도 표면적으로는 허용하면서도 음성적으로는 견제가 심해 나는 살얼음을 밟는 듯 신중하게 진행하고 있었는데, 이 잠수함 사건으로 된서리를 맞게 된 셈이었다.

그렇지만 북한 동포 돕기 운동을 중단할 수는 없었다. 세계식량계획(WFP) 등 국제 기구들을 통해 들려오는 북한의 상황은 심각했다. 한 사람 앞에 하루 백 그램씩 배급하는 식량도 한 달밖에 남지 않았다는 소식이었다. 게다가 유엔 등이 나서서 세계에 북한 돕기를 호소해도 잘 되지 않았다. 이유는 다른 게 아니었다.

"북한의 동족인 남한이 세계 11위의 무역 대국에다 경제개발협력기구(OECD)에 가입한 부자나라 아니냐. 그런데 왜 남한이 돕지 않고 우리가 도와야 하느냐?"

세계 사람들은 이렇게 반응했다. 따지고 보면 그른 말이 아니라 우리를 부끄럽게 하는 말이었다. 동족이 동족을 돕지 못하게 정부가 가로막는 기막힌 현실이었지만 나는 김수환 추기경, 송월주 조계종 총무원장, 서영훈 '우리 민족 서로 돕기 운동' 대표와 함께 '북한의 식량 위기를 염려하는 사회 각계 인사 모임'을 여는 등 북한 동포 돕기를 계속해나갔다.

중국과 대만 사이의 벽 허물기

1996년 10월에는 내가 10년 동안 회장을 맡아온 아시아 종교인 평화회의(ACRP) 총회가 열렸다. 나는 이 총회를 마지막으로 은퇴할 것을 표명하고 총회 준비에 몰두했다. 당초 총회 장소를 중국으로 결정하고 나는 중국을 세 번이나 방문하면서 교섭을 벌였다. 그 과정에서 나는 대만 참가 문제에 대해 명백한 입장을 표시했다.

"ACRP로서는 어느 회원국이든 정치적 이유로 입국 허가를 안 하는 경우 그런 지역에서는 총회를 할 수 없다는 것이 기본 원칙입니다."

이에 대한 중국 쪽 태도는 자못 긍정적이었다.

"만일 대만이 정치적인 이유로 대표를 중국에 못 보내겠다면 우리로서는 어쩔 수 없지만, 우리는 대만이 참가해주기를 바라고 있습니다."

그런데 정작 대만이 참가하려 하자 중국 정부는 대만 대표의 참가를 불허한다는 것이었다. 그 때는 이미 총회 장소와 총회 전 청년들이 모일 장소 등을 예약까지 하고 통지가 각국에 나가는 때였다. 우리로서는 이해하기 힘든 일이었다.

"중국 종교인 단체가 반대하는 것이 아니라 중국 정부의 방침이라 어쩔 수가 없습니다."

"하지만 내가 세 번이나 북경을 방문하면서 종교인 연합회와만 협의한 것이 아니라 정부 당국의 종무 담당 총책임자도 만나서 합의했습니다. 지금 와서 이렇게 입장을 바꾸면 어떻게 합니까?"

더구나 나는 대만 정부가 중국 본토에서 모이는 모임이라는 것을 문제삼았을 때 대만을 직접 방문해 그들을 설득하고 합의까지 도출해 놓은 상태였다.

대만 정부를 설득하는 과정에서 마지막까지 문제가 된 것은 명칭이었다. '중화민국 종교인 평화회의'라고 해야 한다는 것을 나는 '대만 종교인 평화회의'로 하자고 설득해서 겨우 그 문제를 해결했는데, 이제 와서 중국이 입국을 불허하니 난감하기만 했다.

결국 총회 장소를 옮길 수밖에 없었다. 그런데 총회 장소를 옮기는 것은 준비 절차도 문제지만 비용에도 큰 지장을 초래한다. 애초 중국 쪽에서는 비용을 많이 부담을 하기로 했었다.

갑자기 총회 장소를 옮기려니 적당한 장소를 찾기가 쉽지 않았다. 결국 급하게 태국을 방문하여 교섭을 해보았다. 태국에서는 환영했지만 역시 경제적인 부담이 문제였다. 게다가 수도 방콕에서는 적당한 장소를 갑자기 찾을 수가 없어 방콕 대신 아유타(Ayuta)라는 곳으로 정하였다.

어쨌든 새로 장소를 정했으니 준비를 서둘러 1996년 10월 13일부터 20일까지 총회가 열렸다. 뉴욕 유니언 신학교의 정현경 교수가 주제 강연을 맡은 이 총회는 우여곡절 끝에 급하게 준비한 대회치고는 그런 대로 진행이 잘된 셈이었다. 특히 예배를 진행하는 방식은 아시아 전역에서 온 여러 종교 지도자들에게 큰 감동을 주었다.

여러 종교가 함께 모이는 총회에서 제일 중요하면서 어려운 행사가 바로 예배인데, 우리는 예배위원회를 조직하고 한국에서 종교 예배를 연구하는 이정훈 목사 내외를 초청하여 개회, 폐회 예배를 집전하도록 했다. 세계 여러 종교가 다함께 참여하여 마련한 축제와도 같은 이 예배는 세계 종교인의 마음을 한데 녹여 큰 감동을 낳았다.

그러나 끝내 유감스러운 사건이 일어나고야 말았다. 역시 대만 참여 문제 때문이었다. 대만 참여를 반대하는 중국 입장 때문에 총회 장소까지 옮겼는데, 중국 대표가 다시 문제를 제기한 것이었다.

사전 조율 과정에서 중국 대표들은 대만을 국가 단위 단체(national chapter) 명칭으로 표기하는 것에 반대하였고, 총회 측에서는 중국 의견을 받아들여 대만을 지역 단위 단체(area chapter)로 헌장을 개정하기로 합의하니 이번에는 대만에서 항의를 했다. 엄연하게 중화민국이라는 국가 단위 단체라는 것이었다. 여러 설득 과정을 거쳐 대만 대표들은 본국 정부에까지 연락하고 교섭한 결과 마침내 지역(area)이란 말을 쓰는 데 합의하고 총회에서 개정한 법을 통과시켰으나 중국 대표들은 퇴장해버리고 말았다.

나는 이 총회에서 퇴임사를 하고 연단에서 내려왔고, 전체 회원들은 기립 박수로 나를 배웅해주었다. 지난 10년을 되돌아보며 정든 이 모임의 책임을 완전히 벗어버렸다는 생각을 하니 시원스럽다는 생각보다 아쉽고 섭섭한 감정이 더 컸다. 총회에서는 나에게 명예회장직을 만장일치로 결정해주어 나의 아쉬움을 달래주었다.

한편 국내는 계속 시끄러웠다. 노태우가 비자금 사건으로 구속되더니 이어 전두환이 구속되는 등 전직 대통령 두 명이 잇따라 감옥에 갔다. 이는 김영삼 대통령의 '역사 바로 세우기'의 일환으로 법을 고쳐가면서까지 벌인 일이었다. 이 일이 있기 전 그는 전두환, 노태우 씨의 12·12사태 등은 "역사에 맡길 일"이라고 공언했는데, 이런 말을 뒤집어엎고 갑자기 일을 벌인 연유는 알다가도 모를 일이었다.

이런 와중에 12월 16일 새벽에는 노동법과 안기부법이 국회에서 날치기 통과되어 국민에게 큰 충격을 던져주었다. 불행하게도 내가 아껴온 이홍구 박사가 당시 신한국당 대표여서 그는 거센 비난을 받아야 했다. 이 한 해 동안 노동문제를 비롯하여 어려운 문제가 한두 가지가 아니었는데, 그때마다 나는 김수환 추기경, 송월주 조계종 총무원장과 함께 정의와 화해를 호소하며 뛰어다녀야 했다.

80회 생일과 비디오 제작

1997년 6월 19일 나는 80회 생일을 맞았다. 80회 생일이라고 하지만 나는 평소처럼 조용히 지냈다. 문민정부 들어 기대했던 남북 관계가 전혀 풀릴 기미가 보이지 않았고, 이북의 형제들이 굶어 죽어가고 있는 마당에 80회 생일이라고 떠들썩하게 행사를 할 수도 없는 노릇이었다.

그렇기는 하지만 내가 세상에서 가까운 관계를 맺어온 사람들이 한자리에 모일 수 있는 기회가 장례식 전에는 없을 것 같아 그대로 있을 수만은 없었다. 내가 평생 살아오면서 큰 자랑거리가 있다면 각계 각층에 친한 사람이 많다는 것이니 '만남'이라는 제목으로 책을 한 권 써서 친한 사람들에게 선물하려고 했다.

어느 날 가까운 사람들과 만난 자리에서 내가 책 얘기를 꺼냈더니 이어령 교수가 새로운 아이디어를 냈다.

"지금은 인쇄 매체 시대가 아니라 영상 매체 시대인데 항상 미래지향적으로 살아온 강박사가 이제 읽지도 않을 책을 만든다는 것은 바람직하지 못합니다. 그러니 영상으로 비디오를 제작해보는 게 어떻겠습니까?"

그러자 그 자리에 있던 사람들이 다 이 의견에 찬성했다. 이어령 교수는 그런 비디오를 잘 만들 수 있는 여성을 추천해주기까지 했다. 베를린에서 공부하고 돌아온 여성이었는데 만나 교섭해보니 할 생각은 있지만 실비로 제작해도 일억 정도의 경비는 있어야 만들 수 있다고 했다. 그런 돈을 쓰면서 비디오를 만든다는 것은 북한에서 굶어죽는 동포들 돕기 운동을 하는 사람으로서는 맞지 않는 일이라 생각되어 그만 단념해버렸다.

그런데 그 무렵 이북에서 탈출해 나온 신상옥 감독이 인물 다큐멘터리 필름인 「윈스턴 처칠」, 「만델라」 등을 보내오며 이런 말을 했다.

"요즘은 픽션으로 영화를 만드는 것보다 실제 살아온 인물의 이야기를 비디오로 담는 것이 유행입니다. 강목사님과 이태영 박사의 이야기를 비디오로 만들기로 마음먹고 있으니 협조해주십시오."

나는 신감독의 호의를 받아들여 비디오 제작을 하기로 했다. 미국 로스앤젤레스에서 살고 있던 신감독은 부인 최은희와 함께 서울에 와서 촬영을 시작했는데 서울에 계속 있을 형편이 못되었다. 그래서 대본은 이강백, 제작은 김시우 감독이 하기로 하고 촬영이 다 되면 전체 자료를 로스앤젤레스에 가지고 가서 신감독 지휘 아래 편집 제작을 완성하기로 했는데 뜻대로 잘 이루어지지는 못했다.

「이 사람을 보라」라는 제목으로 완성된 이 작품은 애초에 의도했던 '만남'이라는 주제와는 거리가 멀고 내가 쓴 『빈들에서』가 줄거리가 되었다. 신상옥 감독도 이 작품이 마음에 안 들었는지,

서울에 체류하게 된 후 자기가 직접 새롭게 만들겠다고 하였다. 고마운 일이지만 거절하고, 이미 만들어진 작품은 내 삶을 정리하는 데 매우 소중한 자료로 보관하고 있다.

IMF라는 태풍이 불다

김대중 대통령의 취임

1997년은 한보사건을 시작으로 어지러운 정국이 펼쳐졌다. 김영삼 대통령은 청와대에 있는 동안 한푼도 안 받고 골프도 안 치고 칼국수만 먹으며 노력했지만, 결국 개혁은 실패로 돌아가고 측근과 아들의 부정부패로 무능한 지도자로 낙인찍히면서 지지도가 급전직하했다. 이로써 사실상 문민정부는 끝이 났고, 다만 헌정을 중단할 수 없어 질질 끌려가고 있는 상태였다.

이런 상황에서 1997년 12월 제15대 대통령 선거를 향한 '용들의 전투'가 시작되었다. 신한국당은 김영삼 대통령과의 차별화에 노력하면서 후보가 여덟 명이나 나왔다. 그중 몇 사람은 자신의 명예를 올리기 위해 출마했지, 대통령이 되려고 나온 것은 아니었다.

나는 신한국당 경선 후보로 나선 이회창과 이홍구, 이수성, 이

인제 등의 요청으로 그들을 만나 이야기를 나눈 적이 있다. 이회창 후보는 내가 잘 몰랐던 사람이었는데 두 차례 만나면서 대충 알게 되었다. 첫 인상이 부정부패를 척결할 능력이 있고 법치를 할 사람으로 느껴졌다. 나는 그에게 이런 말을 해주었다.

"별명이 '대쪽'이라고 들었는데 법관이라면 몰라도 대통령은 대쪽이기만 해서는 안 됩니다. 또한 해방 후 오늘날까지 참혹한 역사의 각축장에서 이회창 씨가 살아온 길을 보니 과연 이 참혹한 역사를 계승 발전시키는 데 적임자라 할 수 있는지, 솔직히 의문이 드는군요."

그는 나의 솔직한 말을 불쾌하게 받아들이지 않고 나에게 기도를 해달라고 청했다. 그런 겸손한 태도에서 나는 그의 다른 면을 보는 듯했다.

이홍구, 이수성과는 전부터 알고 지내던 사이여서 여러 차례 만났다.

물론 김대중 후보와도 만났다. 김후보는 축적된 경륜이 있고, 남북 문제와 경제 문제 등을 유능하게 해결할 사람이긴 하지만, 김영삼 대통령은 자신이 청와대에서 나오는 날 김대중이 그 자리에 들어가는 것을 원하지 않을 것이 분명했다. 그런데다 그는 이미 몇 번이나 대통령 선거에 나온 일이 있어 득표에는 한계가 있어 보였다. 더구나 지난번 선거에 지고 정계를 은퇴한다는 선언까지 했었다. 이런 여러 조건들을 따져보면 그의 당선은 매우 어려워 보였다. 그러나 선거에는 늘 변수가 있게 마련이어서 정확히 예측하기란 힘든 법이다.

1997년 대선에서 특기할 만한 것은 텔레비전 토론이었다. 텔레비전 토론은 동원된 사람들을 모아놓고 하는 유세에 비해 유권자들이 안방에서 후보를 점검할 수 있고, 돈 선거를 막는 이점이 있다. 반면 정치적 조작 가능성도 매우 큰 것이 텔레비전 토론이다. 후보들의 텔레비전 토론은 사소한 문제로 시비가 없진 않았지만 무난하게 진행되었고, 특히 언론사와 시민 단체에서 적극적으로 참여함으로써 공정성을 높이는 데 일조했다.

대선 기간 중 여당인 한나라당에서 김대중 후보의 비자금 사건을 만들어 고발하기도 했고, 오익제를 통한 북풍 사건도 있었다. 그러나 선거는 큰 혼란 없이 무난하게 끝났고, 대선에 네 번이나 도전한 김대중 후보가 근소한 차이로 당선되었다.

나는 김대중 후보의 당선 보도를 접하면서 새삼 감회가 깊었다. 일본에서 납치돼 동해에서 상어밥이 될 뻔한 후 나를 찾아왔던 일, 사형 선고를 받는 자리에서 당당하게 최후 진술을 하던 모습들이 떠올랐다.

사실 나는 김대중 후보가 당선되기 어렵다고 예상했다. 그런데 예상 밖으로 그가 당선된 것은 나의 계산이 틀렸다기보다는 상황에 따른 변수가 적지 않았기 때문이었다. 나는 그의 승리 요인을 대체로 네 가지로 파악했다.

첫째는 이인제 후보가 막판에 이회창 후보와 손을 잡지 않았고, 둘째는 김영삼 대통령이 한보사태 이후 완전히 머리 깎인 삼손처럼 되어 힘이 빠져버린 것이다. 셋째는 텔레비전 토론이 비교적 공정했던 점이다. 만약 과거처럼 관권을 동원하여 방송을 조작했으면 김대중의 대통령 당선은 힘들었을 것이다.

그리고 마지막이 '결정타'였는데, 바로 IMF 사태였다. 전혀 예기치 못했던 어려운 상황이 닥치자 유권자들은 경제 대통령을 원했다. 그리고 김종필, 박태준 등 자민련과 공동 노력을 취한 것도 그에게 상당한 힘이 되었다.

나는 김대중 후보가 당선되어 참 잘 되었다고 생각했다. 그의 당선은 해방 후 처음으로 민주적인 선거를 통해 정권 교체가 이루어졌다는 의미도 있었고, 김대중 개인으로 말하면 IMF라는 위기 상황을 헤쳐나갈 수 있는 식견과 경륜을 갖춘데다 남북 문제를 비롯한 국제 문제도 잘 풀어나갈 수 있는 사람이기 때문이었다.

김대중 후보가 당선된 후 나는 12월 20일자 『동아일보』에 '김대중 당선자에게'라는 제목으로 대통령 당선자가 앞으로 해결해야 할 네 가지 과제에 대해 언급했다.

> 당선자에게 가장 먼저 제안하고 싶은 것은 민족 화합이다. 남북 분단으로 생겨난 갈등 대결 구도를 반드시 바꾸어야 한다. 그렇지 않으면 21세기에 우리 민족은 자멸하게 된다. 남북 화해는 먼저 고질병 같은 우리 사회 내부의 대결 구도를 화해 구도로 바꾸는 일에서 시작해야 한다. 뿌리 깊은 지역 대결 구도를 깨기 위해서는 피해자의 한 사람인 김당선자 스스로 호남 사람들을 설득해 지역 감정 해소에 앞장서야 할 것이다.
>
> 둘째는 50년 만에 이룬 수평적 정권 교체를 새로운 민주 정치 구도로 발전시켜나가는 일이다. 지금까지 대통령이 전권을

쥐고 지시하고 군림해오던 것을 권력이 골고루 분담되는 수평 구도로 바꾸어야 한다. 밑에서부터 참여하는 민주주의의 길을 열어야 한다는 말이다.

셋째는 가장 시급한 과제인 경제 회생이다. 우선 경제 정책에 대한 기본 원칙을 확실하게 제시해주기 바란다. 오늘의 경제 파탄은 과거 성장 제일주의에서 연유한 것이다. "돌로라도 떡을 만들면 된다"는 식으로 수단 방법을 가리지 않고 하는 돈벌이는 악령(惡靈)의 철학이다. 이런 잘못된 철학이 정경 유착을 만들어 독점 재벌주의가 자본주의라는 이름으로, 관권주도형 경제가 시장 경제로 둔갑했다. 이런 문제를 바로잡지 않으면 경제 회생은 모래 위에 짓는 집과 같다.

넷째는 문화 정책과 방송 정책이다. 이데올로기와 경제권으로 세계가 나뉘었던 20세기는 지나가고 문화 다원주의 시대, 그중에서도 문명의 중심축이 동양 문화권으로 향하는 21세기가 다가온다. 그런데 지금 우리의 문화 정책은 허울뿐이다. 특히 방송 정책은 전세계 민주국가에는 없는 정책을 대한민국만 고수하고 있다. 전파 매체인 방송을 관권과 재벌의 손에서 시청자인 국민에게 돌려주어야 한다.

김대중 당선자는 급박하게 전개되는 외환 위기로 인해 당선 축하연도 제대로 치르지 못하고 바쁜 일정을 보냈다. 1998년 2월 25일 제15대 대통령에 취임한 그의 앞에는 많은 난관이 기다리고 있었다. 그러나 이 난관은 대통령 혼자 힘으로는 절대로 헤쳐나갈 수 없고 온 국민이 주체가 되어 개혁을 뒷받침해주고 잘못하면 견제도 해주어야 극복할 수 있는 것이었다.

IMF 폭풍과 노사 갈등

많은 사람들이 IMF사태를 6·25에 버금가는 국난이라고 했다. 나와는 상황 인식이 다르지만 나는 이 말에 반대하지 않았다. 그러나 두 가지 점에서 6·25 때보다 더 나쁜 상황이라고 생각했다.

첫째, 6·25는 외부의 침략으로 일어난 전쟁이지만 IMF재난은 우리 내부에서 만든 것이다. 물론 그 동안 통치해온 김영삼 정부에도 책임이 있지만, 이 큰 병의 원인은 박정희 대통령 시대부터 경제 발전을 통계 숫자로 표시하고 특정 재벌과 권력이 비밀리에 유착 관계를 가진 데서 비롯했다. 이것이 우리나라를 부정부패와 권력, 물질숭배의 '빈들'로 만들어왔다.

재벌은 권력과 결탁만 하면 은행을 통해 얼마든지 돈을 쓸 수 있었고, 정권은 재벌들의 정치 자금으로 권력을 유지해왔다. 그래서 원칙과 윤리가 무너지고 부정부패가 만연하여 사회 어느 곳 하나 성한 데가 없었다. 한때 중산층 등장 논리가 구가되었으나 IMF사태로 밝혀졌듯이 그것은 거품에 불과하였다. IMF사태는 이러한 불의의 구조가 만든 필연적인 재난이었다.

둘째, 6·25는 모든 국민이 정도의 차이는 있어도 다 함께 고통을 분담했다. 그러나 IMF재난은 부유층과 다수의 노동자, 실업자 사이에 엄청난 양극화 현상을 가져왔고, 고통 분담이 아니라 수백만 실업자들의 '고통 전담 현상'을 초래했다. 그 동안 역대 정부는 세계 11위의 무역대국을 자랑하면서도 복지 정책과 실업자에 대한 사회보장책은 나 몰라라 해왔다.

이런 엄청난 재난을 불렀으면서도 책임을 지려는 사람이나 집단이 하나도 없었으니 그것이 더욱 한심스러웠다. 기독교 사회에서는 잘못을 했으면 회개할 줄 안다. 베네딕트가 '수치 문화'로 표현한 동양 사회에서는 이런 일을 놓고 죄책감은 못 가져도 최소한 부끄러움이라도 느껴야 한다. 특히 평소 나와 가까운 사람들도 많이 참여했던 한나라당은 실질적인 책임이 있든 없든 5년간 집권당으로서 국민 앞에 사죄하고 파국을 수습할 때까지 새 정권에 협력하겠다는 태도를 보여주었어야 했다.

IMF사태 이후 우리에게 가장 긴급한 과제로 떠오른 문제가 실업자와 노사 갈등이었다. 노사문제는 그 동안 내가 많은 관심을 갖고 있던 분야로 1990년대 이후 내가 참여한 큰 사건 두세 가지만 소개하고 싶다.

이미 문민정부 시대인 1994년 6월 24일 지하철 노조가 전면 파업에 들어간 일이 있었다. 그 파업이 점점 확대돼 7월 20일부터는 5개 공공 부문 노조가 연대 파업에 돌입하기로 결의했다. 물론 노조측으로서는 충분한 이유가 있었겠지만 이로 인해 대중교통 수단이 마비되어 선량한 시민들이 겪었던 고통은 말이 아니었다.

그래서 6월 30일 김수환 추기경, 송월주 조계종 총무원장 그리고 나, 세 사람은 '산업사회의 현안 문제에 대한 우리의 입장'이라는 성명서를 발표했다. 정부는 공권력 개입 등 물리적인 힘에 의한 해결을 중지하고 노사 당사자간의 자율적인 교섭 분위기를 조성할 것, 그리고 노조측은 시민의 고통을 덜어주기 위해 파업을 중단하고 현업에 복귀할 것 등이 주 내용이었다.

우리는 성명서를 발표하고 파업 현장인 명동성당으로 가 비가 퍼붓는 가운데 농성하고 있는 노조원들에게 위로와 당부의 이야기를 전했다. 그 뒤 노조는 우리의 권고를 받아들여 파업을 유보했다. 그런데 이 일로 수백 명의 노조 관계자들이 파면, 해임, 정직처분을 당했고 지하철 공사는 노조에 재정 손실에 따른 보상까지 요구하고 나섰다. 나는 이 사건을 지켜보며 1970년대 동일방직 사건 때의 기억이 떠올라 무척 가슴이 아팠다.

그후 1996년 12월 26일 신한국당 의원들이 노동법과 안기부법을 새벽에 날치기 통과시킨 사건이 일어난 뒤 나는 또 한 번 김수환 추기경, 송월주 원장과 만나 문제 해결을 모색하기도 했다.

1997년 대통령 선거에서 김대중 후보가 당선된 후 가장 먼저 부딪힌 문제가 외환 위기와 함께 노사문제였다. 국가가 부도 위기에 직면하고 근로자의 대량 해고 사태가 잇따라 일어날 때였다. 12월 26일, 나는 1970년대에 우리 크리스챤 아카데미에서 노조간부 교육을 받은 수강생 약 30명을 초청하여 다솜교육관에서 모임을 가졌다.

이날 참석자들은 밤새워 토론을 벌였으나 도무지 해결의 실마리를 찾을 수 없었다. 백만 명이 넘는 사람들이 직장에서 쫓겨나 길거리에 나앉게 된 상황에서 노조라는 간판을 걸어놓고 투쟁하지 않는다는 것도 있을 수 없는 일이지만, 그렇다고 투쟁 대상이 뚜렷하게 있는 것도 아니었다. 물러가는 김영삼 대통령을 상대로 싸울 수도 없고, 아직 취임도 하지 않았을 뿐더러 IMF사태와 직접 관련이 없는 새 대통령 당선자가 투쟁 대상이 될 수도 없는 일이었다. 그렇다고 IMF(국제통화기금)와 상대해 투쟁할 수도 없는 노릇이었다.

그런 가운데 김대중 당선자는 노사정 상호협력 없이는 IMF사태를 극복해낼 수 없다고 천명하고, 노사정위원회를 구성하겠다고 발표했다. 민주노총은 한때 노사정위원회 참가를 거부하고 파업을 결의했으나 결국 대세를 거스를 명분이 약하다고 판단하여 1기 노사정위원회에 참여했다.

그러나 민주노총은 1기 노사정위원회 타협 내용에 불만을 표시하면서 강성 지도부로 개편되었다. 새 지도부는 2기 노사정위원회 참여를 거부하고 대대적인 파업에 돌입하기로 결의했다. 나는 사태가 더 악화될 것을 우려해 1998년 6월 3일 김수환 추기경, 송월주 원장과 또다시 호소문을 발표했다. 그 요지는 이런 내용이다.

> 노사정이라고 하지만 '정'(政)에 속하는 정치계, 특히 국회는 휴회로 거의 직무유기 상태이고, 정부의 시책도 미흡하다. 사용주인 기업들이 고통을 겪고 있지만 노동자, 실업자들의 고통에 비할 바는 아니다. 따라서 기업은 과감한 구조 조정을 해야 하고, 노조도 파업이나 과격한 데모로 IMF 극복을 위한 외

자 도입을 막아서는 안 된다.

그날 저녁 나는 KBS 텔레비전 밤 열한 시 뉴스 프로그램인 「뉴스 라인」을 통해 특히 민주노총에 당부했다.

"지금까지 이 나라에 번영을 가져온 주역인 근로자들이 이번에 노사정 참여를 거부하고 파업에 돌입하여 나라가 파탄으로 기울어지게 되면, 그 동안 나라에 큰 공을 세워온 노동운동이 나라를 망치는 주역이 될까 두렵습니다. 투쟁도 국민과 함께 해야 합니다."

이와 함께 종교계의 우리 세 사람은 민주노총 간부들과 대화를 제의했는데, 다행히 민주노총이 예정된 파업을 중단하고 노사정에 참여하겠다는 결정을 내려 우리는 안도의 한숨을 내쉬었다. 나중에 들은 이야기인데, "파업 등 극한 수단으로 나라를 망치게 되면 망하게 한 책임을 지게 된다"고 한 내 말이 민주노총을 무척 섭섭하게 했다고 한다. 그러나 '쥐 잡으려다 독을 깨서는 안 된다'는 것이 내 소신이다.

실업자 문제 역시 매우 심각했다. 당시 실업자 수가 200만 명을 넘었다고 하니 평균 4인 가족이라고 치면 800만 명이라는 인구가 살길이 막막해진 것이었다. 당장 생계 문제도 그렇지만 이들의 좌절감과 분노, 절망을 풀어가는 것이 더 큰 문제였다. 이를 풀어가는 방법은 하나뿐이다. 그들의 고통을 전국민이 나눠 갖는 것이다.

나는 이러한 사태가 닥쳤을 때 '돕는다'는 말 대신 '나눔'이라는 말을 쓰자고 했다. 나라를 사랑한다는 말은 '땅덩어리'를 사랑한다는 것이 아니라, 이 땅에서 같은 역사, 같은 언어를 가지고 살아온 '민족'을 사랑한다는 말이다. 그리고 민족을 사랑한다는 말은 기쁨도, 고통도 함께 나누는 것이다.

나는 1998년 1월 4일 시민단체연합 신년 하례식에 참석한 김대중 당선자 앞에서 이런 이야기를 강조했고, 이후 고통 분담에 대한 생각은 차츰 정부 언론 시민단체에 파급되었다. 그리고 6월 22일에는 한겨레신문, MBC, 시민단체 합동으로 '실업 극복 국민운동'을 조직했는데, 나는 김수환 추기경, 송월주 원장과 함께 공동위원장으로 피선되었다.

태풍권에 든 대한민국호

김대중이 대통령에 취임하고 몇 달 뒤인 6월 23일 김대통령의 점심 초대를 받은 자리에서 나는 다음과 같은 이야기를 했다.

"지금 우리나라는 태풍권에 진입해 있다고 할 수 있습니다. 국력을 모아 이 IMF라는 태풍권에서 반드시 벗어나야 하는데, 현재 대한민국호의 선장은 바로 김대통령입니다. 그리고 김대통령은 대한민국호가 이 태풍권에서 벗어나면 장차 어느 항구에 도착할 것인지, 그 뚜렷한 비전을 국민에게 제시해주어야 해요. 나는 대한민국호가 기항해야 할 항구는 '문화'라고 생각합니다. 21세기 한국의 비전은 바로 문화입니다."

나는 우리가 눈앞의 IMF 사태를 이겨내는 것도 중요하지만, 이

어려운 상황을 극복한 후에 나라가 나아가야 할 방향을 제시하는 것이 더 중요하다고 생각했다. 그래야만 어려운 현실을 타개해나갈 수 있는 힘이 국민들에게 생기기 때문이다.

이밖에 나는 통일고문회의에 대해서도 몇 가지 이야기를 나누었다. 사실 나는 새 정부가 들어선 후 김대중 대통령으로부터 통일고문회의 의장직을 맡아달라는 요청을 받았다. 내가 그 동안 남북 화해에 깊은 관심을 가져왔기 때문에 그런 부탁을 했던 것 같다.

나는 박정희 정부 때 국토통일원 통일자문회의가 생기고 신태환이 장관이었을 때 자문위원직을 맡아 일한 적이 있었다. 그 당시 여야간에는 완전히 대화가 막혀 있었으나 오직 이 자문회의만이 여야 중진들이 참가하여 대화라기보다 논쟁을 벌이곤 했다. 나는 1980년에 이 자리에서 물러났다.

그때에 비해 김대중 정부는 민주적인 국민정부고 또 대통령이 직접 남북 평화 정착을 위해 새로운 정책을 구상하고 있다는 것을 알기에 나는 흔쾌히 의장직을 수락하고 5월 19일에 위촉장을 받았다. 분단 53년에 이제야 겨우 남북 관계에 숨통이 트이고 방향이 바뀔 수 있는 적기(適期)라고 생각하고 남북의 화해를 돕는 일에 기꺼이 참여할 생각이었다.

의장직을 맡은 후 통일부를 통해 통일고문회의에 대한 자료를 얻어 관계 규약을 읽어보니 1970년대 내가 참가했던 자문회의와 별로 달라진 게 없었다. 대통령이 위촉장을 주는 통일부 장관의 자문 기관으로서, 통일부에서 요청하는 자문에 응하도록 되어 있으나 이 고문회의에서 제안하고 일을 해나갈 수 있는 방법이 무엇인지 분명치가 않았다. 그래서 지금까지 유명무실했던 것이고, 앞으로도 큰 전환이 없으면 성과를 기대하기 힘든 조직이었다. 그래서 사퇴할 생각을 갖고 있었는데, 이우정 위원이 이 뜻을 대통령께 전달했다. 결국 내 뜻이 반영되어 규약을 국무회의에서 개정하고 대통령령으로 개정안을 공표하게 되었다.

나는 최선을 다해 이 직책을 수행하려고 노력했다. 그러나 실제로는 새로 마련된 규약이 제대로 적용되지 않아 별다른 성과를 내기가 힘들었다. 두 달에 한 번 점심 시간에 모이면 장관이 보고하고 각 위원들은 의견을 말하는 것이 전부였다.

마음이 착잡한 가운데 그 자리를 지키고 있던 2000년 6월 15일 평양 정상 회담이라는 중대한 사건이 일어났다. 그러나 이 안은 통일고문회의와는 아무런 의논도 없이 이루어진 것이었다. 평양에 다녀온 후 점심 시간에 위원들에게 다녀온 이야기를 보고한 것이 전부였다.

나는 참을 수 없어 사표를 제출했다. 그후 몇 사람이 모인 자리에서 김대통령이 내게 왜 사표를 냈느냐고 물었다.

"하는 일도 없으면서 국민이 내는 세금을 매달 50만 원씩 받을 수 없어 그만두려고 하는 것입니다."

나의 대답에 김대통령은 아무 반응도 보이지 않았다. 그러고는 위원 임기가 끝날 때 나는 몇몇 위원과 함께 교체되었다.

그러나 남북 문제는 내게 그런 직책이 있든 없든, 하나님께서 나를 데려가시는 그날까지 수행해야 할 숙제라고 생각하고 있다.

박노해와 백태웅

내가 박노해 시인에 대해 자세한 사정을 알게 된 것은 이화여자대학교의 신인령 교수를 통해서였다. 신교수의 소개에 의하면 박시인은 1970년대 크리스챤 아카데미에서 행한 노조 간부 교육에도 잠깐 참여했고 그의 부인 김진주는 대학생 때부터 경동교회에 다녔다는 것이다. 또 그의 사상이나 행동이 특별히 국가 전복 같은 것을 시도할 어마어마한 혁명가는 아니며, 전태일 군의 경우처럼 저임금 노동자로서 노동 현장 체험에서 나온 저항이라는 이야기였다.

"저와 함께 특별 면회라도 한 번 해서 만나보는 게 어떨까요?"

그러고 나서 얼마 후 김진주와 백태웅의 약혼자가 함께 나를 찾아왔다. 나는 그들에게서 박노해와 백태웅의 사정을 비교적 소상하게 들을 수 있었다.

나는 박노해가 수감돼 있는 경주교도소에 특별 면회를 신청하여 신인령 교수와 김진주와 함께 소낙비가 쏟아지는 날 찾아갔다.

박노해 시인을 만나기 전에 우선 교도소 소장을 만났는데 그의 말이 박시인은 0.7평짜리 방에서 많은 책을 읽고 있으며 영성 훈련을 하고 있다고 했다.

"그래서인지 원만한 인격으로 교도소 직원들의 존경을 받고 있습니다."

드디어 나는 박시인과 단독으로 약 한 시간 반 동안 이야기할 시간을 가졌다.

그를 대하고 보니 과격한 좌익 사상으로 인해 사형 구형을 받은 사람에게서 풍기는 체취가 상상 밖이었다. 과격한 혁명가라기보다는 오히려 형님이 카톨릭 신부, 누님이 수녀인 가정에서 진실한 신앙으로 살아온 젊은이라는 인상만이 강하게 와닿았다.

그후 김대중이 대통령에 당선되고 취임하기 전 동교동 자택에 김수환 추기경과 송월주 조계종총무원장과 함께 점심에 초대된 적이 있는데, 나는 그 자리에서 무기 징역을 선고받고 경주교도소에 수감되어 있는 박노해 시인과 그의 동료인 백태웅의 석방을 간곡히 요청했다.

"취임한 뒤 적당한 시기에 법무부 장관의 정식 제청이 있으면 검토해보겠습니다."

그래서 그가 대통령으로 취임한 후 나는 처음으로 장관실에 면회 신청을 하고 절차를 밟아 박상천 법무부 장관을 만나 정식으로 두 사람의 석방을 요청했다. 그는 대통령으로부터 이야기를 들었다면서 호의적인 반응을 보여주었다. 그후 1998년 8월 15일에 두 사람은 사면되어 출옥하였다.

박노해 부부는 가평에 있는 우리집 옆에 와 셋집을 얻어 당분간 지내면서 나와 인연을 이어가게 되었고, 감옥에 들어가기 전 약혼만 했던 백태웅은 약혼한 지 7년 만에 부산에서 결혼식을 올렸다.

그런데 백태웅 부부가 신혼 여행을 금강산으로 가려고 했는데 아직 복권이 안 되어 못 간다는 얘기를 들었다. 나는 두 사람이 석방된 날로 국민이 누릴 권리와 의무를 다하는 시민이 된 것으로 알고 있었는데 복권이 안 되면 몸만 교도소 밖에 나와 있지 실생활에는 많은 제한이 있다는 사실을 처음으로 알았다.

휴전선을 사이에 둔 상황에서 국가 안보를 빈틈없이 해야 한다는 것은 이해하지만 이런 식으로 젊은이들을 묶어두는 것은 문제가 있다고 생각했다. 그래서 다시 복권 운동을 하였고 마침내 두 사람 다 복권이 되었다.

그후 백군은 부인과 함께 미국에 가서 공부를 하고 있고, 박노해 시인 내외는 나눔의 문화 운동을 열심히 하고 있다. 나는 큰 기대를 가지고 그들을 지켜보고 있다.

쓸쓸한 몽양의 추도식

몽양의 50주기 추도식은 1997년 7월 19일에 있었다. 나는 추도식에서 추도사를 했고 몽양 기념전집 출판위원장을 맡았다.

이미 소개한 바 있지만 나는 1936년 여름 몽양이 간도 용정에 조선중앙일보 사장으로 축구대회 참석차 왔을 때 처음 그의 강연을 들었고, 해방 후 서울에서 만나 그와 대화를 나누면서 그를 잘 알게 되었다. 나는 그의 탁 트인 마음과 극단적인 대결 구도의 역사 속에서 그 양극을 넘어서 문제를 풀어가려는 태도가 마음에 들었다.

이날 추도식에는 참석자들도 적었고 초라한 느낌마저 들었다. 아직도 그가 우리 역사에서 정당한 평가를 받지 못하는 것 같아 무척 안타까웠다. 사실 앞으로 전개될 남북 문제를 해결하는 데 그와 같은 인물이 없는 현실이 대단히 아쉽기도 하다. 몽양에 대한 정당한 평가가 역사에 제대로 자리 매겨질 날을 기대하면서 이날 내가 읽은 추도사를 옮겨본다.

존경하는 여운형 선생님,

1947년 7월 19일 오후 선생님이 흉탄에 맞아 별세하셨다는 비통한 소식을 충격으로 접한 지 벌써 50년이 지났습니다. 지금 선생님의 무덤 앞에서, 선생님의 사랑을 받던 우리들은 우리의 무책임과 무능력을 깨닫고 부끄러움을 금할 수 없습니다.

저는 선생님께 "선생님이 30년만 더 늦게 태어났더라면 뜻있는 다수의 지도자들이 선생님의 높은 뜻을 이해할 수 있었을 것"이란 말씀을 드린 적이 있습니다. 그때 선생님께서는 "자네들이 있는데 내가 꼭 있어야 하느냐"고 하셨습니다.

그런데 50년이 되는 오늘도, 개방적이고 미래지향적인 자세로 통일 조국의 독립을 위해 싸우시던 선생님의 뜻을 이루지 못했을 뿐 아니라, 오늘 선생님의 50주년 추도식도 전국민적인 참여 속에서 하지 못하게 된 것을 부끄럽게 생각합니다.

선생님은 50년 전 철없는 한 청년의 흉탄에 맞아 세상을 떠나셨다기보다는 철저한 흑백논리에 좌우되어 좌익이 아니면 우익, 미국이 아니면 소련이라는 양자택일만이 용납되던 상황 속에서 선생님이 서실 수 있는 자리가 너무도 좁았기 때문에 이 땅을 뜨신 것입니다.

선생님은 통일 조국의 완전 독립을 찾기 위해 남쪽의 미군

하지 장군과도, 북쪽의 스타코프 소련 사령관과도 대립이나 지지가 아닌 열린 자세로 만났고, 민족의 자주 독립이란 큰 꿈을 달성하기 위해서는 우익과 좌익이 대립에서 벗어나 협력해야 한다고 확신하셨습니다.

오늘 우리 조국은 전세계에서 유일한 분단 국가로 남아 있습니다. 북쪽은 엔진이 고장나 추락하는 비행기같이 되어 있고, 남쪽은 비탈길을 과속으로 달리는 브레이크가 말을 듣지 않는 자동차같이 되어버렸습니다. 전쟁이 나면 승자도 패자도 없이 다 패자가 되어 21세기 역사 무대에서 아주 밀려날 것이 명백한 오늘에도 무력 충돌의 불안에서 벗어나지 못하고 있습니다.

지구상에서 가장 많은 사람이 굶어 죽고 병들어 가는 국가가 된 비참한 현실 속에서도 북쪽 동포들을 통치하는 사람들은 합리적인 해결 방안을 외면하고 있고, 한 해 먹다 버리는 음식 쓰레기가 7조 원이나 되는 남쪽 사람들의 가슴에는 동포애가 식어버린 기막힌 현실이, 오늘 우리가 살고 있고 선생님이 그처럼 사랑하시던 우리 민족의 현실입니다.

그러나 선생님! 선생님이 목숨 바쳐 사랑한 우리의 조국은 이 밤중 같은 어둠을 헤치고 동트는 새벽과 솟아오르는 아침 태양을 반드시 맞이할 것으로 믿습니다. 서로의 차이점을 대결이 아닌 화해로 승화시키려 했던 선생님의 염원처럼 남북한, 영남, 호남, 충청, 수도권이 모두 서로를 아끼고 사랑하고 함께 사는 그 역사의 동이 터올 때가 되었다고 믿습니다.

선생님이 60주기를 맞이할 때는 추도사를 하고 있는 저 자신을 포함해 여기 모인 많은 사람들 중에 몇 사람은 이 세상을 떠나 선생님 곁으로 가게 될지 모릅니다. 그러나 그날은 우리 후배들이 이룬 통일된 조국에서 선생님의 60주기가 화려하고 성대하게 치러지기를 바라면서, 부끄러운 마음을 달래며 추모의 인사를 마감합니다.

사실 몽양 여운형은 우리 역사에서 받아들여질 수 없는 시기에 지도자 자리에 있다가 끝내 정당한 평가를 못 받고 돌아가신 분이다. 그는 남쪽의 보수적 사고를 가진 사람들로부터는 좌익, 혹은 공산당의 두목으로 지탄받고 온건한 우익 진영에서는 본인의 마음은 어찌되었든 좌익 세력에 이용당한 사람으로 인식되고 있다. 나도 그분이 본의와는 달리 좌익 세력에게 많이 이용당했다는 데 동의한다.

일제 시대의 그에게는 민족의 자주 독립이 유일한 과제였기에 국내, 국외에서 참으로 빛나는 업적을 많이 남겼다. 해방 직후에는 안재홍 선생과 긴밀히 협력하며 건국동맹을 중심으로 한 건국준비위원회를 좌 · 우 양편 지도자로 균형 있게 구성하려고 노력한 인물이다.

8월 15일을 전후하여 엔도 정무총감이 몽양에게 전후 혼란 수습을 부탁하며 치안을 맡겼을 때부터 몽양은 안재홍과 건국동맹 관계자들과 만나 건국준비위원회 조직에 착수했다. 좌우익의 균형을 맞추려고 노력했으나 우익의 송진우 세력이 거부하고 미군이 진주하게 되면서 뜻을 이루지 못했다. 이 조직 안에서 우익은 차츰 뒤로 물러나는 반면에 좌익에서는 자꾸 뚫고 들어와 조직은 점차 좌경화가 되어갔다. 그러다 미군이 진주하기 전에 우리 손으로 한민족을 대표할 주권 기관을 만들어놓아야 한다는 의도에서 1945년 9월 6일 인민공화국을 급조하게 되었다.

이동화에 의하면 이때도 몽양 세력인 건국동맹측에서는 '조선민주공화국'을 생각했으나 좌익 계열이 다수 참석하게 되면서 그들의 주장에 밀려 '인민공화국'이 되었다고 한다. 인민공화국 조직에서도 이승만을 비롯한 여러 우익 진영 인사들을 선출했으나 우익계는 모두 참여를 거부했다. 이런 상황에서 인민공화국 지도자로 그냥 남아 있었던 몽양은 좌익의 두목, 혹은 좌익에 이용당한 인물로 이해될 수밖에 없었다.

또 한 가지 큰 사건은 1946년 임시정부 공약에 의해 소집된 비상 국민회의를 거쳐 미군정의 지원으로 결성되는 민주의원에 참여하기로 약속되어 있었으나 정작 그 개회식에 불참한 사실이다.

앞에서도 말했지만 여기에는 여러 가지 설이 있다. 그가 그 모임에 들어왔다가 이승만 박사의 박대를 받고 퇴장했다고도 하고, 그때 신문기자로 그 자리에 있었던 박갑동에 의하면 분명히 그의 명패가 있었는데 불참했다고 한다. 몽양은 민주의원에 불참하고 그 다음날인가 모인 좌익 계열 총연합체인 민주주의 민족전선의 5인 의장단의 한 명으로 피선되면서 명실공히 좌익 계열의 총수가 되었다.

나는 이런 사실을 정당화하거나 변명할 뜻은 없다. 해방 후 그의 정치 행각은 그의 본의야 어떻든 간에 비판받을 만도 했으나 다만 그의 사람됨과 사고 방식, 그리고 결국 뜻대로 안 되었으나 그가 본래 의도했던 뜻과 그의 지도력을 종합해볼 때, 내가 이 글을 쓰는 2002년에 만일 그가 우리 정계 속에 살아 있다면 어떨까 하는 생각을 해본다. 현재 남북한을 막론하고 한국 정치계에 이런 인물이 있다면 우리 역사는 더욱 탄력을 받을 것이 틀림없다.

이 나라의 지도자가 되려고 정계에서 활동하는 사람이라면 본받을 점이 많은 인물이 바로 몽양 여운형이라고 나는 생각한다. 우선 그는 좌익과 우익의 대립, 남쪽과 북쪽의 갈등, 세대간 간격과 지역 갈등을 넘어서서 전민족을 아우를 수 있는 인물이기 때문이다. 21세기를 향한 우리 민족의 지도자가 될 사람은 닫힌 인간 즉 독선적이고 배타적이며 색깔론, 지방색을 이용하는 종류의 인간이 아니라 활짝 열린 인간, 모든 세력을 결집시킬 줄 아는 지도자가 되어야 한다. 그런 지도자의 출현을 갈망할 때마다 몇몇 내 머리에 떠오르는 인물이 있는데, 그 중 한 사람이 바로 몽양이다.

2002년 2월 20일 저녁 그의 기념사업위원회 고문 이사들의 연석회의에 참석한 나는 이런 말을 했다.

"1979년 중앙정보부에 끌려가 여운형을 어떻게 생각하느냐는 질문을 받았을 때 나는 내가 본 대로 '여운형은 민족주의자, 자유주의자, 사회주의자'라고 했으나 지금은 '주의자'라는 용어가 그에게 맞지 않는다는 생각을 하게 됩니다. 그는 한마디로 '열린 사람'이었습니다. 그의 생가를 복원하고 업적을 바르게 찾아내는 것도 중요하지만, 앞으로 우리나라가 바라는 정치인의 모델로 그를 내세우는 작업을 해보면 좋겠습니다."

앞으로 이 땅에는 남과 북, 동과 서, 빈부, 귀천, 노와 사, 여와 야, 구세대와 신세대, 민족과 세계를 모두 대립이 아닌 보완 관계로 보고 살다 죽은 몽양을 닮은 지도자들이 태어났으면 하고 바라는 마음이 간절하다.

세계연극제와 '명성황후' 사건

나는 그해 8월 31일 서울에서 열리게 된 제27회 세계 연극제(Theatre of Nation)에 참석하기 위하여 네덜란드에서 급히 서울로 돌아오고 있었다. 내가 이 대회의 대회장이었기 때문이다.

1995년 베네수엘라에서 모인 세계 연극제(ITI) 총회에서 1997년도 연극제 개최지를 서울로 정하면서 한국의 공연예술계는 2년 동안 이를 준비해왔다. 특히 세계 본부장인 김정옥, 김의경 한국연극협회 이사장, 정진수 한국 본부 회장 등이 중심이 되어 연극계, 무용계 인사들이 대거 참가했다.

이들이 이 대회를 준비해오다가 나 같은 비연극인을 대회장으로 선출한 이유에 대해 김정옥 회장은 다음과 같이 설명했다.

"이 대회는 연극인, 무용인들만의 축제가 아니라 범문화 예술계의 축제로 넓혀가기 위하여 강원용 목사를 세계 공연예술제의 대회장으로 추대한 것입니다."

또한 그는 내가 단순한 명예직이 아니라 실질적인 운영위원회 의장 노릇을 잘하여 이 예술제를 성공적으로 이끌어갔다고 치하하였으나 내가 한 일은 별로 없었다고 생각한다. 다만 이런 명예스러운 직책을 맡아 최선을 다했을 뿐이었다.

개막 1년 전부터 본격적으로 대회 준비에 들어간 우리는 세계적인 극단들도 많이 초청했다. 이 연극제에는 정부 예산이 충당되었으나 애초에 우리가 예상했던 기업체 모금은 거의 이루어지지 않았다. 그 바람에 예산에 차질이 생겨 몇몇 중요한 극단들과 계약을 취소해야 했지만 그런 대로 별탈 없이 진행되었다.

개회식은 8월 31일 저녁이었다. 나는 8월 29일 이준 열사 90주기를 맞이하여 네덜란드 헤이그에 있다가 8월 31일에 돌아와 곧바로 개회식장으로 갔다. 국립극장에서 1,500여 명이 모인 가운데 거행된 개회 행사는 KBS 텔레비전을 통해 생중계되었고, 나는 개회사에서 세계 연극제가 한국에서 열리게 된 의의에 대해 다음과 같은 요지로 말했다.

> 20세기는 이데올로기에 의한 동서간 대립, 경제를 중심으로 한 남북 대립이 문제였으나, 21세기는 문화권 사이의 조화가 과제다. 21세기에는 지구의 수십 개 문화권 중 중동의 회교 문화권과 동양 문화권이 각광받게 될 것이다.
>
> 물리적인 힘에 좌우되는 시대에는 우리가 부득이 강대국에 예속되어 지냈지만, 옛날 중국 문화가 한반도에 머물며 다듬어진 후 일본에 갔고 또 일본 문화가 한반도를 거쳐 대륙으로 갔기 때문에, 다가오는 '문화권 시대'에는 한국 문화가 동양 문화권 중에서도 중심이 될 것이다.

이러한 시기에 세계 연극제가 서구 문화권을 벗어나 제3세계로 옮겨오고 더욱이 아시아 문화권에서도 한반도 문화권에서 열리는 것은 매우 뜻깊은 일이라고 생각한다. 88년 서울올림픽 때 '세계는 서울로, 서울은 세계로'의 구호가 이번에도 적용되고 있다.

개회 행사에서는 환영사와 김영삼 대통령의 축하 메시지 낭독도 있었고 하일라이트 공연이라고 할 다국적 연극 「리어왕」, 독일의 무용극 「코스무니누런 거리에서」 등이 공연되었다. 행사가 끝난 뒤 국립극장 야외 무대에서는 축하극 「오우제」가, 그리고 대극장에서는 국립극단의 연극 「시집가는 날」이 선보였다.

26개국 공연 단체가 참가하여 45일 동안 전개된 '서울연극제 97'은 세계의 유수한 연극, 무용, 오페라 등이 다채롭게 열려 공연 축제의 올림픽이라고 할 만했다. 특히 동양에서 처음 개최되는 연극제였던 만큼, 세계의 각종 연극을 서울에서 볼 수 있는 동시에 우리 연극을 세계에 알릴 수 있는 좋은 계기가 되었다.

이 연극제 전후로 각종 영화제, 비엔날레 등이 열려 국민들의 관심을 연극제에 집중시키기는 어려운 환경이었으나 세계 연극제 통합사무국 관계자들이 최선을 다하여 다양한 홍보 활동을 펼침으로써 국민의 관심을 유도할 수 있었고 행사도 성공적으로 치러졌다.

이 연극제는 본래 서울과 경기도 의왕시에서 나누어 개최하기로 했는데, 그린벨트 문제로 의왕시에서 개최하는 것이 어렵게 되어 대신 과천에서 세계 마당극 대회가 열렸다. 부대 행사로는 D-100 선포식, 티켓 전산망 개통식, 연극인 한마음 결의대회, 아트 포스터 9인전, 연극인 거리 캠페인, 열린 음악회, 상징 조형물 제막식(박실 제작) 등이 있었다.

45일 동안 26개국 공연 단체가 참가하는 다양한 행사로는 문제점과 시행착오가 전혀 없었던 것은 아니지만 무난히 잘 끝나 다행이었다. 10월 15일 시상식과 폐막식으로 막을 내린 이 예술 행사에서 나는 매우 명예로운 직분을 맡았으나 실제로 내가 한 역할은 별로 평가할 만한 것이 없었다.

이 연극제는 재미있는 화제와 에피소드도 숱하게 뿌렸다. 대회 기간 동안 여러 가지 사건들이 있었지만 특히 배우 윤석화와 연출가 윤호진 사이에 일어난 충돌은 나중에 법정으로까지 비화되었다. 「명성황후」의 연출을 맡은 윤호진이 명성황후 역을 맡은 윤석화와 사전 조율 없이 뉴욕 공연에서 그 역을 다른 사람에게 준 데서 생긴 갈등이었다.

나는 대회장으로서, 모처럼 한국에서 열린 세계 연극제에 이런 스캔들이 나는 것을 막아야겠기에 중재에 나섰는데, 다행히 양측 모두 내 화해 제의를 받아들였다.

윤석화는 이 사건으로 깊은 상처를 받았던 것 같다. 그러나 나의 권고를 받아들여 그는 「마스터 클래스」의 마리아 칼라스 역을 맡아 열심히 연습했다.

그는 공연에 앞서 모진 결심을 한 듯했다.

"이 작품이 실패하면 연극을 그만둘 거예요."

나는 정말 기도하는 심정으로 그 연극의 성공을 빌었다. 윤석화가 마리아 칼라스 역을 연습하는 동안 나는 연습 장소에 몇 번 가서 격려해주었고 연극에 대해 문외한이면서 그에 대한 글까지 써주었다. 다행히 연극은 연장 공연까지 이어지는 좋은 반응을 얻었고, 윤석화도 용기를 회복해 내 마음이 흐뭇했다.

내가 아는 윤석화는 칼라스가 지녔던 '불길 같은 기질' '예민한 느낌' '풍성한 감정'을 고스란히 갖추고 있어 누구보다 칼라스를 연기하는 데에 적역이었다. 그러기에 윤석화가 매스컴에서 한 말 중에 "칼라스의 불굴의 예술혼이 내게서 되살아난 것 같다"는 말이 사실임을 나는 알고 있다.

나는 윤석화가 유명한 배우이면서도 오늘날까지 텔레비전이나 영화, 라디오에 잘 나오지 않고 무대를 꿋꿋이 지키며, 풍부한 연기력을 함부로 쓰지 않고 작품도 꼭 선택해 출연하는 태도를 높이 평가하고 있다. 더욱이 연극의 질적 발전을 위해 잡지 『객석』 발행과 더불어 극장 경영까지 하는 힘든 노력도 뜻있게 보고 있다.

내가 사랑한 사람들

바이체커에게 배울 점

1999년 4월 19일부터 21일까지 열린 '동북아시아의 평화와 협력을 위한 새로운 대안'을 모색하는 크리스챤 아카데미 행사에 나는 오랜 친구인 독일 전 대통령 폰 바이체커 박사 부부를 초청했다. 바이체커는 이 행사에서 특별히 주제 강연을 맡았다.

내가 바이체커를 처음 만난 것은 1969년 스웨덴 웁살라(Upsala)에서 모인 WCC 총회 때였다. 이후 1975년까지 그와 나는 함께 WCC 실행위원으로 활동하면서 1년에 적어도 두 번씩은 만났다. 1975년도에 그가 정치에 전력하기 위해 WCC를 그만둘 때도 우리는 가급적 계속해서 만날 기회를 만들자고 약속했고, 그후 내가 유럽에 갈 때면 빠짐없이 만났다.

그는 한국에 왔을 때 나의 소개로 김대중을 만났고 그것이 인연이 되어 김대중이 정치 탄압을 받고 있을 때 빌리 브란트 당수와 함께 석방을 위해 크게 노력하기도 했다. 그는 크리스챤 아카데미 원장인 나의 초청과 한국 정부의 국빈으로 여섯 차례 한국을 방문했지만 1999년에는 특별히 그와 나의 나이를 생각하여 '이번이 마지막이 아니겠는가' 하는 마음에서 그를 초청하였다.

정치인으로 그가 걸어온 행적을 지켜 보아온 나는 단순한 정치인이 아닌 민족 지도자로서 그의 면모에 평소 느끼는 바가 적지 않았다. 그래서 21세기를 맞이하여 새로운 정치적 지도자를 갈망하는 우리 국민들과 특히 우리나라 정치인들이 꼭 알았으면 좋겠다고 생각되는 점을 중심으로 그에 대한 소개를 하고자 한다.

리하르트 폰 바이체커는 1920년 독일 귀족 집안의 후손으로 태어났다. 그의 집안에서는 그뿐만 아니라 형과 동생도 정치 활동을 펼쳤는데, 세 형제의 정치 노선은 조금씩 다르다.

우선 노벨 물리학상 수상자인 그의 형 카를은 1957년 서독 핵무장 반대 운동을 했으며 '괴팅겐 선언'으로 유명한 사람이다. 이 형은 사회민주당(SPD) 대통령 후보에 오르기도 했다. 그의 동생은 자유독일당(FDP)의 지도자, 그리고 리하르트는 기독교민주당 동맹(CDU)에 속하며 10년 동안 대통령을 지냈다.

바이체커는 괴팅겐 대학에서 법학과 역사학을 전공했고, 옥스퍼드 대학과 그로노블 대학에서도 공부했다. 1969년 연방의회 의원에 당선되기까지 그는 평신도로서 독일 개신교 연합회의 의장, 개신교 신도 연합회의 의장(Kirchentag)을 지냈으며, 그 당시 세계 교회협의회에서 중앙위원, 실행위원 등으로 활동하면서 나와 가까이 지냈다.

정치계에 본격 진출하면서 연방의회 부의장, 베를린 시장을 거쳐 1984년 7월 대통령에 선출되었고 이후 10년 동안 대통령직에 있으면서 독일 통일을 이루어냈다. 그는 대통령 임기가 끝난 뒤에도 유럽 공동체 형성에 노력을 기울였고 유엔의 '미래를 연구하는 모임'(Independent Working Group) 공동의장을 지냈다. 그는 지금도 다방면으로 활동을 하며 한시도 사회 활동을 멈추지 않고 있다.

내가 이 책에서 외국인 정치가인 바이체커를 특별히 지면을 할애하면서 소개하는 것은, 아직도 통일을 이루지 못한 우리나라 정치 지도자들이 그에게서 배울 점이 있다고 여기기 때문이다. 독일이 분단을 극복하고 통일을 성취하기까지 지도자로서 그가 지켜오고 실천해온 정치 철학과 행동에서 우리는 통일에 도움이 되는 뭔가를 배울 수 있으리라고 믿는다.

바이체커는 1985년 5월 8일 독일 패전 40주년이 되는 날, 정부와 각계 지도층 인사들이 모인 국회에서 '광야 40년'이라는 제목으로 기념 연설을 했다. "오늘은 독일의 패전이라는 점에서 우리에게 슬픈 날이지만, 우리 독일 민족이 히틀러 정권에서 해방된 날이다"로 시작하는 이 연설은 20여 개국에 번역됐을 정도로 유명하다. 이 강연 내용 중에 특히 나의 가슴을 두드린 구절이 있다.

우리는 과거 역사를 오늘의 시점에서 되돌아보고 그런 슬픈 역사는 되도록 빨리 잊어버리려고 합니다. 그러나 과거 역사를 덮어두게 되면 우리는 오늘의 역사를 보지 못하는 장님이 되고 맙니다. 그러므로 마음이 아프더라도 과거의 쓰라린 역사를 마음속으로 끝없이 되새겨서 그것이 확실하게 기억되도록 합시다. 그러면 거기서 화해라는 것이 나옵니다. 과거 청산 없는 화해란 있을 수 없습니다. 과거 독일과 적대 관계를 가졌던 나라들이 있는데, 이들 앞에서 우리는 잘못된 우리의 과거를 마음이 아프더라도 되새기고 청산하도록 노력해야 합니다. 그렇게 하지 않는다면 그 나라와 화해할 수 없을 것입니다. 과거의 뼈아픔은 절대로 피해서는 안 되는 것입니다.

바이체커는 말만 그렇게 하는 것이 아니라 그 말을 행동으로 실천하는 사람이었다. 히틀러 정권의 최초의 피해자가 폴란드였는데, 그가 대통령이 되어서 제일 먼저 한 일이 폴란드를 방문한 일이었다. 당연히 폴란드에서는 그를 환영하지 않았다. 그러나 그는 대접받으려고 간 것이 아니라, 폴란드 국민에게 사과하러 간 것이었기에 폴란드 국민들의 태도를 문제삼지 않았다. 그는 지금도 폴란드를 유럽 공동체(EU)에 가입하도록 하는 운동을 하고 있다.

독일 정치인 중 바이체커만 이렇게 한 것이 아니다. 그 반대당인 사민당의 빌리 브란트도 수상이 되자마자 폴란드의 유대인 묘지에 가서 무릎 꿇고 앉아 주먹으로 땅을 치며 눈물을 흘렸다. 그런 브란트나 바이체커의 행동은 결국 지금 독일이 유럽에서 주도적인 위치를 가질 수 있도록 한 원동력이었다. 전후 아시아에서 일본이 취해온 태도와는 너무나 대조적이라고 할 수 있다.

정치가와 정략가는 어떻게 다른가

바이체커는 정치인을 두 종류로 나누었다. 하나는 정치가(stateman)이고, 다른 하나는 정략가(politician)이다. 정치가는 민족과 다음 세대에 미칠 영향을 먼저 생각하지만 정략가는 민족보다 자신의 정치적 이해와 소속 정당의 이익부터 챙긴다.

내가 본 바이체커는 진정한 정치가였다. 그것을 가장 극적으로 보여준 예는 반대당인 빌리 브란트가 수상이 되어서 이른바 동방정책이라는 것을 국회에 내놓았을 때였다. 야당인 바이체커가 속한 기독교 민주동맹에서는 한 사람의 예외도 없이 그것을 반대했다. 그런데 바이체커만이 민족 문제를 먼저 생각해서 빌리 브란트를 지지했다. 그 일로 기민당은 바이체커를 협박하기도 하고 달래기도 하며 회유책을 썼지만 그는 끝까지 빌리 브란트를 지지하여 동방정책이 인준될 수 있도록 했다. 결국 이 동방정책이 독일이 통일되는 데 결정적인 역할을 했다.

또 하나, 그의 정치가의 면모를 보여주는 예가 동서독이 통일되었을 때였다. 같은 정당에 속하면서도 콜 수상과 의견이 달랐던 바이체커는 이런 주장을 했다.

"동서독이 정치적으로 통일되어 어느 한쪽이 다른 한쪽을 흡수만 하면 되는 것이 아니다. 동독에 살고 있는 사람들의 마음을 열어주고, 동포로서 대하는 것이 행동으로 나타나야 한다. 헌법도 동독 사람들이 동의할 수 있는 것으로 만들어야 한다. 동독 사람들을 못산다고 무시하고, 급이 낮은 국민으로 대하면 안 된다.

동독의 어려운 경제를 돕는 것도 정부가 정치적으로 해결하지 말고, 서독민의 애국심, 동포애로 해결하도록 해야 한다."

바이체커는 정부의 힘으로 모든 것을 하려고 하지 말라는 것, 어디까지나 국민 모두가 함께 나누는 정신으로 살아가는 것 없이는 진정한 통일이 안 된다는 것을 보여준 것이다.

우리나라에도 이런 정치가가 있어야 한다. 지금 내가 적은 것은 수많은 일화 중 한 예일 뿐이다. 그는 평소 소신대로 자신이나 자기 정당의 이해보다 민족의 이해를 먼저 생각한 정치가였다. 물론 독일에도 이런 사람이 많지는 않지만, 분단 국가인 우리나라에 특히 이런 정치가가 나와야 한다. 그렇지 않으면 큰 희망을 가질 수 없다고 생각한다.

내가 이토록 바이체커를 특별하게 얘기하는 것은, 그의 이런 자세를 받아들여 실천하는 사람이 우리나라에도 나와서 남북 문제, 여야 문제, 지역 문제가 해결되기를 바라는 마음에서다. 그러나 지금 우리나라에는 진정한 정치가는 찾기 힘들고 정략가들만 많다. 민족의 장래와 다음 세대를 먼저 생각하는 정치가, 그리고 민족을 위한 일이라면 소속 정당의 정략을 거부하고 반대당과 협력할 수도 있는 정치 지도자를 만나고 싶다.

지난 2002년 2월 2일, KBS1 텔레비전에서 「세계를 움직이는 사람들 —큰 정치인 바이체커의 선택」이라는 프로그램이 방영되어 우리나라에서도 그의 정치 철학을 심도 있게 연구할 수 있는 분위기가 조성되고 있다. 그의 나이는 올해 여든두 살인데 아직 건강하니, 앞으로도 오래 살아서 우리나라의 통일이나 세계 평화를 위해 큰일을 해주기를 바란다.

바이체커의 소개와 아울러 그의 부인에 대해서도 얘기하고 싶다. 바이체커가 국회의원으로 있을 때, 크리스챤 아카데미 초청으로 서울에 왔었는데 그의 부인이 아파서 예정보다 더 오래 우리 아카데미 하우스에 머물게 되었다. 그때 그 부부와 우리 부부, 이렇게 넷이 저녁 식사를 한 일이 있다.

나의 아내가 식사 도중 바이체커 부인에게 "어느 대학을 졸업했느냐?"고 물었다.

"중학생 때 적성 검사를 해보니까 가정일과 사회 봉사가 적성이라고 나와서 대학에 갈 필요가 없다고 생각하여 가지 않았어요."

그 부인은 독일에서 남편 못지 않게 국민의 사랑과 존경을 받고 있다. 내가 독일에 갈 때면 거의 예외 없이 그 집에 저녁 식사 초대를 받는데, 일정이 맞지 않으면 조반을 함께 하기도 한다. 아침에 그 집에 가면 부인은 벌써 봉사 활동을 하러 나가고 바이체커가 직접 조반을 준비해서 우리 둘이 함께 먹었다.

들리는 이야기로는 그 부인은 대통령 관저에서 생활할 때도 손수 시장에 가 장을 보곤 하여 경호원들이 당황할 때가 많았다고 한다.

나는 34년간 형식적인 절차를 무시하고 그와 친구로 지내며 우정을 나누어온 점을 다시 한 번 감사하게 생각한다.

여성미술제의 위원장이 되다

1999년 5월 7일 나는 아카데미 하우스 '새벽의 집'에서 한독교회 지도자협의회 모임에서 주제 강연을 맡게 되었다. 내가 주도적으로 조직한 이 모임은 여러 차례 한국과 독일에서 협의회를 열어 오는 동안 간호원, 광부, 재독일 한인교회 문제 등 많은 과거와 사연을 쌓아왔다. 이런 일을 함께 해온 주역들은 이제 대부분 세상을 떠났거나 은퇴했는데, 이미 은퇴한 지 오래인 내게 주제 강연을 시켜서 매우 착잡한 심정으로 강연에 나섰다.

그해 가을 나는 특이한 직책을 하나 맡게 되었다. 9월 4일부터 27일까지 예술의 전당에서 '99 여성 미술제—팥쥐들의 행진'이 열렸는데 여기서 추진위원장이 된 것이다.

처음에 나는 순 여성들로 구성된 예술제에서 왜 여성도 아닌 남자인 내게, 더구나 미술에 대해 아무 지식도 없는 내게 추진위원장을 맡아달라고 하는 것인지 잘 이해가 되지 않았다. 그러나 이 여성 미술제의 특성을 이해하게 되면서 나름대로 수긍이 가는 점도 있었다.

여성 미술가 65명이 참여한 이 미술제는 단순한 여성 미술가들만의 전시회가 아니었다. 가부장적 질서에서 팥쥐로 비추어지는 여성 작가들의 현실을 풍자적으로 비유한 부제에서 알 수 있듯이 이 미술제는 가부장적 권력 체제를 초래한 남성적 질서의 병폐를 진단하고 극복해보자는 의도를 가지고 있었다. 여성의 감수성, 여성과 생태(자연)의 상호관련성, 공간과 매체에 대한 여성 특유의 감성을 시각화하여 페미니즘 미술에 대한 재인식의 기회를 마련한 이 전시회는 1990년대 우리나라에도 급류를 타고 대두된 페미니즘을 미술로 드러내고자 한 것이었다.

이런 관점에서 여성 작가들은 페미니즘 운동이 반(反)남성 운동이 아닌 화합과 다양성의 조화를 이루어나가는 것으로 보고 남녀 성차별 철폐를 평생 주장해온 내게 참여의 기회를 준 것 같다. 나는 그 기회를 감사하는 마음으로 받아들였고 이 운동의 발전을 기원했다.

그해 11월에는 요르단 수도 암만에서 세계 종교인 평화회의 7차 총회가 열려 참석하였다. 내가 준비위원이었던 이 암만 회의에는 63개국 대표 약 천 명이 모였다.

이 총회는 매우 힘들게 이루어졌다. 총회 장소를 암만으로 정한 것은 이스라엘과 아랍 국가의 경계선이 있는 곳인데다 두 지역의 평화를 위해 노력해오던 국왕이 우리를 초청해주었기 때문이었다.

그런데 총회 개최를 앞두고 국왕이 별세했다. 그 후임으로 오래 전부터 내정되었던 그의 동생 앗삼이 등극하려 했는데 작고한 왕의 왕후가 주동이 되어 그의 젊은 아들을 등극시켜 국내 정국이 불안정하게 되었다. 그때 앗삼은 파리에 가 있었다.

정부를 대표하여 우리 총회를 준비했던 앗삼이 망명하게 되니, 우리는 총회 장소를 옮겨야 할 형편이 되었다. 그리하여 후보지로 모로코를 생각하고 있는 가운데 사무총장 벤들리(William F. Vendley)가 새로 취임한 젊은 국왕을 한 번 찾아가 보았다.

젊은 국왕은 "안심하고 앗삼을 데리고 와서 총회를 지장 없이 진행하라"고 했고, 그래서 벤들리 사무총장이 파리에 가서 앗삼을 데리고 왔다. 총회는 예정대로 개최되었고 국왕도 우리 모임에 나와 강연을 하는 등 회의는 무리 없이 진행되었다. 이 총회의 주역은 앗삼이었지만 나는 젊은 국왕에게 깊은 인상을 받았다. 왕후가 이 젊은이를 국왕에 앉히려 한 것은 꼭 자기 아들이어서가 아니었다는 생각이 들 만큼 훌륭해 보였다.

이 총회에서 나는 그 동안 맡아온 공동의장에서 물러나고 명예회장으로 추대되었다. 이 총회는 과거 총회에 비해 유럽과 미국 종교인들이 많이 참석했다는 것과, 오랜 종교 전쟁 특히 기독교와 이슬람이 전쟁을 했던 장소에서 총회가 열렸다는 점이 특기할 만했다. 그리고 지난 총회에 이어 이번에도 이슬람 지도자가 총회장이 된 것도 의미 있었으나 총회가 다룬 내용은 빈약한 편이었다.

다만 당시 가장 골치 아픈 문제였던 중국과 대만의 대표권 문제에서 나는 사회역을 맡아 양측 참가자 전원을 무대 위에 불러 올리고 서로 악수시켰던 일이 기억에 남는다.

다시 방송개혁에 나서다

1998년 12월에 김대중 대통령은 나의 평생 관심사인 방송법 개혁위원회를 구성하고 나에게 위원장을 맡아달라고 했다. 나는 12월 14일 위촉장을 받고 위원 열다섯 명과 수십 명의 실행위원,

연구위원, 실무위원 등과 함께 새롭고 알찬 방송법을 만들어내기 위해 전력을 다했다.

1999년 2월 28일까지 완결된 보고서를 제출했는데 그 내용은 한마디로 나의 평생지론인 방송의 자율권을 보장하는 것이었다. 방송이 권력이나 자본, 그 어떤 외부 힘에도 침해받지 않고 국민을 위한 방송으로 서기 위해 방송의 질을 도모하는 길을 법제화한 것으로 여러 민주주의 선진국들에 비해 손색이 없는 작품이라고 생각되어 나는 오래간만에 무척 흐뭇했다.

이 법은 우선 미국 프랑스 영국 일본 캐나다와 같은 선진국의 방송법을 전부 참고하고, 그 법과 제도를 우리 실정과 비교해가면서 마련한 것이었다. 짧은 시일에 작성하느라 실행위원들은 크리스마스와 연말연시에도 휴가를 갖지 못하고 밤늦게까지 작업을 하곤 했다. 수많은 자료를 뒤지고 끝없는 토론과 합의를 거쳐 참으로 혼신의 힘을 기울여 마련한 것이었다. 나로서는 불과 2개월 반 만에 방대한 작업을 무사히 마치게 된 것이 무척 자랑스러웠다.

이 중대한 작업은 부위원장인 강대인이 실행위원장까지 겸하면서 책임지고 돌봐왔다. 다방면의 사람들이 모였지만, 열띤 토론을 하면서도 매우 합리적이고 원만하게 합의를 이루어가며 만족스러운 작품을 만들어냈다.

그러나 어려움도 많았다. 특히 KBS와 MBC 등 큰 방송사 노조들의 격렬한 반대에 부딪치게 되었다. KBS측은 KBS2 개편안에 대해 특히 반대했다. 나는 상업 방송이나 다름없는 KBS2를 명실상부한 공영 방송으로 바꿔야 한다는 생각을 가지고 다음과 같은 제안을 내놓았었다.

"KBS2는 공영 방송으로 하되 교육방송과 합하도록 한다. 지방 방송은 적어도 프로그램의 30퍼센트는 그 지역 문화를 소재로 한 작품을 만들도록 하고, 이렇게 각 지역에서 만들어낸 작품을 종합해 국내외에 보일 수 있는 문화적 소재를 주로 다루는 교육문화 방송으로 KBS2를 개편해 나가자."

그런데 KBS가 이에 대해 강하게 반대하는 이유는 이랬다.

"현재도 교육방송은 재정이 부족해서 여기저기서 협찬을 받아 겨우 방송하는데, 2번까지 그렇게 하면 어떻게 하느냐."

나는 시청료를 올리자고 다시 제안했다.

"우리 민족과 후손을 위해 상업 방송에서 벗어날 수 있도록 시청료를 올린다고 설득하면 우리 국민들은 기꺼이 동의하고 협조하리라고 믿는다."

이런 나의 주장에 노조는 "위원장이 시청료 인상을 들고 나온다"며 맹렬하게 비난을 해왔다. 결국 이러한 반대에 부딪쳐 내 의견을 관철하지 못했다.

MBC에 대해서는 다음과 같은 주장을 했다.

"MBC는 공영 방송이라고 하지만 상업 방송인 SBS와 다른 점이 없지 않은가. 만약 MBC가 공영 방송을 계속 하려고 한다면 공영 방송다운 특징을 살려야 하고, 그것이 어려우면 차라리 민영 방송으로 바꾸는 게 낫다. 앞으로 2년 동안 공영 방송을 시도해보아서 안되면 2년 후에는 민영 방송으로 바꾸도록 하자."

이에 대해 MBC 노조는 공영을 민영으로 바꾸려고 한다며 '방송법 개악 절대 반대'라고 쓴 피켓을 들고 나왔다. 나는 MBC 노조에다 "나와 직접 대화를 하자"고 제안한 뒤 아무도 대동하지 않고 혼자 MBC로 들어갔다.

띠를 두르고 고함을 지르는 노조 간부들에게 나는 이런 이야기를 했다.

"MBC는 김지태라는 사람이 자신의 사재를 모두 털어서 세운 방송국이오. 그런데 5·16 때 군인들이 방송국을 빼앗아 공영 방송으로 만들어버리고 이후 이 방송국이 해온 일은 반공 방송이었소. 이것도 용공, 저것도 용공. 내가 관계했던 세계 교회협의회가 용공이라는 것을 도표를 그려가며 연일 방송한 방송사가 바로 MBC였소. 이제 군사 정부가 끝나고 문민 시대에 들어왔으면, 이 방송이 그렇게 공영이 되어버린 서글픈 역사를 젊은 사람들은 반성하고 바로잡아야 하지 않겠소?

그리고 현재 MBC가 공영이라고 하는 것은 방송문화진흥원 관리를 받는다는 것인데, 바로 이 방송국을 빼앗은 5·16재단의 박정희 딸인 박근혜 씨가 담당하고 있었던 기관이오. 그렇다면 젊은 당신들이 자진해서라도 이 치욕적인 역사를 버리고 본래 김지태 씨가 했던 민영으로 돌아간다고 해야 젊은 사람답지 않겠소. 그런데 어떻게 이럴 수가 있소."

나의 이야기를 한동안 경청하던 그들은 수긍을 하며 태도를 바꿨다. 그래서 우리는 본격적인 대화를 나눌 수 있었다.

변질 왜곡되고 만 방송법

방송위원장 시절 나는 여러 국가의 방송 실태를 접할 기회가 있었는데, 가장 본받아야 할 본보기를 프랑스에서 발견했다. 프랑스 방송사는 건물도 참 작다. 그곳에서는 뉴스와 대담 프로, 편성, 행정만 하고 나머지 작품들은 모두 외부 회사가 제작한 것을 골라서 쓴다. 그러므로 여러 제작 회사들이 경쟁을 하여 작품의 질이 높아질 수밖에 없다. 방송사도 질 높은 작품을 자유롭게 고를 수 있기 때문에 방송의 질이 전체적으로 좋아지는 것이다.

우리나라가 지금 당장 그것을 받아들일 수 없다면 우선 40퍼센트만 외주 회사 것을 골라 쓰도록 하자고 나는 주장했다.

"단, 방송사들이 만든 외주 회사 작품은 그 40퍼센트 속에 넣지 말도록 합시다. 방송사의 하청업체가 아니라 자주적으로 우수한 작품을 만드는 외주 회사를 강화해나가야 방송의 질이 향상될 수 있습니다."

대한민국에서 가장 저명한 방송학자와 방송인들이 모두 들어와 일을 하는 곳에서 방송인도 아닌 내가 위원장을 했지만, 내가 특별히 강조한 것을 포함해 내가 바랐던 방송의 자주성은 결국 많은 부분이 성취되지 못했다.

우리가 제정하여 국회에 상정한 법 역시 심의 과정에서 변질되고 말았다. 예를 들면 "문화관광부와 협의한다"를 "합의한다"로 바꾸었고 그후 시행 과정에서 또 많은 부분이 변질되었다. 결국 "방송은 국민을 위한 것으로 권력과 자본으로부터 독립해야 한다"는 나의 소원과 주장은 이 과정에서 제대로 이루어지지 못했다. 정부로부터도 독립하지 못했고 자본은 이전보다 더 예속되고 말았다. 광고 시간은 더 길어졌고 광고주들을 붙잡기 위해 시청률 경쟁으로 방송 내용은 점점 더 저질이 되어갔다.

방송위원을 아홉 사람으로 하고 방송에 전권을 갖기로 한 것에 대해서도 이견이 많았다. 결국 합의한 것은 아홉 사람을 국민이 선택한 국회위원(입법부 추천) 세 명과 대통령(행정부 수반)이 뽑은 세 명, 그리고 시청자 단체 대표 가운데 세 명으로 구성한다는 것이었다. 그런데 이 사람들이 어떤 사람들이어야 한다는 부분을 명시해 놓지 못했다. 그래서 이 방송법이 국회를 통과하는 자리에서 변질될 수가 있었는데, 가장 잘못된 예가 방송위원 선정과 위원장 선출 방법이었다.

본래 내가 염두에 두었던 것은 프랑스 방송위원회 같은 기구였다. 프랑스 방송위원회는 아홉 명인데, 그들은 각각 자기가 맡는 분야가 있다. 예를 들어 기술, 법률, 인허가 등을 분담해서 상임으로 맡아 진행하고 전체 문제는 위원회에서 의결한다.

그런데 우리는 그게 안 되어서 엄청나게 막대한 일을 상임위원 세 명이 감당하고 나머지는 회의 때만 참석하는 비상임이다. 그나마 위원장과 위원 선출은 직무 수행 능력으로 뽑는 것이 아니라 일종의 감투가 되어 정치적 흥정으로 나눠먹기 식이란 비난을 받게 되었다.

그후에 케이블 위성 방송도 많이 시설되었는데 내가 보기에는 고속도로는 그럴 듯하게 닦아놓고 그 위에 다닐 차(콘텐츠)는 제대로 갖춰지지 않아 잡것들이 쏟아져 나와 괴물같이 변해가는 것 같아 안타까웠다.

이런 나의 안타까운 심정을 잘 아는 방송진흥원장 이경자 씨는 세배를 와서 이런 덕담 아닌 덕담을 했다.

"새해에는 방송이란 자식은 없는 것으로 이해하고 잊어버리고 사세요."

이태영 박사도 떠나고

그해는 내게 기쁜 일도 있었지만 매우 슬픈 일도 있었다. 내게 소중했던 또 한 사람이 곁을 떠난 것이다. 나의 가장 가까운 동지요, 나를 사랑해주고 아껴주는 누님 같은 이태영 박사가 세상을 하직하고 말았다.

이박사는 1989년 암에 걸려 서울대병원에 입원했는데 주치의를 만났더니 고령이고 수술해도 치유가 어렵다고 했다.

"수술보다는 남은 여생을 잘 보내고 가시게 집에서 요양하시는 게 좋겠습니다."

그런데 미국에 있는 따님이 모셔다가 존스 홉킨스 병원에서 수술을 받게 했다. 수술이 잘되었다는 소식을 듣고 나는 그가 입원한 병원까지 찾아가 기도를 해주었다.

이박사는 퇴원한 후 건강에 주의해가면서 여전히 많은 활동을 하고 해마다 한 번씩 수술받은 병원에 다니다가 1995년경 "이제는 완쾌되었다"는 진단을 받았다. 그래서 이제 걱정이 없어지게 되었는데 체중이 점점 빠지기 시작하더니 뜻밖에도 치매 증세가 찾아왔다. 그를 만나보기 위해 봉천동 집에 찾아갔더니 이미 병이 깊어져 대화를 나눌 수 없는 상태였다.

그러던 차에 하루는 봉천동 이박사 집에서 연락이 왔다.

"머지않아 임종할 것 같습니다."

나는 놀라 달려갔다. 이박사는 이미 의식이 없는 상태였다. 나는 그의 손목을 잡고 간곡한 기도를 올린 후 그 집을 나왔는데, 타고 오는 자동차 안에서 운명했다는 소식을 받았다. 내가 기도를 한 뒤 곧 눈을 감은 모양이었다.

그가 눈을 감은 며칠 뒤인 12월 21일에 나는 장례식에 나가 식사를 했다. 나보다 나이가 많았지만 그와 나는 나이를 뛰어넘어 깊은 우정을 나누어 왔고 많은 활동을 함께 해왔다.

그와 나는 숱한 일들을 함께 겪으면서 헤쳐왔는데 그 가운데 특히 기억에 남는 것이 가족법 개정 운동이다.

1975년은 UN에서 정한 여성의 해였다. 크리스챤 아카데미에서는 성차별이 심한 우리 가족법을 개정하는 일이 여성의 해에 걸맞는 일이라고 생각하고 그해 1월, 가족법 개정을 위한 큰 대화 모임을 가졌다. 보통 대화 모임에는 서른 명에서 마흔 명 정도가 모이는데, 이 모임에는 120명 정도가 회의장을 꽉 메웠다. 그날 많은 토론이 벌어졌고, 그 토론 끝에 세계에 유례가 없는 성차별을 담고 있는 우리 가족법을 개정하기로 의견을 모았다. 그에 따라 가족법 개정위원회를 구성하고 이태영 박사를 위원장으로 선출했다.

그 이후 가족법 개정 운동은 활발히 전개됐으나 많은 어려움이 있었다. 첫째, 유림 등 일부 종교와 보수적인 지도자들은 우리나라의 아름다운 풍속을 서구식으로 바꾸려 한다며 만만치 않은 반발을 보였다. 거기다 사태를 더욱 어렵게 한 것은 당사자인 절대 다수의 여성들이 이런 운동에 냉담한 반응을 보인 것이었다. 예를 들어 가족법 개정을 위한 공청회를 열면 항상 나와 이태영 박사가 가족법 개정 편에 섰고, 그 반대편으로는 남자들이 나와서 이야기를 하는데, 그런 모임에 갓을 쓴 유림들과 남성들은 가득 차도 여성은 소수에 불과했다.

그러나 우리는 포기하지 않고 새로운 가족법을 입법하기 위해 국회의원들과도 접촉을 시도했다. 그런데 국회의원들 대부분은 개인적으로 가족법 개정에 동의를 하면서도 자신들의 선거구민이 지지해줄까 하는 의혹 때문에 찬성표를 던지는 데는 몹시 주저했다. 특히 충청도 출신 국회의원들은 그 염려가 더 심했다. 그들은 가족법 개정에 찬성하면 거의 재선은 불가능하다고 생각하고 있었다. 참으로 놀라운 상황이었다.

이러한 숱한 장애를 무릅쓰고 이태영 박사를 중심으로 뜻을 함께하는 여성들은 이 운동을 꾸준히 추진하여 15년 후인 1990년에 마침내 가족법을 대폭 개정할 수 있게 되었다. 아직도 호주제 같은 문제는 해결되지 못한 채로 남아 있지만 성차별을 노골적으로 드러낸 가족법은 어느 정도 고쳐진 셈이었다.

이 일을 하면서 이태영 박사는 이곳저곳으로 나를 끌고 다녔는데 토론회 중에는 이런 일도 있었다. 한번은 MBC 텔레비전에서 가족법 개정을 반대하는 사람과 그것을 추진하는 사람들이 나와 토론회를 벌였는데 추진하는 쪽에는 늘 그렇듯 이태영 박사와 내가 앉고 그 반대쪽에는 성균관에서 나온 이모라고 하는 변호사가 있었다.

토론이 진행되면서 분위기가 꽤나 격렬해졌는데 성균관에서 온 사람이 그림을 하나 들고 나왔다. 그림은 사과 씨가 떨어져서 사과가 나오고, 그 사과에서 또 사과가 나온다는 것을 설명하는 것이었는데 한 마디로 동성동본 결혼을 반대한다는 의미였다.

나는 그 그림을 보면서 이렇게 말했다.

"당신 말이 옳다면, 문제는 참 심각하군요. 우리는 다 단군 할아버지 후손이고 결국 같은 핏줄인데 그럼 우리끼리 어떻게 결혼을 할 수 있겠소? 그리고 나는 기독교인인데 기독교로 말하면 인간은 모두 아담의 자손이오. 그럼 우리는 누구와 결혼해야 하오?"

그랬더니 그가 흥분을 감추지 못하며 대답을 했다.

"같은 핏줄끼리 혼인한다면 그것은 개나 돼지나 마찬가지요!"

그러자 방청객 중 한 사람이 뛰어나와서 그 사람의 멱살을 잡고 소리를 질렀다.

"그래! 난 동성동본으로 결혼한 개돼지다."

이런 사건이 생기자 텔레비전 녹화는 잠깐 중단되었고 우리는 다시 녹화를 해야 했는데, 성균관에서 나온 사람 얼굴은 울그락불그락한 채였다.

가정과 사회활동을 동시에 해나간 여성

이태영 박사는 1914년 평안북도 운산에서 태어나 이화여전 가사과를 수석으로 졸업했다. 그후 나이 차이가 많이 나는 정일형 박사와 혼인했는데 당시 정박사는 미국에서 공부하고 돌아온 뒤였다.

혼인한 이태영은 아이를 셋 낳고 시어머니도 모시고 살았다. 이런 사람이 해방 후 서울에 올라와서 여성들에게 법률적으로 봉사하겠다는 뜻을 품고 서울대 법대에 입학했다. 1949년도에 졸업한 뒤 6·25를 맞이했고, 피난살이를 하면서 변호사가 되려고 고등고시를 준비했다. 이때는 맏딸이 이미 결혼한 상태였는데, 맏사위의 도움을 받아가면서 공부를 했다고 한다. 정일형 박사는 이미 정치 활동을 하고 있는 때였으므로 정치가를 내조하는 부인으로 고등고시 준비를 하는 것은 매우 힘든 일이었을 것이다.

정일형 박사는 미군정에서 인사 행정처장을 했고, 1950년 5월 30일 총선에서 중구 교육원에 당선됐다. 정박사는 미남에 정의감이 많았는데, 부인 이태영의 인기도 그에 못지 않았다. 이태영은 흔히 말하는 예쁜 여자가 아니라 사람들을 끄는 힘이 있는 멋진 여자였다. 그래서 "정박사보다 이태영이 나오면 표를 더 모을 텐데" 하는 말도 있었다.

이렇게 남편 뒷바라지를 하면서 고등고시를 준비했던 그는 마침내 시험에 합격하여 우리나라 최초의 여성 변호사가 되었다.

그러나 그는 여기에 만족하지 않고, 서울대 법대 대학원에서 공부를 계속하여 1969년에 법학박사 학위를 받았다.

그 사이 4·19가 일어났고 민주당 정부가 서자 정일형은 외무부 장관이 되었다. 그 전까지만 해도 나는 이태영과 별 관계가 없었다. 왜냐하면 나는 한국민주당을 좋아하지 않았고, 미 군정청에서 일한 사람들에 대해서도 별로 좋은 감정을 갖고 있지 않았기 때문이다. 결국 4·19가 끝난 다음 민주당 정부가 서면서부터 그들 부부와 가까이 지내기 시작했다. 그러니 이태영을 알게 된 것은 4·19 후라고 보는 것이 옳을 것이다.

이태영은 1956년에 만든 여성법률상담소 소장을 맡고 1968년에 가정법률상담소로 개명하고서도 소장을 계속했다. 이 조직은 모두 여성의 힘으로 해나갔다. 한편 그는 1963년 이화여자대학교 법정대학 학장에 취임했는데, 나와 특별한 관계를 갖게 된 것은 1971년 대통령 선거 때 정일형 박사가 김대중 후보의 선거 대책위원장을 하면서부터였다.

정박사와 이태영 박사는 평소에도 김대중을 굉장히 아끼고 그를 위해서 많은 노력을 했는데 1971년 선거에 김대중을 꼭 대통령으로 만들기 위해 이태영은 선거에 도움이 될 만한 인물 다섯 명을 골라 찾아다니며 이런 제안을 했다. 즉 이 다섯 명의 도움을 받아 김대중이 대통령에 당선되면 이들에게 전국구 우선 순위를 준다는 구상이었다. 천관우, 양훈희 등이 추천되었는데 그 속에 나도 포함되어 있었다. 앞에서도 얘기했듯이 나는 이 제안을 거절했다.

이태영은 이화대학 법정대 학장 자리도 그만두고 선거본부에 들어가서 정말 열심히 뛰었다. 가장 유명했던 것이 앞에서도 소개했던 1971년 4월 18일의 장충단 유세다. 적어도 백만 명 이상이 모였을 텐데 이태영 박사의 강연은 사람들을 완전히 흥분의 도가니로 몰아넣었다.

"나는 대한민국 여성의 한 사람으로서 이야기를 하겠습니다."

이렇게 시작하는 그의 찬조 연설은 김대중이 연설하기 전에 이미 사람들의 마음을 뒤흔들어놓았다.

그후 1976년 이른바 명동사건으로 불리는 '3·1 민주구국 선언'에 이박사가 참여하여 3년 실형 선고를 받게 되자 남편 정일형 의원은 8선 국회의원 자리를 내놓게 되었다. 그리고 그 자신은 변호사 자격이 박탈되고 동시에 대학 강사, 기관의 이사, 재판소 조정의원도 다 그만두어야 했다. 그렇다고 해서 이태영 박사의 사회 활동이 주춤했던 것은 아니다. 그는 이후에도 멈추지 않고 활동을 해나갔다.

김대중에 대한 이들 부부의 애정은 참으로 놀랄 만한 것이었다. 후에 박정희 대통령이 죽고 김대중이 위기에 몰렸을 때 이태영 박사가 변론을 했는데 참으로 명변론이었다.

무엇 하나를 이루기 위해 어떤 고난도 마다하지 않고 몸 바쳐서 관철하고야 마는 끈질긴 집념, 남편과 시어머니를 모시고 세 자녀를 기르는 가운데 대학에 입학하고 변호사 자격을 취득하고 박사 학위까지 딴 그 길은 김활란이나 여타 다른 사람들과는 명백히 다르다. 남편 정일형 박사가 국회의원을 제일 많이 한 사람이지만 부인인 이태영 박사 없이는 불가능한 일이었을 거라고 나는 생각한다.

인권, 특히 여성의 권리를 향상하기 위해 그가 기울인 노력은 우리나라 여성사에서 참으로 중요하다. 나는 살아오는 동안 훌륭한 여성 지도자들과 가까이 지냈으나 이태영 박사는 시간이 지나면 지날수록 참으로 훌륭한 여성 지도자라는 생각이 든다.

나는 1963년, 1967년, 1971년의 김대중 선거 운동을 보면서, 다음번에는 이태영 박사를 후보로 내놓으면 좋겠다는 생각을 한 적이 있다. 그렇게 되면 누구보다도 표를 많이 받을 것이고, 당선된다면 누구보다도 잘할 것이라고 생각했다. 하지만 1972년에 유신이 되면서 나의 구상은 실현 불가능해졌다. 만약 그때 자유로운 대통령 선거를 할 수만 있었다면 나는 그를 우리나라의 첫 여성 대통령으로 추대했을 것이다.

20세기 후반 우리나라에 살다간 많은 여성 지도자들 가운데 뒷사람들이 모델로 삼을 만한 사람을 꼽아보라면 나는 단연 이태영이 아닌가 하는 생각을 해본다. 우리나라에서는 여성이 민족이나 사회를 위해 활동하는 것과 결혼하여 현모양처가 되는 것이 양자택일의 문제였다. 김활란이나 박인덕은 모두 결혼을 하지 않았다. 어느 한쪽을 포기할 수밖에 없었던 것이다. 그런데 이 두 가지를 겸해서 누구 못지않게 강력한 활동을 해낸 사람이 바로 이태영이다.

내가 이런 말을 하는 것은 김활란과 같이 결혼 안 하고 사회와 국가에 공헌한 여성들을 평가절하하기 위해서가 아니다. 다만 결혼을 하고서도 국내 · 국제적으로 막대한 공헌을 한 그 역량을 살리자는 뜻이다.

그의 다양한 활동은 1975년에 막사이사이상 사회지도 부문 상을 비롯, 기타 20여 개의 나라 안팎 상을 수상한 것만 보아도 알 수 있다. 아시아의 필리핀, 파키스탄, 인도, 방글라데시 등에서는 여성 대통령과 수상을 배출했다. 우리나라의 이태영도 만약 그런 자리에 올랐다면 이들 나라의 어느 누구보다 뛰어난 활동을 보였을 것이다.

애달픈 최명희의 죽음

최명희의 죽음은 예측했던 일이지만 참으로 슬픈 일이었다.

내가 최명희를 만난 것은 그가 1966년에 전주 기전여자고등학교를 졸업했으니 졸업 전인 1964년 무렵이었을 것이다. 당시 나는 전주에서 강연을 하면서 기전여자고등학교에 가서도 강연을 했다. 그때 그 학교 교장은 강옥정이라고 내가 잘 아는 사람이었다.

나는 기전여자고등학교 전교생을 대상으로 강연을 하고 서울에 돌아왔는데 며칠 후에 최명희라는 여학생으로부터 편지를 받았다. 고등학생의 글이지만 문장이 무척 아름다웠다. 자기 자신의 문제를 매우 아름답게 표현한 그 편지를 나는 받아 읽기만 하고 답장은 하지 못했다.

그는 계속해서 편지를 보내왔는데 대부분의 내용은 자신이 생각하고 있는 기독교 문제에 관한 것들이었다.

그렇게 편지를 여러 통 받다보니 나도 답장을 더 미룰 수가 없어 그가 생각하는 문제에 대해 나의 의견을 적어 보냈다. 이렇게 서신을 통한 연락을 계속하다가 1974년에 그가 서울 보성여학교 교사가 되어 서울에 올라오면서 우리는 자주 만났고, 주일에는 내가 목회하는 경동교회를 찾아와 많은 이야기를 나눌 수 있었다. 그때 이미 그는 글을 썼고, 자기가 쓴 글을 보여주기도 했다. 나는 문학을 잘 모르지만 글 내용을 갖고 서로 이야기를 나누기도 했다.

그는 1981년도에 동아일보 창간 기념 장편소설 모집에 입상하면서 문단에 선을 보였다. 입상작은 『혼불』 1권이었다. 나는 이미 작고한 명희의 아버지를 대신하여 그가 수상하는 자리에 참석하기도 했다.

그후 최명희는 이 『혼불』을 계속 써나갔다. 외출도 거의 하지 않고 방에 틀어박혀 『혼불』에만 매달려 살았다. 나는 해외 여행을 자주 다니는 덕으로 몽블랑 만년필을 하나 사서 그에게 선물했던 기억이 난다.

평소 나는 소설을 쓰는 사람들을 여럿 알고 있지만 최명희처럼 소설을 쓰는 데 공을 들이는 사람을 만나보지 못했다. 최명희는 쓰고 다시 읽어보고 하면서 단어 하나하나에 혼을 불어넣으며 너무나 많은 시간을 들여 원고지를 메워 나갔다. 그가 보여준 성실한 문학적 글쓰기 태도는 현대의 천박한 상업 자본과 결탁한 대중문학의 왜곡된 흐름에 많은 시사점을 남겨주었다고 생각한다.

생의 마지막 순간까지 『혼불』을 위해 생명의 혼을 불태웠던 그의 장인 정신은 오늘날 글쓰기 자세가 어떠해야 하는가를 보여주었다고 할 수 있다.

나는 그의 『혼불』을 너무나 사랑했다. 『혼불』 네번째 권이 나왔을 때 나는 이 작품이 소설로만 남을 것이 아니라 영상화되어 더 많은 사람들에게 알려지기를 간절히 바랐다. 그래서 잘 알고 있던 MBC 사장 최창봉을 만나 이런 제안을 하기도 했다.

"『혼불』을 미니 시리즈로 만들면 어떻겠소?"

그때 최창봉 사장은 미니 시리즈를 담당하는 직원에게 부탁을 해서 그렇게 하자는 합의를 보았지만 정작 최명희 자신이 거절하는 바람에 이 구상은 이루어지지 않았다. 나는 거절한 이유를 묻지는 않았지만 그가 한 글자, 한 글자에 쏟아 부은 열정을 알고 있었으므로 그것이 영상화되었을 때 왜곡되는 것을 불편해했을 것이라고 짐작만 하고 있다.

그후에도 최명희는 이 작품을 계속해서 쓰면서 거기에 나오는 인물들이 다녔던 장소를 일일이 답사하고는 했다. 그러던 중 하루는 나를 찾아와서 이런 부탁을 했다.

"저의 소설 주인공이 활동하던 장소가 일제시대의 봉천(현재의 심양)과 목단강 등지인데 그 장소를 직접 살펴보고 싶어요. 여자 혼자 다니기가 어려우니 목사님이 혹시 그곳에 아는 사람이 있으면 소개해 줄 수 없겠습니까?"

그때 나는 무심히 대답했다.

"소개해 줄 사람도 없지만, 역사를 쓰는 것도 아니고 소설을 쓰는데 꼭 그런 답사가 필요하겠나? 소설은 픽션이 아닌가? 그렇다면 현장까지 갈 필요 없이 지리, 역사, 사진 등의 자료를 서울에 앉아서도 다 구할 수 있으니 그런 것을 참고해 쓰면 되지 않겠나?"

"아는 사람이 없다면 할 수 없지요."

그는 이 말만 하고는 돌아갔다. 그런데 한참이 지난 뒤에 전화가 걸려왔다.

"저 혼자서 심양이며 목단강 등지를 40여 일 동안 다니면서 자세히 보고 왔어요."

그의 얘기에 나는 놀라고 말았다. 『혼불』에 쏟는 정성이 이렇듯 지극했던 것이다. 바로 이러한 과정을 거쳐 『혼불』은 쓰였고, 그렇게 되다보니 이 책 열 권이 나오기까지 결국 17년이 걸릴 수밖에 없었다.

그러나 10권을 쓰는 도중 그는 안타깝게도 암 선고를 받았다. 이미 그의 몸은 재기하기 어려운 상태였다. 『혼불』 완간을 맡아준 한길사의 김언호 사장은 최명희가 오래 살지 못할 것이라는 사실을 알았는지 '최명희와 『혼불』을 사랑하는 사람들의 모임'을 조직했다.

1997년 8월 이 모임은 예술의 전당 국악당 뒤뜰에서 첫 회합을 가졌다. 『혼불』을 사랑하는 사람 백여 명이 모인 가운데 내가 위원장이 되었다. 최명희는 당시 암 수술을 받고 방사선 치료를 받아 머리카락도 다 빠졌던 상태인데 일부러 가발까지 쓰고 나와 자신의 소감을 이야기했다.

중병으로 오래 못 살게 된 명희에게 각종 상들이 수여되었다. 한길사에서 제정한 11회 단재상 문학 부문을 1997년 7월에 수상하고 전북대학교에서 명예 문학박사 학위도 받았다. 문화체육부에서 주관한 16회 세종문화상을 수상한 것도 이때다. 그후에도 전라북도 애향운동본부에서 주관하는 전북 애향대상을 수상하고 동아일보사의 제15회 여성동아 대상, 호암재단에서 주는 호암상 예술 부문도 수상했다.

이런 와중에도 나는 그의 얼굴을 볼 때면 얼마 지나지 않아 무덤 속에 그가 묻힌다는 생각에 속으로 눈물을 흘렸다. 그래도 1996년 12월 『혼불』 10권이 나오기 전에 죽었다면 살아서 이런 영광을 보지 못했을 것을, 그나마 김언호 사장의 주선으로 10권이 완간되어 이러한 경사스러운 일을 살아서 맞이하게 된 것을 매우 다행스레 여겼다.

나는 '최명희와 『혼불』을 사랑하는 사람들의 모임'에서 그 책을 외국어로 번역해보자는 제안도 해보았다. 그래서 한국에서 처음 노벨 문학상을 타게 되면 좋겠다는 생각에서였다. 그래서 문학을 전공한 사람들과 의논해본 결과 여의치 않다는 것을 알게 되었다.

"이 작품은 영어로 번역하기가 매우 어렵습니다. 민속적인 이야기를 한국의 토속어로 쓴 글이라서 번역하기도 어렵고 그러한 이야기를 바르게 이해하기도 어렵습니다. 또한 한 작품을 번역하자면 한 사람이 해야지 여러 사람이 할 수도 없는데 이 긴 작품을 한 사람이 하자면 적어도 10년은 잡아야 합니다."

전문가들의 이야기라 나로서는 내 주장을 밀고 나갈 수가 없었다.

그후 한길사의 김언호 사장은 『혼불』을 읽는 젊은이들이 많아지기를 바라는 뜻에서 독후감을 쓰는 운동을 벌였다. 사람들의 독후감을 모집하여 여러 편을 뽑아 상을 주는 일을 시작하자 최명희의 작품을 정독한 후 독후감을 쓰는 사람의 수도 자연 늘어나게 되었다. 독후감 우수상을 시상하는 자리에 나도 참석해 독후감 내용을 들어보았는데, 참으로 훌륭한 수재들이 이 운동에 참여하고 있다는 것을 확인할 수 있어 내 마음에 위로가 되었다.

최명희는 비록 52세의 짧은 인생을 살다갔지만 그가 생을 바쳐 남겨놓은 이 『혼불』은 꺼지지 않고 계속 번져가는 혼불이 되기를 간절히 바라는 마음이다.

그의 죽음이 임박하였다는 것을 느끼고 나는 다시 한 번 그를 찾아갔다. 마지막으로 솔직하게 얘기를 나누고 싶었기 때문이었다. 내가 평소에 지니고 있던 죽음에 대한 이야기를 해주고 싶었고, 죽음을 준비하는 그의 유서에 대해서도 이야기하려고 찾아갔다.

침대에 누워 나를 맞은 그는 무척이나 반가워했다. 내가 준비해간 이야기를 꺼내려고 입을 여는 순간 전화벨이 울렸다. 전화를 받은 최명희는 한참 통화하다가 흥분된 어조로 말했다.

"언니, 그게 정말이야? 그럼 나도 일년만 있으면 나을 수 있겠네!"

너무나 즐거워하는 목소리여서 전화가 끝난 뒤 내가 물었다.

"무슨 전화였어?"

"미국 일리노이 주에 언니처럼 가깝게 지내는 사람이 있는데 그 남편이 저와 똑같은 암으로 고통받고 있었어요. 그런데 치료법이 발견되어 일년만 더 견디면 완치가 가능하다고 하는군요."

그는 너무너무 기쁜 표정으로 내게 그 이야기를 해주었고, 그 기쁨을 나와 함께 나누게 된 것을 더욱 기뻐하는 눈치였다. 그러니 나는 그에게 하려고 했던 이야기를 꺼낼 수가 없었다. 그가 바라듯이 일년 뒤에 완치되기를 희망하는 수밖에 없었다.

그후 얼마 지나지 않아 최명희는 죽고 말았다. 1998년 12월 일이었다. 전주 시민의 장으로 장례식이 거행된 후 명희는 전주시 덕진동 전북대학교 예술대 뒷산에 묻혔다.

2000년에 '『혼불』 기념사업회'가 발족되어 이미 발족된 '작가 최명희와 『혼불』을 사랑하는 사람들의 모임'과 함께 더 많은 사람들이 『혼불』을 읽고 최명희를 기억하도록 노력을 펼치는 것에 나는 조금이나마 위안을 얻을 뿐이다.

그러나 그와 마지막 만나는 자리에서 내가 하려고 준비했던 이야기를 못해준 것이 지금도 아쉬움으로 남는다. 그가 죽은 후에 그의 작품을 영상화하는 일, 오페라로 꾸미는 일 등 좋은 구상들이 저작권 문제로 추진하기 힘들게 되었기 때문이다.

그의 5주기에 전주로 내려가 그의 무덤 앞에 서자 나는 그만 눈물을 터뜨리고 말았다.

강옥구 이야기

2000년 8월, 뉴욕에서 새 천년 종교인 대회가 UN의사당 안에서 열렸다. 나는 자문위원으로 와달라는 요청을 받아 1984년 이후 16년 만에 뉴욕을 방문하였다. 뉴욕으로 갈 때 샌프란시스코를 거쳐가게 되어 나는 그곳에 살고 있는 친한 사람들을 여럿 만나 볼 수 있었다. 지금은 세상을 떠난 배융의 부인 조경희와 윤경애, 그리고 강옥구가 그들이었다.

뉴욕에는 친구인 김경래 장로의 딸인 김원숙 화백이 있어서 바쁜 가운데도 나를 마중해주고 체류하는 동안 불편함이 없도록 보살펴 주었다. 마침 그곳에 도착하고 보니 나와 관계가 있는 세계종교인 평화회의 실행위원회가 같은 시기에 열려 모처럼 그 모임 사람들도 볼 수 있었다.

새 천년 종교 지도자 회의에는 거물급 인사들이 많이 참석했다. UN 전 사무총장이자 리우에서 열린 유엔 환경위원회 조직위원장이었던 스트롱 박사 내외, 현 유엔 사무총장, CNN 회장 테드 터너 등이 모였다. 나는 그들과 만나 이야기를 나눌 기회를 가졌다.

이 모임은 이러한 유명 인사들이 중심이 되어 조직한 탓인지 그 큰 UN 총회 의사당에 빈 자리 하나 없이 전세계 종교 지도자들이 모여들었다. 이들은 거창한 계획을 가지고 유엔 총회 안에 종교에 관한 국을 신설하자는 의견과 앞으로 10년 동안 해마다 이런 회의를 적당한 지역을 돌아다니면서 한다는 의견들을 내놓고 진지한 토론을 벌였다. 그리고 자문위원인 내게는 10년간 이 모임의 준비위원이 되어달라고 요청했다.

그러나 이 모임은 세계 종교인 평화회의처럼 대표권을 가진 사람들의 모임도 아니었고, 회의 경험이 없는 사람들이 진행을 맡아 회의 운영과 내용이 매우 엉성하고 초점이 없어 나는 실망을 했으므로 관계할 마음이 없었다.

한국으로 귀국한 나에게는 매우 슬픈 소식이 기다리고 있었다.

참으로 아름답고 사랑스러운 동생 강옥구는 항상 내 건강을 염려해 좋은 약을 접하게 되면 그 가격이 얼마가 되든 꼭 구해서 보내주고는 했다. 귀국해 보니 최근에 나온 좋은 비타민이라며 그녀가 보내온 상자가 있었는데, 그와 더불어 임종이 가까웠다는 슬픈 소식이 와 있었다.

나는 너무 놀라고 무너지는 마음을 안고 즉시 전화기를 들었다. 병원으로 연결해보니 이미 전화로 의견을 교환할 수 없을 만큼 의식 불명 상태에 들어갔다는 슬픈 소리만이 울려나왔다. 결국 강옥구와 나는 마지막 인사 한마디도 나누지 못한 채 그렇게 이별하고 말았다.

암 초기였던 그는 평소 서양의학을 별로 신뢰하지 않았던데다, 파킨슨병을 앓고 있는 남편 시중을 드느라고 정작 자신이 치료받을 시기와 기회는 놓쳐버리고 말아 상태가 급속도로 나빠진 채 입원하였고 얼마 후 세상을 떴다.

성이 같은 강옥구와 나는 40년 동안 오누이처럼 서로 아끼고 사랑해온 사이다. 그는 이화대학에서 약학을 전공하고 미국에 가서 영양학을 공부해 음식과 약품을 검사하는 미국 정부 산하 기관에서 일을 했다. 이런 과학적인 일을 하면서도 그는 항상 종교에 깊은 관심을 가지고 살았다. 또한 그는 미국인 남편, 그로스진과 함께 동양 종교, 특히 불교에 대해 공부하면서도 시와 수필을 쓰는 문인이기도 했다.

내가 강옥구를 처음 알게 된 것은 1957년 무렵이라고 기억한다. 그때 나는 뉴욕에서 신학을 공부하고 돌아와 경동교회 목사로 있었다. 이때 강옥구는 우리 교회에 나오는 학생으로 음악을 좋아하는 성가대원이었다. 조용하며 수줍음을 잘 타는 전형적인 한국 여성의 모습이었는데, 꽃에 비유한다면 코스모스같이 청초한 인상에 나뭇잎이 떨어지는 것을 보면 눈물을 흘릴 것 같은 부드러운 성품의 소유자였다.

그러나 직접 이야기를 나눠보면 강옥구는 결코 연약한 여성이 아니었다. 신앙과 인생에 대해 그 누구도 꺾을 수 없는 강인한 탐구력을 갖고 있었으며, 아울러 문학과 종교 서적들을 풍부하게 읽어 지적 깊이가 있는 여성이었다. 교회에서 설교를 통해, 혹은 대화를 통해, 그는 나의 영향을 많이 받았다고 한다. 교회에서 그렇게 지낸 기간이 6년 정도였는데 그후 그는 미국으로 건너갔다.

한국을 떠난 뒤에도 진실에 대한 강인한 탐구력과 독서열은 식지 않고 더욱 뜨거워졌다. 미국 캘리포니아는 동양과 서양이 만나는 지역이라는 점에서 강옥구에게 더 많은 자극과 기회를 제공해준 것 같다. 그는 그러한 기회를 축복이라고 말했다. 그곳에서 동양 문화와 서양 문화의 차이점을 이어 주는 다리 구실을 했던 고귀한 영적 스승들의 글과 행적을 폭넓게 접할 수 있었던 것은 그의 말대로 축복이었다.

그가 한국을 떠나면서 우리는 헤어졌지만 그럼에도 그는 늘 내게 아름다운 편지를 보내주어 나는 우리가 서로 떨어져 있다는 것을 느끼지 못하고 살았다. 어쩌다 내가 미국에 갈 일이 있으면 바쁜 일정을 쪼개어 만나 편지로 못다한 얘기를 나누고는 했다.

그러한 강옥구에게 아주 충격적인 사건이 하나 생겼는데, 매우 사랑하던 언니가 1968년 젊은 나이에 갑자기 세상을 떠나버린 일이었다. 갑작스런 언니의 죽음은 그에게 삶의 전환점을 가져왔다. 그로부터 11년이 지난 1977년 12월 15일에 쓴 편지 가운데는 이런 구절이 있다.

목사님, 저는 가끔 서랍을 정리합니다. 버릴 것은 버리면서, 또 옛날에 써놓았던 생각의 단편들을 읽어보기도 합니다. 올해도 다 저물어 가는 오늘 저는 서랍을 정리하다가 한 묶음의 노트를 찾아냈습니다. 1968년 언니가 암으로 돌아가기 전 40일간을 위치타에서 함께 보내면서 만든 기억들을 언니가 떠나가버린 후 슬픔 속에서 적어 놓은 기록들이었습니다.

저는 그것들을 읽으면서 흘러내리는 눈물을 멈출 수 없었지만, 제가 참 행복한 사람이라는 사실 또한 숨길 수 없었습니다. 그것은 짧은 기간이었지만 10년 아니 100년의 세월과도 바꿀 수 없는 보석과 같은 시간이었습니다. 언니도 그렇게 느꼈으리라 믿고 싶습니다.

언니의 죽음으로 저는 더 이상 떨어질 수 없을 것만 같은 고

독의 심연으로 떨어졌습니다. 그리고 단절의 고통 속에서 헤매다가 새 사람이 되어 기어나왔습니다. 제가 의미하는 새 사람은 죽음을 두려워하고 인간의 능력을 믿고 야망에 넘치며 비정하고 경쟁적이던 사람이 그 모든 것을 버린 상태, 마치 길 잃은 양과 같은 사람을 말하는 것입니다. 언니의 죽음을 놓고 제 기도를 들어주시지 않았다고 하느님을 배반하는 대신 저는 하느님의 사랑과 섭리를 얻었습니다.

그것은 사랑하는 아들의 죽음으로, 그 슬픔 때문에 몸이 휘청거릴 지경이면서도 그 슬픔을 견뎌내고 설교를 하시던 목사님의 그 주일날 예배를 생각나게 했습니다. 그리고 저는 용기를 갖게 되었습니다.

그의 슬픔은 내가 보기에 그가 보낸 편지에 적혀 있는 정도의 것이 아니었다. 버클리 대학에 다닐 때 그를 가르치던 미국인 교수가 그에게 청혼을 했는데 언니가 살아 있던 동안에는 그 요구를 미련 없이 거부했지만 언니가 죽고 난 후 그는 결혼을 결심하게 되었다. 그의 이러한 결심은 언니의 죽음으로 인한 슬픔과 무관하지 않았다.

남편은 그보다 훨씬 연장자로 미국에서 선불교를 공부한 사람이고 더 깊은 공부를 위해 일본에도 여러 차례 가서 공부를 했다. 그와의 만남 때문이었는지 후에 보내오는 옥구의 편지에는 종종 불교적인 색채가 깊게 묻어 났다. 불교에 대한 그의 관심은 결국 종교 그 자체에 대한 관심으로 기울어졌고 후에 세계적으로 유명한 종교 지도자와 끊임없이 접촉했다.

크리슈나무르티, 달라이 라마, 틱낫한 등을 비롯하여 많은 종교인들과 끊임없이 만나고 교제함으로써 그의 사고에 많은 변화가 일어났다. 기독교, 불교, 회교, 힌두교 혹은 아메리카 인디언 지혜자 등 다양한 사람들의 글을 읽으며, 또는 동양과 서양 문화를 섭렵하면서, 그는 이 세상 종교들은 각기 다를지언정 그 근본 주제는 이웃을 내 몸같이 사랑하는 것이라고 생각했다.

그러므로 인간이 어떠한 종교를 믿든지 영적으로 겸허해져서 자아가 들어설 곳이 없는 무아(無我) 상태에 도달하여 그 안에서 진정한 '나'를 만나는 순간, 절대자의 사랑을 체험할 수 있으며, 그렇게 하고자 노력하고 기원하는 것이 인간의 바른 태도라는 것을 믿고 있었다.

이러한 믿음이 형성되어 가는 와중에도 그는 계속해서 나에게 자신이 겪고 있는 일상과 종교에 대한 상념들을 편지로 보내왔다. 나는 그 편지들을 참으로 행복한 마음으로 읽었다. 편지 속에서 그의 일상과 그의 사상은 너무도 아름답게 내 눈앞에 펼쳐지고는 했다. 그런 편지를 읽고 있노라면 그가 나와 그렇게 멀리 떨어져서 살고 있다는 것을 도무지 실감할 수가 없었다.

나는 그의 편지들을 나 혼자 읽기가 아까워 많은 사람들과 나누고 싶다는 생각에 그가 보낸 수많은 편지 가운데 80여 편을 골라서 범우사를 통해 『들꽃을 바라보는 마음으로』라는 제목으로 출판을 하면서 그 서문을 쓰기도 했다.

그후 그 책은 흐지부지 절판이 되었고, 내가 가지고 있던 몇 권도 이 사람 저 사람 손을 거치면서 없어지고 말았다. 혹시 남은 책이 있으면 한 권 보내달라고 했더니, 그녀는 곧 자신이 갖고 있던 책을 한 권 보내왔다. 표지를 열면 그의 총총한 글씨가 적혀 있다.

일찍이 제 마음의 눈을 열어주신 목사님, 오래오래 건강하시길 기원하면서—2000년 8월 25일 강옥구 드립니다.

나의 건강을 몸과 마음으로 간절히 기원했던 그가 오히려 나보다 먼저 세상을 떠났다. 나는 한 권밖에 없는 그의 이 책을 지금도 잃어버릴까봐 고이 간직하며 마치 보석을 다루듯 소중하게 다루고 있다.

나는 그의 죽음을 맞아 슬픔을 가눌 길 없어 추모식을 열었다. 그 자리에는 평소 그와 가까이 지내던 사람들을 초청했는데 이어령, 고은, 전숙희, 김남조 등 많은 분들이 참가했다. 특별히 그날 고은 시인의 추모시는 매우 훌륭했다.

그 얼마 뒤 샌프란시스코에 사는 그의 언니로부터 강옥구의 유고라며 원고 한 뭉치가 내게 배달되어 왔다. 그의 언니는 내게 출판을 의뢰했지만 내가 왜 그렇게 바쁜지 그 아름다운 글은 아직도 햇볕을 보지 못하고 있다.

그의 수필은 거의 구도자의 백서다. 흔히 중년 여인의 글쓰기는 잃어버린 소녀의 꿈을 찾거나 놓쳐버린 환상을 되찾으려는 작업이 되기 쉬운데 그의 경우는 미래 지향적일 뿐이다. 미사여구나 애수, 또는 수다스런 풍속 대신 그의 글은 사유로 가득 차 있다. 나무등걸처럼 뼈가 드러난데다 물기가 적다. 다만 자아를 여과하는 갈등을 냉철하게 기록하여, 마치 심전도를 분석한 실험실의 차트와도 같다.

이제 그가 이토록 담담하면서도 아름다운 글을 쓸 수 없다는 것이 슬프고 슬플 뿐이다. 이 자리를 빌려 그 원고 중에 몇 개를 실어본다.

1999년 2월 26일

공기는 온화하고
하늘은 드높고
조각 구름들은 제멋대로 흩어진다.

조용한 뜰에서
허리 굽혀 풀을 뽑다가
구름을 보려 허리를 편다.

내 마음도
봄이긴
매사 저 매화꽃이다.

「마지막 잎새처럼」

어느
순간에
떨어질지 모르는
겨울 나무의
마지막 잎새처럼
가파른
겸허의 언덕에서
떨고 있는
나.

「내가 잃어버린 그것」

두 주일 전 목욕탕을 청소하면서 오랜만에 벽도 씻으려고 의자에 올라서서 거미줄로 보기 흉한 구석을 향하여 팔을 뻗는 순간 의자가 미끄러지면서 탕 안으로 새우처럼 떨어졌다. 떨어지는 순간에는 아프지 않았는데 시간이 지날수록 통증이 나서 다음날 의사에게 갔더니 뼈가 부러진 곳은 없으나 근육에 충격이 갔다고 하며, 치료를 해주었다. 그런 대로 한 이 주일을 지냈는데 어제부터 허리가 너무 아파서 직장에도 못 나가고 집에서 쉬게 되었다.

그러나 제대로 쉬는 것이 아니었다. 의자에서 일어설 때나

앉을 때에도 허리가 아프고 누워도 아프다. 허리를 구부릴 수도 없는 그 아픔 속에서 안절부절못하는 동안 평소에 무심했던 허리의 건강이 얼마만큼 중요한가를 절실히 느끼게 되었다.

잃고 나서야 배우는 것. 그것이 인간이 지니는 어리석음 같다. 그 꼼짝할 수 없는 고통 안에서 평소에 갖기 힘든 조용한 시간이 생겼다. 이 세상에는 절대적으로 좋거나 절대적으로 나쁘기만 한 것은 없구나 하고 생각을 하다가 며칠 전에 읽었던 수피의 스승 루미의 시가 떠올랐다.

그 짐꾼은 가장 무거운 짐 쪽으로 달려가서
그것을 다른 이로부터 받아 내린다.
그 짐들이 편함의 기초이며
쓰디쓴 일들이 기쁨의 전조임을 알아차리고서
그가 그 짐과 더불어 씨름하고 있는 것을 보라!
그것이 바로 사물의 진실을 보는 이들의 자세이다.
낙원은 우리가 싫어하는 것들로 둘러싸였고
지옥의 불은 우리가 바라는 것들로 둘러싸였다.

지금 내가 겪고 있는 이 통증은 나에게 무엇을 가르쳐주려고 하는 것일까 하고 생각하다가 건강에 관해서 평소 건강하기에 그것을 생각하지 않는 사람, 건강을 잃고 나서 건강에 관심을 쏟는 사람, 그리고 병이 있는데도 모르고 건강에 무관심한 사람들로 나뉨을 보았다.

그러한 부류를 도(道)의 세계에 적용해 보면 물속의 고기가 물의 존재를 의식하지 않듯이 깨달음 안에 있으므로 깨달음에 대해 생각하지 않는 성자나 도인들, 고통 안에서 무언가 잘못 되었음을 보고 그것으로부터 벗어나려고 애쓰는 이들, 그리고 급류에 휩쓸려 내려가는 나무조각처럼 인생의 급류에 따라 생각 없이 사는 사람들로 나뉘는 것 같다.

그러므로 우리가 어느 종교이든 한 종교에 귀의하는 것은 우리 자신들이 영적 건강을 잃어버린 것을 자인하고 그것을 되찾으려는 간절한 염원의 행위인 것 같다. 그래서 육체적인 건강을 되찾으려고 우리가 몸이 아플 적이면 치료를 받듯이 내가 잃어버린 이 영적 건강을 회복해야 될 텐데 내가 잃어버린 것은 도대체 무엇일까?

잃어버렸다고 할 적에는 본래 지니고 있는 것을 놓쳤다는 뜻인데 나에게 본래 있었다가 내가 놓쳐버린 그 귀중한 것은 무엇일까? 인간으로 사는 이 고통에서 벗어나게 해줄 이 귀중한 것은 무엇일까?

어떻게 하면 그것을 되찾을 수 있을까 깊이 생각해보다가 청화 큰스님의 가르침을 읽어가면서 욕망과 성냄과 어리석음의 늪에서 벗어나려고 허우적거리는 나를 건져내어 자유롭게 해줄 수 있는 처방이, 큰스님께서 되풀이하고 되풀이하여 강조하시는 '선오후수'(先悟後修)로 진공묘유의 지혜를 바탕으로 한 육 바라밀의 수행임을 보았다.

보시로 내 욕망을 다스리고, 지계(持戒)와 인욕으로 내 성냄을, 정진과 선정과 지혜로 내 무지를 다스릴 수 있다면 내가 잃어버린 그 귀중한 나의 본래 성품을 찾을 수 있음을 보았다. 그러나 그 봄(見)을 행(行)하기란 얼마나 어려운 일일까?

내 위치에서는 도저히 이루어질 수 없는 그 절망 안에서도 그 길로 앞서가신 큰스님의 가르침을 받을 수 있기에 위로와 격려를 받으며 요원하고 두렵기만 했던 그 길에 이제는 친근감마저 느끼게 된다.

하나님이 새로 열어주신 길은 평화였다

니와노 평화상을 받다

2000년 5월 한달은 내 생을 마감하기 전에는 결코 잊을 수 없는 시간이 될 것이다.

5월 7일 크리스챤 아카데미 35주년을 맞이하여 나는 지난 41년 동안 심혈을 기울여 봉사해 온 크리스챤 아카데미에서 물러나기로 결단을 내렸다. 눈물겨운 고난의 길에서 못다한 일들을 남겨놓은 채 떠날 결심을 한 것은 20세기의 인물이 21세기에도 계속 자리를 지켜서는 안 된다는 판단에서였다.

그러나 오랫동안 지켜온 자리를 내놓는 것은 쓸쓸하고 서운하고 슬프기마저 한 것이 사실이었다. 그럴 때에 하나님께서 길을 열어주신 것인지 5월 12일에 일본 동경에서 니와노 평화상을 수상하게 되었다. 나에게는 더없는 영광이지만 이것은 많은 동료들이 내 곁에서 아낌없는 사랑과 마음을 준 결과였다. 더구나 이 상은 내게 단순한 영예만 안겨준 것이 아니라, 앞으로 나의 생을 어디에 헌신하여야 하는지를 제시해주는 길이기도 했다.

1999년 11월 25일 요르단 왕국 수도 암만에서 세계 종교인평화회의(WCRP) 총회가 열렸을 때, 니와노 평화재단 총재 니와노 니코와 이사장 나가노마 등 그의 동료 네댓 명이 내 호텔 방에 찾아왔다. 그들은 정중한 자세로 나에게 문서를 하나 건넸다. 그 내용은 2000년 5월 12일에 있을 2000년도 니와노 평화상 수상자로 내가 결정되었다는 것과 수상식 절차에 관한 것이었다.

"수상자 발표는 2000년 2월 21일 서울, 도쿄, 교토, 로마, 제네바, 런던, 뉴욕에서 동시에 하도록 되어 있습니다. 그때까지는 대외비로 해주시기 바랍니다."

니와노 평화상은 세계 평화 실현에 크게 기여한 인물이나 기관에 수여되는데, 세계 135개국 1천 명의 종교인 및 종교 단체의 추천을 받은 후보자들을 대상으로 불교, 기독교, 이슬람교, 기타 종교 지도자들로 심사위원회를 구성, 엄정한 심사 과정을 거쳐 해마다 단 한 명, 혹은 한 단체만 선정한다.

첫 수상자는 남미 군사 독재 정권 아래서 민주화와 인권을 위해 노력하다가 희생된 유명한 브라질의 카마라(Helder P. Camara) 대주교였고, 중국의 차오푸추(Zhao Pu Chu, 중국 불교협회 회장), 도미니카의 포터(Philip A. Potter) 박사(전세계 교회협의회 총무), 인도의 아람(M. Aram) 박사, 오늘날 살아 있는 세계 3대 부처로 높임을 받는 캄보디아의 고승 고사난다(Maha Ghosananda) 등이 역대 수상자였다. 16년 동안 저명한 종교인과 평화 공로자에게 시상을 해왔다는 사실은 알고 있었는데, 이런 상이 나 같은 사람에게까지 돌아왔다는 것은 매우 기쁜 일이었다.

예정대로 2000년 2월 21일 니와노 재단 나가노마 이사장은 국내외 기자들을 초청한 가운데 정식으로 수상자를 발표했다.

"오늘 크리스챤 아카데미 이사장으로 재직하고 있는 한국의 강원용 목사를 세계적인 권위를 자랑하는 니와노 평화상의 17회 수상자로 선정했습니다."

그가 발표한 수상 사유는 다음과 같다.

> 강박사는 한국 종교계를 대표하는 지도자이자 국제적인 종교 대화 활동의 지도자로 활약해 왔습니다. 강박사는 한국 국내의 사회 정의에도 깊은 관심과 정열을 가지고 1970년대 군사 정권 아래서도 인권 보호와 민주화를 위해 적극적으로 사회운동을 해왔으며 민주회복 국민회의 대표위원으로 리더십을 발휘했습니다.
>
> 또한 남북한의 통일 운동, 노동 쟁의의 화해 교섭, 언론의 자유 실현, 여성과 노동자 등의 교육 프로그램 추진 등 강박사는 대단히 넓은 범위에 걸쳐 활동을 해왔습니다.
>
> 이상의 활동과 더불어 강박사가 걸어온 자취 중에서 주목해야 할 것은 문화, 예술(방송, 연극, 영화, 전통문화) 진흥에 대한 공헌입니다. 자신이 이들 분야에 관심이 깊었던 연유로 서울 아시아영화제 심사위원장, 한국 신체장애자대회장, 세계 연극제 대회장, 서울 올림픽 문화예술행사 추진위원장, 동 올림

픽 국제 학술회의위원장 등을 역임하고 문화, 학술, 예술의 진흥을 통하여 평화 운동에도 힘을 쏟아 왔습니다.

니와노 평화재단은 이러한 강박사의 장년에 걸친 평화 활동과 종교 협력을 기반으로 한 평화에의 헌신에 깊은 경의를 표하고, 수많은 공적을 현창(顯彰)함과 동시에 더욱 많은 동지가 배출될 것을 기원하며 이에 제17회 니와노 평화상을 드립니다.

나는 수상식에 딸 혜자와 혜원이, 그리고 비디오 촬영을 위하여 한국 GEO 프로덕션의 대표 이명숙과 함께 도쿄에 갔다. 5월 10일에 도착하여 그 이튿날은 일본의 유명한 미술품이 모여 있는 아서원을 구경했다. 그곳에는 옻으로 그림을 그리는 전용복의 작품이 많았는데 우리는 그의 초청을 받아 그와 함께 그림을 감상했다.

수상식은 5월 12일에 있었다. 일본 정부의 문부대신과 일본 종교인연맹 이사장, 최상용 주일 대사가 축사를 했고 나는 '21세기 종교의 역할'을 주제로 기념 강연을 한 뒤 평화를 위한 기도로 수상식을 마감했다. 나는 강연에서 종교가 평화를 위해 무언가를 해야 할 때라고 주장했다.

과거 이슬람교와 유대교, 기독교 사이에서는 많은 종교 전쟁이 행해졌습니다. 그리고 21세기를 맞이한 현재에도 종교 분쟁은 세계 곳곳에서 생명을 위협하고 문명을 억누르고 있습니다. 과거 종교 분쟁의 참혹한 역사에 비춰볼 때, 문명은 앞으로도 충돌을 되풀이할 것으로 보입니다.

그러므로 지금이야말로 분쟁과 전쟁의 역사를 평화적 공존의 미래로 전환하기 위해 우리가 해야 할 일이 무엇인지 물어야 할 때입니다. 저는 평화를 촉진하기 위한 방향 전환이 '닫힌 종교'에서 '열린 종교'로 나아가는 데서 시작돼야 한다고 생각합니다. 21세기 종교가 여전히 닫힌 상태로 배타성을 버리지 못한다면 문명의 충돌은 가속화될 것입니다. 그러나 열린 종교가 비극적인 충돌을 극복하는 힘이 되고, '우주적 영성 시대'로 우리들을 이끌어갈 수도 있다고 생각합니다.

21세기에 중국은 강대국이 됩니다. 중국을 중심으로 한 대륙권과 일본, 미국을 중심으로 한 해양권이 형성되어 그들간에 평화를 유지하는 것이 중요한 문제가 될 것입니다. 지리적으로 이 두 진영 사이에 위치하는 한반도는 평화 균형 유지에 중요한 역할을 하게 될 것입니다. 한반도는 대립을 불러일으키는 촉매 역할을 할 수도 있고, 평화를 위한 다리가 될 수도 있습니다. 이러한 시점에서 특히 일본과 중국의 종교인 여러분께 남북한이 평화 통일을 이루고 한반도에서 내전이 종결될 수 있도록 최대한 원조를 부탁드립니다.

종교 지도자와 일반인이 최대한 노력을 기울임과 동시에 한일 양국 정부가 경제적, 정치적 과제에 대해 협력해나가는 것이 필요합니다. 두 나라의 노력이 있어야 남북한은 재통일의 길을 열어갈 수 있을 것입니다. 이를 위해서는 인도적인 사랑의 실천을 통하여 상호 신뢰 관계를 촉진하고 마음의 벽을 허물어 현재의 비대칭적 관계를 대칭 관계로 바꾸어 나가는 노력을 계속해나가는 것이 중요하다고 생각합니다.

한반도의 재통일이 이루어지면 동북아시아의 평화는 현실적인 목표가 됩니다. 종교는 동북아 재구축에 중요한 역할을 하게 될 것이라고 저는 확신합니다. 역사적으로 동북아는 여러 종교가 만나고 교류해온 훌륭한 장이었습니다. 인도에서 발생한 불교와 지중해에서 발생한 기독교는 이곳에서 아시아의 전통 종교인 유교, 도교, 샤머니즘과 만났습니다. 이렇게 다양한 종교가 불러일으키는 상호 작용의 시너지 효과와 창조적인 만남이 종교 다원화 시대에 새로운 문화를 형성하는 데 큰 역할을 하리라는 것은 명백한 일입니다.

문명충돌

5월 13일에는 교토에서 니와노 평화상 시상을 기념하는 특별 심포지엄이 있었다. 나는 '종교 협력의 과거와 미래'라는 기조 강연을 했고 이어 불교와 카톨릭 대표와 종교학자 간의 패널 토의와 공개 질의 응답이 이어졌다. 나는 기조 강연에서 종교 협력의 기본 정신을 다음과 같이 표명했다.

새뮤얼 헌팅턴(Samuel P. Huntington) 교수는 21세기를 '문명 충돌'(the clash of civilization)이란 말로 요약했습니다. 그는 이 문명 충돌을 특히 종교와 연관시켜 이슬람 제국의 부흥과 아시아의 경제 발전 등 비서구 국가들의 국력과 문화적 영향력이 증대함으로써 21세기 초부터 문명 충돌이 반복될 것이라고 내다봤습니다. 그리고 클린턴 대통령을 포함한 일부 서구인들이 이슬람과의 관계를 낙관하는 경향에 대해 지난 1400년 동안의 세계 역사를 돌아보면 그런 견해는 수긍하기 어렵다고 지적했습니다. 자기 종교와 문화의 우월성을 확신하는 기독교와 이슬람 두 종교의 본질과 그 종교를 토대로 한 두 문명의 성격으로 인해 충돌이 일어난다는 것입니다.

반면 독일의 하랄트 뮐러(Harald Müller) 박사는 '문명 공존론'(Das Zusammenlben der Kulturen)을 제시했습니다. 그는 헌팅턴이 문명의 가치 체계에 종교가 결정적인 영향을 끼치는 것으로 단순화하여 종교를 중심으로 문명을 분석한 것을 비판했습니다.

그는 종교는 문명을 이루는 많은 요소 중의 한 부문에 불과하며, 지난 500년 동안 일어난 전쟁 가운데 종교가 유일한 원인이었던 적은 한 번도 없었다고 말합니다. 다만 영토 분쟁, 인종 갈등, 정치적 야욕 등 여러 이유 때문에 권력이 종교를 이용한 것이라고 주장하고, 그 좋은 예가 코소보 전쟁이라고 했습니다.

그러나 나는 뮐러 박사의 논리대로 종교가 정치적으로 이용당했을 뿐이라 하더라도 이 지구상에서 계속되어온 수많은 전쟁에 종교의 책임을 결코 면할 수는 없다고 봅니다. 폴 틸리히(Paul Tillich)도 "종교는 문화의 실체요, 문화는 종교의 현실이다"(Religion is the substance of culture, culture is the form of religion)라고 하지 않았습니까.

열린 종교들 간의 협력은 우선 종교 문화의 다양성을 긍정적으로 이해하는 데서 출발해야 할 것입니다. 오늘날 지구촌에는 여러 갈래의 종교 문화가 나름대로의 색깔과 특징을 지니고 발전해왔습니다. 이를 존중하고 서로 관용함으로써 다양성의 풍요로움을 이룰 수 있습니다.

다양성을 긍정한다는 것은 경솔한 단일 보편의 종교를 창설한다거나 혼합 종교를 만드는 데 있지 않고, 각 종교가 자기 정체성을 분명히 하면서 열린 자세로 다른 종교와 연대해 나가는 것을 의미합니다. 기독교의 불교화나 불교의 기독교화를 꾀한다든지, 둘을 합해서 제3의 종교를 만들자는 것이 아니라 각각 다른 점을 인정한 가운데 공통 과제를 위해 협력하는 길을 찾아야 할 것입니다.

나의 경험으로는 종교간 만남에서 교리, 경전, 상징, 의례, 전통 등에 대한 논의는 결국 한계에 이르지만 이론보다 실천을 중심으로 대화를 해나가면 오히려 쉽게 공감대를 형성할 수 있었습니다.

심포지엄 다음 날에는 교토의 크리스챤 아카데미가 주최한 환영 행사가 있었다. 이것은 나의 오랜 친구이자 크리스챤 아카데미 이사장인 다케나카 마사오(竹中正夫) 교수가 마련한 것으로, 우리는 교토 아카데미 하우스를 돌아본 후 200년 역사를 가진 일본 전통 음식점에서 훌륭한 오찬 모임을 가졌다.

그 자리에서 다케나카 마사오 교수는 수상식 주최측의 요청으로 제작한 「내가 살아온 기록」이란 비디오(GEO의 이명숙이 제작)를 매우 칭찬해주었다. 다케나카 교수는 전아시아 크리스챤 미술인 협회 회장으로 오래 재임했고, 이 방면에 조예가 깊었다.

교토에서 다시 도쿄로 돌아온 우리는 15일은 도쿄 대성당에서 약 만 명이 모인 수상 기념 대회에 참석했다. 이때 특히 감명 깊었던 것은 큰 합창단이 「아 대한민국」이라는 노래를 한국말로 불러준 것이었다.

귀국한 후에도 잔치는 이어졌다. 5월 29일 동료들의 주선으로 나의 수상을 축하하는 모임이 세종홀에서 열렸다. 평소에 나를 아껴주는 선후배들로 초만원을 이루었는데, 특별히 서울대학교 김문환 교수가 작사하고 같은 대학 이건용 교수가 작곡한 「바다 같고 싶어라」(나의 호가 여해이므로)를 경동교회 성가대가 합창해준 것이 무척 인상적이었다.

이 자리에서는 또 일본에서의 수상식 과정을 담은 이명숙의 비디오가 상영되었고 특별히 김수환 추기경과 이화여대 장상 총장이 축사를 해주었다. 이탈리아에 본부를 둔 세계 호콜라레로 총재인 키아라 루빅의 축전을 비롯하여 사카모토 교수, 국내외 여러 사람들, 특별히 외국에 있는 귀여운 세 손녀들의 축전도 있었다.

세계 여러 곳에서 축전을 받았지만, 키아라 루빅의 축전은 각

별했다. 루빅은 로마 교황청에서 나를 위한 축하연을 베풀었으며 많은 하객들 가운데 한국 대사의 축사까지 넣어주었다. 그는 서울 축하식에도 긴 전문을 보내주어 매우 고마웠다.

이날 특히 기억에 남는 것은 김수환 추기경과 장상 총장의 축사였다.

경동교회와 크리스챤 아카데미를 세우신 강원용 목사님은 아카데미를 통하여 정치, 경제, 언론, 교육, 종교, 사회, 이데올로기 등 현실의 모든 문제를 해결하기 위해 전문가들과 관심 있는 분들을 한자리에 모아, 서로 진지하게 대화하고 이를 통해 함께 문제의 답을 찾고 해결을 얻도록 하는 데 참으로 지대한 공헌을 하였다고 생각합니다.

이리하여 강원용 목사님은 당신 스스로의 말씀과 가르침을 통하여, 아울러 교회와 아카데미 운동을 통하여 교회 일치를 비롯하여 우리나라의 참된 발전, 민주화와 인간화에 헌신하셨습니다.

강원용 목사님은 한마디로 평화 자체이신 그리스도를 믿고 따르시는 분으로서 그리스도께서 참된 평화를 위해 당신을 희생의 제물로 바치셨듯이 그렇게 당신을 바치며 살아오신 분이십니다. 특히 분단된 조국의 통일 문제 해결은 절대로 평화적이어야 한다는 소신으로, 평화 정착을 위해서는 당신 자신을 희생으로 바치시는 정신으로 살고 계십니다.

그 때문에 사실 강원용 목사님은 니와노 평화상보다도 더 큰 평화상을 받으셔야 마땅한 분이라 생각합니다.

• 김수환 추기경

강목사님의 첫째 불가사의는 강목사님이 그 경력을 목사로 끝내실 것인가 하는 점입니다. 어떤 날은 정치를 하실 것 같고, 어떤 날은 사회 운동을 하시다가, 또 어떤 날은 방송계에 가 계시기도 합니다. 목사님의 삶의 진폭이 워낙 넓기 때문에 가끔 목사님께서 목사가 된 것은 하나님의 섭리가 잘못된 게 아닐까 생각하게 됩니다.

두번째 불가사의는 사람들을 좋아하시고 아끼는 목사님의 면모입니다. 목사님 말씀에는 박식한 정보와 통찰력이 번득이는 이야기가 많습니다. 강목사님은 선지자적 면모가 강하기 때문에 대화 운동의 선구자가 되셨고, 그것도 35년간이나 혼과 열을 다해 이끌어 오시는 그 헌신에 모두 감동을 느낍니다.

세번째 불가사의는 목사님이 과연 어느 날 노인이 되실까 하는 것입니다. 그 어느 젊은이보다 더 젊고, 더 정열적이고, 더 진취적이기 때문에 목사님은 정말 가는 세월을 삼켜버려서 영원한 청춘으로 남는 것이 아닌가 생각될 때가 있습니다. 세월이 흘러 허리가 약간 굽으신 것 외에는 아직도 너무나 젊고 정열적이고 목소리도 크셔서 목사님 곁에 서면 젊은이 못지않은 힘과 활력을 지금도 느낄 수 있습니다.

• 장상 총장

김대중 대통령의 방북

2000년 6월 15일, 전세계를 놀라게 한 사건이 한반도에서 벌어졌다. 그것은 김대중 대통령이 평양을 방문하여 김정일 국방장관과 정상 회담을 연 일이다. 한반도는 국토가 동강난 지 60년 가까운 세월이 흐르는 동안 피비린내나는 전쟁과 깊은 한의 역사가 있었다. 오늘도 어정쩡하고 불안한 준전시상태로 있는 이 땅의 사람들에게 이 정상 회담은 평화에 대한 큰 기대와 기쁨을 안겨주었다.

사실 그 동안 박정희 대통령도 평양에 특사를 보내고 노태우 대통령도 정상 회담을 하려고 노력했다. 김영삼 대통령은 정상 회담 날짜와 장소까지 다 받아놓고 막 회담이 열리려고 할 때 김일성 주석이 별세하는 바람에 뜻을 이루지 못했다. 결국 처음 성사되는 남북 회담은 김대중 정부에서 이뤄낸 쾌거였다. 물론 김대중 대통령은 취임 때부터 남북 화해와 정상 회담을 호소해 왔고, 특히 유럽 순방 중 독일 베를린에서 남북 화해를 위한 선언을 전세계에 발표한 일이 있었다. 그후 박지원 특사를 통하여 여러 차례 물밑 교섭을 시도한 결과 방문 날짜가 발표되었다.

그러나 언론에서는 김대통령이 방북한다고 하더라도 과연 김정일과 회담을 할 수 있겠는가에 대해서는 의문을 표했다. 결국 국가를 대표하는 김영남을 만날 것은 확실하나 실권자인 김정일을 만나기는 어려울 것이라고 내다봤다. 김정일은 공식적인 자리에 좀체 모습을 드러내지 않기 때문이었다.

그런데 정작 6월 15일 김정일 위원장은 비행장에 나타나 김대중 대통령을 반갑게 맞아주고 환영했다. 그의 이런 돌출 행위가 전세계를 놀라게 한 이유는 60년 간 총칼을 맞대고 극단적인 적대 관계에 있었던 두 지역의 원수가 사상 처음으로 만난다는 의미가 제일 컸지만 그 동안 목소리조차 알려지지 않았을 정도로 베일에 싸여 있던 김정일이 과감하게 그 모습을 드러냈기 때문이었다.

이렇듯 깊은 장막 속에 가려 있던 인물이 예고도 없이 돌연히 비행장에 나타났다는 것은 참으로 극적인 사건이었고 북한의 많은 시민들, 심지어 군인들까지 비행장과 거리로 나와서 김대중 대통령을 환영했다는 사실은 상상 밖의 일이었다. 그리고 두 정상이 몇 차례 만나는 모습이 방송을 통하여 전세계에 공개되는 일 역시 우리 모두의 예측을 뛰어넘은 사건이었다.

6월 15일, 두 정상은 회담을 통하여 합의한 네 가지 원칙을 밝힌 문서를 발표했다. 이 합의 문서는 첫째 통일 문제의 자주적 해결, 둘째 1국가 2체제의 통일 방안 협의, 셋째 이산 가족 문제의 조속한 해결, 넷째 경제 협력 등을 비롯한 남북간 교류의 활성화 등이 명시돼 있다. 또 합의사항을 조속히 실천에 옮기기 위해 실무 회담을 열 것과 북한의 김정일 국방위원장의 서울 방문 등에 관한 사항도 포함하고 있다. 공동 선언문의 요지는 다음과 같다.

남북 정상은 분단 역사상 처음으로 열린 이번 상봉과 회담이 서로의 이해를 증진시키고 남북 관계를 발전시키며 평화 통일을 실현하는 데 중대한 의의를 가진다고 평가하고 다음과 같이 선언한다.

1. 남과 북은 나라의 통일 문제를 그 주인인 우리 민족끼리 서로 힘을 합쳐 자주적으로 해결해 나가기로 하였다.
2. 남과 북은 나라의 통일을 위한 남측의 연합 제안과 북측의 낮은 단계의 연방 제안이 서로 공통성이 있다고 인정하고 앞으로 이 방향에서 통일을 지향해나가기로 하였다.
3. 남과 북은 올해 8 · 15에 즈음하여 흩어진 가족과 친척 방문단을 교환하며 비전향 장기수 문제를 해결하는 등 인도적인 문제를 조속히 풀어 나가기로 하였다.
4. 남과 북은 경제 협력을 통하여 민족 경제를 균형적으로 발전시키고 사회 · 문화 · 체육 · 보건 · 환경 등 제반 분야의 협력과 교류를 활성화하여 서로 신뢰를 다져나가기로 하였다.
5. 남과 북은 이상과 같은 합의 사항을 조속히 실천에 옮기기 위하여 빠른 시일 안에 당국 사이의 대화를 개최하기로 하였다.

니와노 평화상을 받은 직후 이러한 충격적인 사건을 겪으면서 나는 많은 생각을 하였다.

'나는 이미 모든 공직에서 물러났고, 마지막으로 크리스챤 아카데미 이사장직도 은퇴했다. 이제 내 나이도 여든이 지났으니 조용히 쉬고 싶다. 그러나 이러한 사건은 내가 여생을 그저 조용히 쉬면서 살다 떠날 것이 아니라 활동할 수 있는 정신과 건강이 남아 있는 그날까지 조국의 평화를 위해서 일하다가 떠나라는 뜻이 아닐까?'

솔직히 나는 일련의 사건들을 겪으면서 어떤 지시를 받은 것 같은 절박한 느낌을 가졌다.

'내 힘만으로 전 민족과 인류의 운명과 관계된 평화 문제에 큰 공헌을 할 수야 없겠지. 하지만 이 일을 위해 노력하는 많은 사람들에게 지극히 작은 내 힘이라도 보탬이 된다면 노력해야 하지 않을까?'

그러나 다음 순간에는 그런 생각이 내 나이에 주제 넘는 것 같기도 하고 철없는 행동 같기만 하여 나는 다시금 주저하게 되곤 했다.

'내가 나서기에는 너무도 어마어마하게 큰 문제야. 그것은 마치 손 안에 들어온 달걀을 들고 큰 바위를 부수겠다는 주제 넘은 생각이 아닐까.'

나는 나 자신을 둘러보았다. 부모님이 세상 떠나는 것을 알지도 못하고 성묘 한 번 해보지 못한 불효 자식. 아흔이 가까운 누님이 살아 계신 것을 알면서도 불과 몇 킬로미터를 사이를 두고도 만날 길이 없는 이산 가족의 설움을 안고 있는 사람이 바로 나였다.

'국토 분단과 남북간의 피를 흘리는 대결이 얼마나 잘못되고 비극적인 것인지 몸으로 겪고 수십 년 간 견뎌온 사람으로서 얼

마 남지 않은 나의 인생을 이 일에 바치는 것은 너무도 당연한 일이다.'

나는 이미 북한에서 굶어 죽어가는 수백만 명과 난방 없이 겨울을 보내는 이북 동포들을 돕는 일을 나름대로 해온 것이 사실이다. 그런데 평화를 정착시키기 위해서는 그런 일들을 좀더 조직적으로, 좀더 체계적인 운동으로 전개시켜야 한다는 결론에 이르렀다.

내가 그런 결심을 하게 된 것은 앞에서 말한 일련의 사건들이 내게 무엇인가를 던져 주었기 때문이다. 5월 7일에 크리스찬 아카데미에서 은퇴하자마자 5월 12일 니와노 평화상을 받게 됐고, 그리고 6월 15일 정상 회담이 이루어졌다. 이런 일은 내가 살아온 긴 시간 가운데 몇 안 되는 확실한 카이로스(Kairos)요, 특별히 부름 받았다는 소명 의식이 내 마음을 깊이 사로잡았다. 아카데미에서 물러나는 내게 하나님께서 새로 마련해주신 길이라는 느낌이 강하게 들었다.

나는 가까운 몇 사람과 개별적으로 의논을 한 후 8월 18일 동료들을 초청하여 내 심정을 솔직히 터놓고 그들의 의견을 듣기로 했다. 나는 이들을 초청하기 전에 특별히 린나이코리아의 강성모 회장을 만났다. 내가 제일 자신 없는 것이 재정 문제였기 때문이다. 강회장은 오랫동안 내가 하는 일을 애정을 가지고 도와온 사람이고 6월 15일 평양 회담에 실업가 중 한 사람으로 다녀온 사람이기도 하다. 나는 강회장에게 솔직히 말했다.

"평화를 위한 운동을 본격적으로 해나가려고 생각하고 있습니다. 니와노 평화상에서 받은 돈으로 사무실이나 그밖의 준비는 할 수 있겠는데 그후 유지해나갈 재정이 없으니 대책을 좀 세워 주시겠습니까?"

내 말에 그는 대단히 기뻐했다.

"목사님이 그런 일을 시작한다면 전력을 다해 재정적인 후원을 하겠으니 걱정 말고 시작하십시오."

그의 스스럼없는 약속이 내게 용기를 북돋워주었다.

그러던 차에 가장 아끼는 후배인 이홍구 박사가 주미 대사를 지내고 돌아와 나를 찾아왔다.

"그래, 이제 앞으로 무엇을 할 예정인가?"

그러자 그는 서슴지 않고 이렇게 대답하는 것이었다.

"목사님이 평화에 대한 일을 시작하신다니 그 일을 제가 돕겠습니다."

나는 그 말을 농담으로 받아들일 수도 없었으나 그렇다고 진담으로 받아들이기에는 너무 예상외여서 "어떻게 그런 생각을 했느냐?"고 물었다.

"사실은 귀국한 후 김수환 추기경을 찾아갔더니, 강목사가 하는 일을 적극적으로 도우라고 권고해주시더군요. 그래서 마음을 먹고 있었지요."

나는 그 며칠 전 김추기경을 찾아가 나의 구상을 이야기했는데 그때 김추기경은 매우 잘한 생각이라고 칭찬하면서 자기도 힘자라는 대로 돕겠다고 약속했던 일이 있었다.

평화포럼 탄생하다

2000년 8월 18일 우리는 각계 대표 40여 명을 초청하여 평화포럼의 역할에 대해 네 시간에 걸쳐 기탄 없는 대화를 나누었다. 이 자리에서 우리는 평화포럼을 통해 하고자 하는 일을 크게 두 가지로 보았다.

첫째는 남북이 바야흐로 새로운 역사를 열어가는 시기에 남쪽 사람들의 의견이 분열돼 있으니 이를 극복하여 통일된 공론을 만들어낼 필요가 있다는 것이다.

이는 이른바 총력안보식의 국론 통일이 아니라, 정치권의 여와 야, 보수적으로 생각하는 사람이나 진보적으로 생각하는 사람, 노인층과 장년층과 젊은층, 그리고 여러 시민단체들 사이에 두루 열린 대화를 통하여 사회적인 동의랄까, 모두가 동감하는 의견을 만들어내야 하는데, 그러자면 상대방의 의견을 듣고 내 의견을 주장하며 서로 이해하고 공동의 의견을 모아가는 길밖에 없다고 결론지었다. 크리스찬 아카데미가 40년 동안 해온 일이 그런 대화 운동이고 그 동안 솔직한 대화 모임을 통하여 공동 전선을 다지는 일에 성공한 값진 경험을 충분히 가지고 있으니 우리는 평화포럼도 그런 방향으로 운동을 펼쳐나가기로 했다.

둘째는, 남북 협력을 위해 우리를 둘러싼 주변 국가들과 관계를 잘 해나가는 일이었다.

우리의 분단도 결국 외부에서 그어놓은 것이고 분단을 오늘까지 고정시킨 것도 외부의 힘이었는데, 우리를 둘러싼 4대 강국의 이해는 서로 다르다. 주변 국가와 함께 노력을 하지 않고서는 평화를 이룰 수 없으므로 주변국의 협력을 이끌어내야 한다. 이런 시도는 남쪽만의 노력으로는 안 되고 남북이 이견을 조절해가면서 한반도와 주변 국가의 관계를 풀어가야 한다고 보았다.

평화를 정착시키는 데에 주변국의 이해를 돌보아야 한다는 생각을 하게 된 것은 1999년 4월 19일 크리스챤 아카데미에서 한반도 평화 문제를 위해 특별히 마련한 국제 모임을 준비하면서였다. '동북아시아의 평화와 협력을 위한 새로운 대안'을 모색하는 이 모임에 독일 통일을 이루어낸 대통령 바이체커 박사를 초청, 개회 강연을 들었는데 경험담에서 나온 그의 이야기는 우리에게 시사하는 바가 많았다.

독일의 통일은 독일 민족에게만 평화를 가져다준 것이 아니라 오랫동안 계속되었던 유럽 각국의 대립과 갈등을 해소하고 평화적인 유럽 공동체를 형성할 수 있는 계기를 만든 사건이었다. 한 나라의 평화가 그 지역의 평화에 미치는 영향을 볼 수 있는 대목이다. 그러므로 한반도의 평화와 동북아의 평화 역시 따로 떼어 놓고 볼 수는 없다는 것을 알 수 있다.

8월 18일 간담회에 참석한 사람들은 모두 일치된 견해로 평화 포럼을 조직해 새로운 평화 통일 운동을 추진해야 한다는 결론에 이르렀다. 특히 그 자리에는 몸이 불편해서 참석하기 힘들다고 했던 김수환 추기경도 오셨다. 뜻있는 분들이 좋은 말씀들을 많이 해주었는데 그 중 몇 사람의 이야기를 옮겨 그날의 분위기를 전하고자 한다.

이우정(평화를 만드는 여성회 이사장) 아무리 잘된 합의서라도 그것을 법적으로 뒷받침할 후속 조처가 따르지 않는다면 휴지 조각이 될 수밖에 없습니다.

김수환(추기경) 이번에 남북이 대화의 물꼬를 트게 됐는데, 만일 어느 편이든 잘못돼서 대화가 무산되고 만다면 우리에게 희망은 없습니다. 그렇기 때문에 대화를 통해서, 또 전문가들이 의견을 나눔으로써 관계가 발전할 수 있도록, 반드시 그렇게 해나가야 합니다.

강만길(민화협 상임의장) 강목사님께서 이런 포럼을 만들자고 하는 것은 저로서는 대찬성입니다. 왜냐하면 지금 우리에게는 토론을 하고, 대안을 제시하고, 차분하게 남북 관계에 대처할 수 있는 단체가 없습니다. 조금 미리 말씀드리면 남남 토론, 남북 토론, 동북아 토론 이렇게 한 세 가지쯤으로 나누어서 할 수 있으면 좋겠다는 생각입니다.

이부영(한나라당 부총재) 이 모임이 정부보다도 더 위에서 일반적인 문제를 조망하는 기구가 됐으면 좋겠고, 북한 쪽에서도 이같은 일을 할 파트너가 생길 수 있도록 이끌어내는 계기가 되었으면 더욱 좋겠습니다.

모인 사람들 모두가, 한 명의 예외도 없이 적극적으로 해보자고 나서는 태도에 나는 대단히 고무되었다. 이 자리를 계기로 준비소위원회(강원용, 강성모, 동훈, 오재식, 박종화, 고범서, 이홍구, 박경서)가 구성되어 실무 준비에 들어갔다. 우선 재정 문제는 내가 니와노 평화상 상금을 기금으로 내놓고, (주)린나이코리아 강성모 회장이 후원회를 조직하여 운영비를 조달하기로 하였다.

정식으로 법적 수속을 밟기 위하여 사단법인 허가를 받아야 하는데, 통일부 아래 사단법인으로 할 수도 있으나 우리는 여야간 초당적인 협력과 국민들 전체의 지지가 선행 조건이라고 생각하여, 국민이 선택한 사람들이 국사를 논의하는 국회에 소속된 사단법인으로 허가를 받기로 했다.

이러한 준비를 마친 뒤 이사회를 구성하고 2000년 10월 3일 세종문화회관 세종홀 회의실에서 처음 이사회를 열었다. 이어서 저녁 6시 30분 각계 대표 112명이 참석한 가운데 '평화포럼을 시작하는 모임'을 가짐으로써 평화포럼이 공식 출범하였다.

창립 당시 고문으로는 김수환 추기경, 송월주 전 조계종 총무원장, 조정근 원불교 교정원장, 김광욱 천도교 교령, 최창규 성균관장, 강영훈 전 총리 등이 추대됐고, 창립 이사는 이사장 강원용, 상임이사 이홍구 전 총리, 재정담당 이사 강성모 린나이코리아 회장이었으며, 민주당의 정대철, 신낙균, 한나라당의 박관용, 이부영, 동훈 전 통일원차관, 강문규 새마을운동중앙협의회 회장, 고범서 대화문화아카데미 이사장, 오재식 월드비전 회장, 박경서 전 WCC 국장, 박종화 경동교회 목사, 박영숙 여성환경운동가 등이 이사로 참여했다.

운영위원으로는 강만길 교수, 김학준 전 인천대 총장, 김영수 서강대 교수, 남재희 호남대 교수, 문정인 연세대 교수, 손봉숙 한국여성정치연구소장, 이인호 국제교류재단 이사장, 이종석 세종연구소 연구위원, 조형 이화여대 교수, 이우정 평화를 만드는 여성회 대표, 박노해 시인, 이영희 인하대 교수, 이범준 박사 등이 선정되었다.

평화포럼이 공식 출범하면서 우리는 '남북 평화 체제 수립을 위한 우리의 제언'이라는 문서를 작성, 배포했다. 분단 이후 50여 년 만에 남북 정상이 만나 '6·15 남북 공동선언'을 발표한 것을 계기로 만든 이 문서는 이사회 결의로 2001년 1월에 국내외에 발표했다.

> 6·15 남북 공동선언은 강대국들에 의해 강요되었던 분단을 극복하고 남북한 문제를 민족 공동체 정신에 입각해 우리 스스로 해결하겠다는 의지를 세계에 천명한 민족사적 쾌거이다. 그러나 한반도 평화 체제 수립을 위한 일련의 과정들이 민족의 진정한 화해와 남북의 평화 정착을 굳건히 하기보다는 오히려 국론 분열을 심화시키는 쟁점이 되고 있어 이를 우려하지 않을 수 없다. 이에 우리에게 다가온 이 중요한 시기를 지혜롭게 대처해 남북 평화 체제 수립과 나아가 동북아시아와 세계 평화를 다지는 기회로 만들기 위해 다음과 같이 우리의 입장을 밝힌다.
>
> 1. 남북 평화 정착은 범국민적 지지와 초당적 협력 기반 위에서 추진되어야 한다.

1. 남북 경제 협력과 대북 지원은 민족 공동체 정신에 입각해 지속되어야 한다.
1. 평화 체제 수립을 위해 남과 북은 상호 체제를 존중해야 한다.
1. 한반도 평화 정착은 한민족이 주체가 되어야 한다.

동북아시아의 평화는 세계 평화를 보장하게 될 것이다. 그러므로 우리가 남북 평화 체제 수립을 위해 힘을 모으는 것은 21세기 세계 평화에 기여하는 일임을 확신하고 혼신의 힘을 기울여 우리의 최선을 다하고자 한다.

그리고 그해 11월 10일 올림피아호텔에서 남북 협력과 사회 평화를 위한 정치 및 시민 · 사회 단체의 대화 모임이 열렸다. '남북 평화를 향한 초당적인 협력 방안'과 '남북 협력에서 시민 · 사회 단체의 역할'이라는 주제로 심도 깊은 토의를 가졌는데, 이 모든 기록은 그해 12월 『평화포럼 대화록』이라는 책으로 묶여 나왔다.

남북 평화를 향한 초당적 협력 방안에 관한 대화에는 새천년민주당측에서 정대철 최고의원 등 11명이 참석하고 한나라당측에서는 이부영 부총재 등 8명이, 자민련측에서는 이완구 의원이 참석했다.

동북아의 평화안보

앞에서 나는 평화포럼이 출범하기 전 1999년 4월 19일부터 21까지 크리스챤 아카데미에서 열린 '동북아시아의 평화와 협력을 위한 새로운 대안' 모임을 이야기한 바 있다. 그 이야기를 이 자리에서 빼놓을 수 없겠다. 그때 개회 강연을 했던 바이체커는 다음과 같은 이야기를 들려주었다.

독일은 여러 모로 운이 좋았습니다. 저는 이 사실을 독일 민족에게 늘 상기시키고 싶습니다. 아마 그처럼 운 좋은 일이 다른 나라에서 똑같이 발생하기란 쉽지 않을 것입니다. 서독은 동독에 대항하여 전쟁을 할 필요가 없었습니다. 동독 주민들은 비록 독재와 억압을 겪었지만 북쪽에 있는 여러분의 동포들보다는 훨씬 양호한 조건에서 살았습니다.

이미 말씀드린 것처럼, 동서독 사이에 인적 교류가 단절된 적은 한 번도 없었습니다. 우리가 택했던 '동방 정책'과 비슷한 어떤 정책을 여러분이 선택하여 동북아 전지역을 평화적으로 발전시켜나가는 것이 얼마나 어려운지 저는 너무나도 잘 알고 있기 때문에 단순히 우리의 동방 정책의 경험을 절대적인 것으로 여러분께 주장할 생각은 없습니다. 하지만 한반도 상황을 개선하기 위하여 여러분의 정치 지도자가 추진하고 있는 새로운 접근법에 찬사를 보냅니다.

북한이 어느 방향으로 발전하게 될지는 그 누구도 모릅니다.

북한 주민들의 고통은 말로 표현할 수 없을 지경입니다. 그런데 우리는 북한을 내부 소요와 체제 붕괴로 향하게 해야 합니까? 개방이라는 의미에서 개혁이 진행 중에 있습니까? 아니면 그럭저럭 현 상태를 이대로 유지할 것입니까?

저는 김대중 대통령의 '햇볕 정책'이 절대적으로 중요하고 현재 상황에 매우 적절하다고 확신하고 있습니다. 다른 대안이 있을 수 있다고 생각지 않습니다. 관망하는 태도는 남북한의 단절과 북한 주민의 고통을 계속 연장한다는 점에서 진정한 선택이 될 수 없다고 봅니다.

여러분의 국가는 강하고 자유롭습니다. 한반도에 평화를 정착시키고자 하는 여러분의 목표와 책임감은 여러분 자신에게 달려 있습니다.

우리가 깨달은 교훈이 있습니다. 통일은 하루아침에 이루어지지 않는다는 것, 그러나 기대한 것보다는 훨씬 빨리 찾아올 수도 있다는 것입니다. 그러므로 오늘 이 회의에서 여러 가지 문제, 특히 동북아시아의 발전과 이 지역 강대국과 관련된 문제들을 논의하는 것은 매우 뜻깊은 일입니다. 우리 독일인들은 미래의 긍정적인 발전이 가져다 줄 기회와 도전을 미리 충분히 성찰하지 못했습니다. 모든 일들이 그처럼 신속하게 진행될 줄은 정말 몰랐기 때문입니다. 저는 여러분들이 아주 용기 있게 미래를 직시하고 있다는 사실과, 현재 살아남기에 급급하여 통일을 준비할 여유가 없는 북한 동포들을 대신하여 여러분들이 매우 책임감 있게 생각하고 행동한다는 사실에 대해 깊은 감명을 받았습니다.

저는 한국과 한반도의 젊은이들이 미래의 어느 날 평화롭고 자유로운 통일 한국에서 살게 되기를 진심으로 기원하며 그날이 오리라는 것을 확신합니다.

500명이 모인 가운데 이튿날부터 본격적으로 치러진 이 회의는 20일 김수환 추기경의 '남북 화해를 통한 한반도 평화' 라는 기조 발제에 이어 일본 동경대 명예교수 사카모토 요시카즈의 '한국의 냉전 종식을 기원하며' 라는 제목의 기조 강연, 이어서 참가자 전원의 대화 모임이 진행되어 '세계의 다극화 발전'에 관한 대화가 활발히 진행되었다. 또 오후에는 북경대학 국제관계학원 원장 겸 교수인 량쇼우더의 '동아시아 평화 안보와 중국의 세계적 위상' 이라는 제목의 주제 발표가 있었고, 이어 에머리 대학 명예총장인 제임스 레이니의 '냉전을 넘어서' 라는 발제가 있었다.

발제가 끝난 뒤 전체 대화 모임을 통해 량쇼우더와 제임스 레이니가 발표한 주제에 관해 심도 있는 논의를 거쳤다. 저녁에는 문화 공연으로 김대환의 색소폰과 북, 이혜경의 무용으로 꾸며진 환영 만찬회가 있었다.

다음날인 4월 21일은 미국 조지아 대학 박한식 교수의 '조선민주주의 인민공화국 아시아 태평양 평화 체제: 현상학적 시각' 이라는 발제로 시작되었다.

이 발제는 원래 북한을 대표하는 강사를 초청하여 하려고 했으나 뜻을 이루지 못했다. 그렇다고 북한 없이 한반도 문제를 이야기한다는 것은 말이 안 되는 것이기에 궁여지책으로 북한을 자주 왕래하고 북한의 사고 방식을 많이 연구한 박한식 교수에게 북한 입장이 되어서 이야기를 해보는 게 어떻겠느냐고 부탁한 것이었다. 내 부탁에 그도 흔쾌히 수락을 해서 이 발표가 가능했다.

박교수의 발제에 이어서 패널 토의가 있었고 오후에는 두 번에 걸쳐 종합 대화가 진행되었다. 결론은 북한에 있는 지도자들과 우리가 서로 공감대를 이루어가면서 주변 국가와도 대화를 해야 하는데, 그러기 위해서는 북한을 잘 알고 북한의 고위층과도 자주 대화를 나누는 사람들이 나서서 다양한 대화 통로를 만들어야 한다는 것, 그리고 그런 대화를 통해 주변 4대국과도 관계를 좀 더 평화 지향적으로 만들어나가야 한다는 것이었다.

우리는 행사를 마무리하는 자리에서 앞으로 이 모임을 가급적 해마다 계속하기로 합의했는데, 이에 의해 평화포럼은 내실 있는 활동을 할 수 있게 됐다.

이 행사는 사회적으로 큰 반향을 불러일으켜 참석했던 많은 사람이 일간지나 월간지 등에서 인터뷰 요청을 받았다. 또 사카모토 요시카즈, 리하르트 폰 바이체커, 제임스 레이니 전 주한 미국 대사와 나는 KBS 특집 기획 「한반도 정세와 동북아의 평화」라는 제목의 프로그램에 참석해 좌담회를 갖기도 했다. 이는 행사가 끝난 뒤인 4월 30일에 KBS2 텔레비전을 통해 방영되었다.

독일 통일에서 배울 점

2001년 9월 5일부터 7일까지 이루어진 제2차 국제 평화대회는 앞서 이야기한 1999년의 동북아시아 국제 평화회의를 계승하여 마련한 모임이었다.

1차 모임은 동북아의 평화와 새로운 대안이었으나 2차 모임은 동북아시아를 동아시아로 한정하고, 평화와 협력이 아니라 화해와 협력으로, 그 주제를 더욱 구체적으로 잡고 개진해나갔다. 참가자는 지역별로 중국에서 2명, 미국에서 4명, 유럽연합에서 1명, 캐나다에서 1명, 일본에서 7명, 러시아에서 2명, 국내 42명이 참가하였다.

9월 5일 개회 행사는 나의 개회 강연으로 시작되어 김대중 대통령의 영상 메시지와 이화여대 김신자 교수의 독창으로 이어졌으며 오후에 이화여대 장상 총장의 사회로 기조 강연이 진행되었다.

한국측 발표는 정책 연구팀이 작성한 내용을 가톨릭대학의 박건영 교수가 발표했고, 중국에서는 전 중국 인민외교학회 회장 리우슈킹이, 일본에서는 사회민주당 당수 도이 다카코, 러시아측에서는 러시아 과학 아카데미의 노다리 시모니야, 미국측에서는 에머리 대학 명예총장인 제임스 레이니, 유럽연합측에서는 전 독일 연방정부 장관인 에곤 바가 기조 강연을 했다.

패널 토의 후 저녁에는 새벽의 집에서 환영 만찬이 열렸는데 약 200명이 참가한 가운데 한나라당 이회창 총재의 축하 강연이 있었다.

9월 6일 목요일에는 세 분과로 나뉘어 토론이 진행됐다. 1분과는 '평화와 안보'라는 주제로 대화의 집에서, 2분과는 '평화와 협력'이라는 주제로 불암실에서, 3분과는 '평화와 시민 참여'라는 주제로 천은실에서 토의를 해나갔다.

다음날인 금요일에는 종합 토의와 후속 계획, 결의문에 대한 토의가 있었다. 나와 외국인 참가자들은 대통령 오찬에 초청을 받았고 오후에는 폐회 행사가 진행되었다. 대회를 마치며 내가 참가자들에게 감사의 말씀을 하고 도이 다카코가 답사를 했는데, 이 모임에 계속 참여하고 싶다는 뜻을 내비쳤다.

"앞으로도 주제는 같지만 부제는 매년 달리하여 이 모임에 참가한 분들이 다시 참여하는 방향으로 이 모임이 계속 진행됐으면 좋겠습니다."

이 행사에서 가장 주목을 받은 것은 언론에 보도된 대로 제임스 레이니와 에곤 바의 기조 발제문이었다. 레이니의 기조문 '대결에서 공존으로'는 남북 관계와 동아시아에 실제적인 힘을 행사하는 미국의 입장을 밝혔다는 이유도 있었지만 "김위원장의 서울 답방과 관계없이 제3의 장소에서 실무 회담 형식을 통하여 교착 상태를 타개한다"는 제안 때문에 회의가 끝날 때까지 여러 차례에 걸쳐 논의되었다.

참여자 중 한 사람인 박한식 교수는 이에 대해 "적절한 방법으로 북측에 이 의견을 전달하겠다"고 이야기했다. 좋은 의견을 바로 실행으로 옮길 수 있는 신속한 결정도 놀라운 일이지만, 이런 것을 반영할 수 있는 네트워크가 형성되어 있다는 것에서 평화포럼의 힘을 실감할 수 있었다.

통일독일 내각에서 장관을 지냈던 에곤 바도 실제 경험을 예로 들며 남북에 도움이 될 이야기를 많이 해주었다. 그는 무엇보다 여야간 초당적 협력을 강조했다.

"독일의 경우도 빌리 브란트 수상의 동방 정책을 야당인 기독교 민주당은 격렬히 반대했습니다. 그러나 브란트 수상은 동서독 관계의 진행 상황을 한 가지도 숨김없이 야당 지도자에게 알려주었지요. 야당은 모든 정보를 받았고 사전 협의도 할 수 있었기 때문에 나중에는 그 정책을 잘 이해하게 되었습니다. 선거에서 사회민주당이 패배해 기독교 민주당으로 정권이 바뀌었지만 콜 수상은 사회민주당의 다른 정책은 대폭 바꾸면서도 동독에 관한 정책만은 그대로 진행시켰습니다. 바로 이런 과정이 있었기 때문에 독일이 통일됐다는 사실을 한국은 잘 이해했으면 좋겠습니다."

에곤 바는 이 이야기를 청와대 대통령 만찬 때에도 했고 다음날 아침 이회창 총재 조찬 모임에서도 빼놓지 않고 했다.

"독일은 정부 내 정치적 이해 관계 때문에, 또 자칫하면 통일의 기회가 영영 사라질지도 모른다는 두려움 때문에 통일을 서둘렀습니다. 그래서 많은 실수를 저질렀고 지금도 그 대가를 치르고 있지요. 그러나 남북한은 시간 제약 없이 잘 조직된 동반자 상태를 우선 목표로 삼아 나가다가 때가 되면 새로운 합의를 이루어나갈 수 있을 것입니다."

이 회의의 또 다른 특징은 다양한 계층에서 서로 다른 경향의 사람들이 참석했다는 점이다. 시민 단체 리더가 있는가 하면 여당과 야당의 국회의원이 있었고 서로 다른 종교 지도자들이 있었다. 일본측 참가단 역시 사회당 당수와 여당 국회의원이 나란히 참석하였다.

그래서 나는 이런 말을 했다.

"비슷한 생각을 가진 사람들끼리 모이면 회의가 일사천리로 진행됩니다. 그런데 이렇게 다른 생각을 가진 분들이 모였는데도 한반도 평화와 동아시아의 안정과 협력에 대해 의견이 다르지 않다는 것을 실제로 보여주었으니, 우리 국민들에게는 큰 용기가 될 것입니다."

이 모임은 6·15 정상회담 직후였으므로 1999년 때와는 상황이 달랐고, 훨씬 구체적인 논의들이 나왔다. 따라서 이에 따른 후속 조치도 계속 추진해나갈 수 있었다.

부시 대통령과 북핵

경직되는 미국의 한반도정책

부시가 대통령에 오르면서 미국의 한반도 정책은 급속도로 경직되었다.

우리는 젊은 학자 그룹을 중심으로 '부시 대통령에게 드리는 글'을 작성하고 약 120명의 저명 인사들의 서명을 받아 5월 3일 기자 회견을 열고, 그날 오후 미국 대사관을 방문하여 미국 대리대사와 참사관에게 전달했다.

"이 서한이 부시에게 반드시 전달되어 좋은 결과가 있도록 도와주십시오."

우리의 요청에 대리대사는 호의적인 반응을 보였다.

"나는 미국인이지만 이 내용에 대부분 동의합니다. 반드시 전달하겠습니다."

이 서한은 미국 상하 위원 중 관계되는 위원과 한반도 문제에 관계된 기관들에 약 70부가 전달됐고 미국 행정부, 국회, 재야의 한반도 관련 단체들에도 배포됐다.

국내외 여론은 대체로 긍정적이었으나 일부 우익 진영에서는 거친 반발을 보이기도 했다. 그러나 부시 대통령이 이 편지를 읽고 "조건 없이 대화하자"는 뜻을 보였다는 애기를 주한 미 대사관 대리대사를 통하여, 또 미국에 있는 우리 동료들을 통하여 듣고 흐뭇하게 생각하였다.

부시 대통령에게 보낸 편지 내용은 대략 다음과 같다.

부시 정부에 대한 우리의 제안

우리는 귀하가 이끄는 미국 정부가 미국과 한반도, 이웃 국가들의 공동의 이익을 발견하고 제고하기 위해, '조용한 가운데 북한의 과거와 현재를 관찰하고, 객관적 정보를 모으고, 동맹국들의 의견을 경청하며, 그후에 올바른 노선을 선택할 수 있도록' 다음과 같이 건의합니다.

1. 우리는 미국이 남한의 대북 화해 협력 정책과 남북 정상회담을 계속 지지할 것을 권고합니다. 그렇게 함으로써 미국은 한반도의 냉전 체제를 해체하는 과정을 촉진할 수 있을 것입니다. 한반도 평화와 안정은 미국의 가장 가까운 동맹국이기도 한 한국을 시장 민주주의가 번영할 수 있는 곳으로 만들 것이기 때문입니다.

2. 북한이 현재 남한뿐 아니라 미국의 이익을 위협할 수 있다는 가능성을 부정하지는 않으나, 우리는 미국이 그러한 문제를 해결하는 효과적이고 효율적인 수단으로 대북 대화와 협상의 중요성을 이해하길 바랍니다.

2.1. 구체적으로, 1994년의 북미 기본 합의서는 북한의 핵 관련 시설을 동결시켜 왔고, 아울러 북한을 좀더 안정적이고 개방적인 국가로 인도하기 위한 이정표를 제공했습니다. 따라서 우리는 미국과 북한이 북미 기본 합의서를 완전하고 엄격하게 준수하는 것이 모두의 이익이라고 믿습니다. 북미 기본 합의서의 성사와 이행은 북한과의 대화 및 협상이 건설적인 결과를 낳을 수 있다는 사실을 보여주었습니다.

2.2. 나아가, 우리는 북미 기본 합의서를 기초로 미국이 대북 미사일 협상을 가능한 한 신속히 재개할 것을 권고합니다. 미사일 문제와 관련하여 북한이 보여주고 있는 전례 없는 유연한 태도를 고려할 때, 협상은 상당한 상호 이익을 산출하게 될 것입니다. 또한 미사일 협상과 NMD (국제 미사일 방위 체제) 개발을 양자 모두 완료하려면 상당한 시간이 소요될 것입니다. 따라서 우리는 미국이 비록 NMD를 포함한 어떤 대안도 배제하지 않는 복궤 전략을 추진한다 하더라도, 북한과 미사일 협상을 추진하기를 권고합니다. 미사일 협상 타결은 미국의 안보 우

려를 크게 덜어주게 될 것입니다.

3. 우리는 북한이 국제 사회에 참여할 수 있도록 미국이 좀더 적극적으로 방법을 모색할 것을 촉구합니다. 고립은 불안감의 원천이고, 그것은 공격성을 조장할 수도 있습니다. 귀하가 필요하다고 판단하면, 미국은 북한에서든 미국에서든 북미 정상회담 개최를 제안할 수 있을 것입니다.

우리는 한반도 냉전 체제 해소 및 동북아 평화 질서 구축을 위해 미국이 국제 사회에서 지도적 역할을 계속해줄 것을 다시 한 번 호소합니다. 닉슨 전 대통령은 당시로서는 상상하기 어려웠던 미 · 중 수교를 이루어내었습니다. 그에 따른 안보 환경의 개선은 중국이 폐쇄적인 노선을 버리고 개혁 개방과 국제적 안정 추구라는 실용주의를 선택하도록 하는 데 핵심적인 기여를 하였습니다.

부시 전 대통령은 외교와 교섭을 통해 수십 년 간의 미소 냉전 체제를 해소했을 뿐만 아니라, 대북 정책으로는 '신중한 접근'(modest initiative)을 통해, 그리고 한반도에서 전술 핵무기를 철수시킴으로써 남북 기본 합의서 체결의 외적 환경을 창출하고 한반도 냉전 구조 타파에 큰 업적을 남겼습니다.

우리는 미국의 43대 대통령인 귀하와 미국 지도자들이 냉전의 완전한 종식이라는, 전임자들이 남겨놓은 해묵은 과제를 해소하는 과정에 평화의 이름으로 참여하기를 진심으로 부탁드리는 바입니다.

이후 평화포럼에서는 크고 작은 모임들을 만들었다. 2001년 9월의 국제 회의에 대한 후속 조치로 11월 15일에는 시민 단체의 모임이 있었고, 같은 달 30일에는 정치 단체 모임이 있었다.

9월 회의에서 독일의 에곤 바와 미국의 제임스 레이니가 강조한 것은 남북 평화 문제는 초당적으로 이루어져야 한다는 것이었다. 그런데 평화 문제가 초당적으로 이루어지는 것을 뒷받침하는 것은 일반 국민을 대표하는 시민 단체들인 것이다. 그러한 관점에서 그들은 구체적으로 몇 가지를 요청하였다.

"우선 한국의 시민 단체들이 모여서 국내 NGO(비정부 민간 기구)뿐만 아니라 주변 국가의 NGO와 서로 네트워킹을 하고, 남북 평화 정착에 서로 협력할 수 있는 기구를 만들도록 해야 합니다.

또 하나는, 한국에서 가장 어려운 문제가 여야간에 초당적인 협력이 안 되는 것인데, 이를 해결하기 위한 구체적인 방안으로 국회에 특별위원회 같은 것을 구성하는 게 어떨까요?"

그리고 이 두 가지 일을 견인하는 일을 평화포럼에서 주도적으로 해주면 좋겠다고 했다. 그래서 우리가 비록 큰 힘은 없지만 최선을 다해 이를 실현시켜보겠다는 뜻에서 만든 자리가 이 두 단체의 모임이었다.

11월 15일 시민 단체 대표들을 중심으로 한 모임에서는 9월 회의에 대한 보고와 함께 많은 토의가 오갔다. 시민 단체들은 국민의 참여를 효과적으로 이뤄내기 위하여 단체들이 서로 긴밀히 협조할 것에 동의했고, 그 일을 진행할 소위원회를 구성했다. 이듬해 시행될 지방 선거와 대통령 선거에 남북 평화를 바라는 시민 단체들의 뜻을 효과적으로 반영하도록 추진한다는 방안도 나왔다.

같은 달 30일에는 여야 정치인들과 종교계, 학계 인사들이 주로 모였다. 이 모임에서 황병태(전 중국대사)는 평화 통일 정책의 초당적 추진을 위해 초당적 차원의 상설 특별 협의기구의 설립을 제안했다.

"이 기구는 행정부와 여 · 야 정당 대표들이 각각 추천하여 구성하도록 하고, 정부나 국회의 통일 정책 입안 수립은 반드시 이 기구를 통하여 결정하도록 합시다."

여당을 대표하여 나온 정대철(새천년민주당 국회의원)은 초당적 협력의 필요성과 문제점을 제시하고, 그 협력 방안으로는 다음과 같은 점을 요구했다.

"여당은 정책 결정 과정에서 공개성과 투명성을 가져야 할 것이며, 야당은 정쟁을 넘어선 협력과 건설적인 비판을 보여주어야 합니다."

이에 박관용(한나라당 국회의원)은 '초당적 협력'이란 여야가 정보를 공유하며 진지한 토론을 거쳐 다양한 의견을 정책에 반영할 수 있을 때 가능하다고 강조했다.

"무엇보다도 여 · 야가 머리를 맞대고 의논할 기구가 필요합니다. 특별법에 의해 권한이 부여된 남북 문제 특별위원회를 국회

안에 구성하고, 모든 대북 정책을 보고하고 논의한 후에 집행하는 절차를 밟도록 합시다."

결국 결론을 내리지는 못했지만 이 제안은 대통령에게 보고되어 "야당이 응한다면 동의한다"는 대답을 받아냈고 야당 총재로부터도 "응할 수 있다"는 답을 받았다. 그러나 이 단계에서 선거가 임박해지고 정치 대립이 심화되면서 더 이상 구체적으로 추진할 수가 없었다. 우리는 6인 위원회를 열어 대통령 입후보자가 결정되면 여야 후보자에게 이 제안을 전달하고 다시 추진하기로 했다.

대통령 후보들의 북핵 논쟁

2002년 들어 부시 대통령의 '악의 축'에 대한 발언, 핵 사용에 대한 국회 보고서 등의 사태를 맞아 평화포럼에서는 남북 문제 해결 대책을 한국 입장에서 정리한 정책 보고서를 만들기로 하고, 학자 일곱 명이 '정책 남북 보고서'를 작성했다.

이 보고서는 국제 사회에서 한반도 문제의 평화적 해결을 지지하는 여론을 조성하고 북한과 미국을 포함한 관련 당사국들을 설득하기 위해 만들었는데, 한반도 문제에 대한 심층적 분석과 합리적인 대안을 제시하였다. 특히 한반도 문제에서 어느 한 나라가 배타적으로 이익을 추구하는 방향이 아니라 관련국들과 이익을 고루 나눠 갖는, 즉 공동 이익을 극대화하는 대안을 마련하는 데 역점을 두었다.

이 보고서는 남한과 주변 관련국의 정부뿐 아니라 비정부기구 관계자들이 한반도 문제를 제대로 이해하는 정책 지침서로 쓰일 것이라고 우리는 믿고 있다.

우리가 작성한 이 보고서 중 남북 평화 운동을 전개하는 우리의 기본 입장을 요약한 문서(Position Paper)는 북미 대화가 열리는 것을 계제로 미국에 제시하고 국내에서는 공청회를 열어 각계 각층의 의견을 수렴하기로 했다.

그리고 7월 1일부터 관계 국가, 즉 미국 · 일본 · 중국 · 유럽의 시민운동 대표자들을 모아 이 문서를 검토하는 워크숍을 열고 이어 그 지역 관계자들과 함께 현지에 가서 국제적인 여론을 묶어내는 일을 준비하고 있었다. 그런데 이때부터 부시 행정부는 절대로 북한에 전쟁을 일으키지 않겠다는 약속을 하기 시작했다. 이런 상황에 한반도 전쟁을 반대한다는 것은 설득력이 없는 일이기에 우리는 미국행을 취소했다.

그후 우리가 대처해야 할 곳은 국내 대선 현장이었다. 우리는 대선을 계기로 "남북 평화를 위해서는 초당적 협력을 이루고 시민 단체가 주축이 되어 국민 여론을 통합, 뒷받침해야 한다"는 우리의 주장을 반영하기 위해 후보 토론회를 추진하기로 하였다. 이를 위해 대선 후보들 중 이회창, 노무현, 권영길 세 후보를 초청하고 주로 시민단체 대표들이 참석하기로 했다.

그런데 우리나라 대통령 선거법 82조에 의하면 11월 27일 이전에는 언론기관 외에는 이런 모임을 가질 수 없게 되어 있었다. 할 수 없이 경인방송(i-TV)과 공동 주최하기로 했으나 이회창 후보가 후보들이 한자리에 앉아 토론하는 데는 참석하지 못하겠다는 입장을 밝혀왔다.

"그래서 중앙일보 등 몇몇 매스컴 주최 모임에도 참가하지 않았습니다. 대신 따로 하는 강연회라면 참석하겠습니다."

강연회라면 경인방송과 구태여 공동 주최할 필요가 없겠기에 평화포럼만의 주최로 강연회를 열기로 했다. 공동 토론이 아닌 각각의 강연회가 되는 바람에 시간이 많이 걸려 권영길 후보는 제외하고 두 후보 중심으로 모임을 열었다. 10월 24일 오전은 이회창 후보 강연, 논평, 질의응답, 답변으로 하고 오후는 같은 순서로 노무현 후보가 했다.

두 후보 쪽에서는 이런 모임에 대해 신경을 곤두세우는 눈치였다. 우리는 사전에 사회자, 논평자, 초청 대상자들 명단을 보이고 그들의 동의를 구한 후 초청장 없는 사람은 입장을 하지 못하게 하고 질의할 사람 역시 문서로 사회자에게 질문 내용을 제출하여 이를 사회자 재량으로 질의하도록 했다. 이로써 우리는 중립을 지키려고 노력했고, 두 후보들도 만족해하였다.

이 모임은 각계를 대표한 100여 명의 참가자, 신문과 방송이 거의 빠짐없이 취재하여 성황을 이루었는데, 두 후보 모두 대통령에 당선되면 남북 문제는 초당적 협력으로 하겠다는 약속을 공개적으로 했다.

두 후보가 퇴장한 후에 참가자들이 토론하는 것은 합법적이라는 중앙선거관리위원회의 답변을 받아 오후에는 참가자들만 남아 토론을 진행했다. 마지막으로 참가자들은 대선 후보들에게 남북 문제에 대한 공약을 연명으로 제의하기로 하고 시민단체들이 바라는 공약문을 작성하여 후보들에게 전하였다.

반미도 반북도 아닌

대선 경쟁이 요란하게 진행되는 동안 남북 문제는 새로운 국면을 맞이했다. 미국 정부의 켈리 차관보가 북한을 방문하여 북한이 핵무기 제조 중이라는 미확인 보도에 접한 뒤 미국 정부의 대북 정책이 강경한 방향으로 급전하게 된 것이다.

미국만이 아니라 주변 국가들(일본, 중국, 러시아 등)과 IAEA(The International Atomic Energy Agency, 국제 원자력 기구), 그리고 유럽 전부가 핵 개발 반대를 표방하자 북한은 이에 강경 대응하여 "미국이 불가침 조약을 체결하지 않는 한 핵 개발을 포기할 수 없다"고 한 뒤 드디어 NPT(핵 확산 금지 조약)에서 탈퇴하고 말았다. 이에 우리 정부는 "핵 개발은 포기하되 북미 대화로 평화적인 해결을 해야 한다"는 입장을 내세워 미국 정부의 매파들과 미묘한 갈등이 생겼다.

이런 시기에 미군 훈련차에 치여 숨진 여중생 두 명의 죽음이 사회문제로 떠올랐다. 미군 차 운전병의 무죄 선언과 귀국 조치 등으로 야기된 촛불 시위가 요원의 불길같이 번지며 한미 관계의 불평등에 대한 저항이 크게 부각되고 월드컵의 붉은 악마 같은 젊은 군중이 시위에 나섰다. 그 속에서 극소수이긴 하지만 반미를 부르짖는 소리가 터져나오고 이에 맞서 기독교 보수 세력 8만여 명이 서울 시청 앞에 모여 일종의 친미 반북 시위를 했다.

미국 언론들은 이것을 과장 보도하고 김영삼 전 대통령, 이영덕 전 총리, 이철승, 김준길 같은 사람들이 비슷한 내용의 성명서를 발표함으로써 얼른 보면 한국 국내 여론이 양극으로 분열 대립하는 듯이 비치게 되었다. 이런 것이 결코 한국민 대다수의 의견이 아니라는 것을 속히 밝혀야 할 필요가 있었다.

평화포럼은 긴급 운영위원회를 소집해 주변 국가들의 전직 대사들, 그리고 정부의 남북 관계 담당자들을 불러 의논을 했다. 그랬더니 모두들 일치된 의견을 보였다.

"서둘러 각계 각층의 대표자들을 모아 포럼을 열어 우리 국민 대다수의 의견을 묶어 발표하도록 합시다."

그래서 마련한 모임이 1월 28일의 '한반도 위기의 평화적 해결을 위한 시민 포럼'이었다. 그러나 하필 그때가 설을 앞둔데다 선거를 눈앞에 두고 각종 모임이 겹쳐 있을 때여서 사람 모으기가 여간 힘들지 않았다. 그러나 모임 당일에는 여야 정치인, 종교계, 시민단체, 학계, 문화계 인사 약 120명이 모여 성공적이라고 할 만했다.

이홍구 전 총리는 주제 강연에서 다음과 같은 이야기를 했다.

"아시아에서 분단 혹은 분열된 나라는 세 지역입니다. 인도차이나, 중국, 한반도인데 이 중 두 지역은 공산주의로 통일이 되었습니다. 한반도만은 분단의 비극이 있긴 하지만 대한민국 영토가 공산주의 세력으로 통합 안 된 유일한 지역입니다. 이렇게 된 데는 미국의 막강한 힘이 작용했기 때문이지만, 오늘 미국은 유일한 초강대국으로 남으면서 제국(empire)이 되었습니다."

그는 초강대국 미국과 북한의 대립이 우리에게 심각한 위협으로 다가왔음을 지적하며 이에 대한 대책을 발제했다. 유네스코 아태 국제이해 교육원장 이삼열 박사와 한겨레신문 지영선 논설위원, 박순성 동국대 교수의 논평이 있은 후 참가자들은 미리 준비한 성명서를 중심으로 토론을 벌였다. 토론 결과를 토대로 성명서 내용을 수정하기도 했는데, 그것은 다음과 같다.

한반도 위기의 평화적 해결을 위한 성명서

북한 핵 문제의 평화적 해결은 한반도와 동북아의 사활이 걸린 문제다. 국제 사회에서 다양한 해결 방안이 모색되고 있지만, 한반도에 살고 있는 우리로서는 민족의 생존권을 지키기 위해 핵 위기가 즉각 해소되기를 기원한다. 최근 문제가 되고 있는 반미 시위와 반북 시위는 한국민 대다수의 목소리를 반영하고 있지 않다. 우리는 북한 핵 문제 해결과 평화 실현이 더 시급한 과제라고 생각한다. 이와 관련하여 국내외 언론은 한국 사회의 여론을 정확하게 보도할 필요가 있고, 국제 사회는 한국의 진정한 여론에 귀를 기울여야 한다.

이에 현 한반도 상황의 긴박성을 알리고, 국내적으로 국론 통일을 호소하며, 북미 양국에 즉각적 대화를 촉구하기 위하여 한국의 정치, 종교, 학계, 시민 단체 지도자들이 2003년 1월 28

일 포 포인츠 바이 셰라톤 서울 호텔에 모여 토론회를 갖고 결의한 바를 다음과 같이 주장한다.

—제네바 합의는 존중되고 지속적으로 실천되어야 한다.

2002년 10월 3일과 4일 제임스 켈리 미국 특사의 방북 이후 제기된 북한의 농축 우라늄 방식 핵 개발 의혹과 그에 따른 미국과 북한의 제네바 합의 위반 조치는 시정되어야 한다. 또한 1991년에 남북한이 이미 합의 · 선언한 한반도 비핵화 공동 선언은 반드시 지켜져야 한다. 우선 북한은 핵 동결 해제 조치와 NPT 탈퇴를 즉각 철회해야 한다. 미국도 북한의 핵 개발을 촉발하고 한반도의 긴장을 고조시키는 원인이 된 중유 공급을 즉각 재개해야 한다. 이처럼 미국과 북한은 동시에 제네바 합의 의무 사항을 재이행함으로써 상호 신뢰를 회복해야 한다.

—한반도 위기를 극복하고 평화를 실현하기 위해, 북미간 대화는 조속히 시작되어야 한다.

우리는 한반도에 긴장을 고조시키거나 전쟁 가능성이 있는 정책에 찬성할 수 없다. 북한의 핵 개발 포기 선언과 그에 따른 국제적 감시체제로 복귀하는 것, 그리고 미국의 구속력 있는 대북 체제 안전 보장 약속을 상호 교환하기 위한 북미간 직접 대화와 협상이 즉각 시작되어야 한다. 미국과 북한의 합의에 대하여 중국과 러시아를 포함한 관련 국가의 국제적 보장이 뒤따라야 한다. 북한과 미국의 안보 현안을 해결함과 동시에 에너지 위기를 포함한 북한의 경제난을 획기적으로 해결할 수 있는 국제적 지원이 제공되어야 한다.

—인도적 대북 지원은 강화되어야 하고, 다자간 협력 체제가 구축되어야 한다.

고질적인 기아 상태에 빠져 있는 북한 주민들을 위한 인도적 지원은 어떤 요인에도 영향받지 않고 흔들림 없이 지속되어야 한다. 한국 정부는 주변 관련국의 능동적 참여를 유도하여 한반도는 물론 동북아시아의 다자간 안보 및 경제 협력 체제 구축에 나서야 한다. 이를 위해 한국은 더욱 적극적인 역할을 담당해야 한다. 특히 일본은 북한과 관계를 조기에 정상화하기 위한 협상을 재개해야 한다. 이를 통해 일본은 비정상적인 대한반도 관계를 시정하고, 동시에 북일 경제 협력을 본격적으로 시작해야 한다.

우리는 한반도의 평화가 조속히 정착되기를 기원하며, 핵 위기 해결 과정이 남북한과 동북아시아가 공동으로 번영할 수 있는 기회가 되기를 희망한다.

29일에 이 성명서를 영문으로 번역하여 김수환 추기경, 서정대 조계종 전 총무원장 등 110여 명의 서명을 받아 노무현 당선자의 특사로 2월 2일 미국과 일본을 방문하는 정대철 의원 편에 70부를 보냈고, 다음날 우리 국회에 발송하였다.

이렇게 함으로써 평화포럼은 한국에서 친미 반북, 반미 친북 세력은 극히 소수고 다수의 지도자와 국민들은 한반도 평화를 위해 반핵 반전이라는 공통점을 가지고 있다는 사실을 국내외에 널리 입증하는 데 노력했다.

김대중 정권의 빛과 그림자

2003년 2월 25일 김대중 대통령은 5년 임기를 마치고 퇴임하였다.

김대중은 스스로를 인동초(忍冬草)라고 부른다. 그는 자신의 호처럼 아주 추운 겨울에도 푸른 빛을 잃지 않고 견디면서 살아 있는 풀과 같은 존재다. 전라남도 하이도에서 청소년 시절을 보내고 해방 후 서울에 올라와 정치 세계에 발을 들여놓은 이래 그의 50년 정치 생활은 참으로 소설 같은 시련의 연속이었다.

그가 대통령에 당선되었을 때 전세계 여러 나라에서는 박수를 보냈다. 그도 그럴 것이 20세기 후반기에 독재 치하에서 심한 억압을 당한 사람들 중 김대중만큼 극적인 인생을 보여준 사람도 없기 때문이었다.

현대사에서 감옥까지 가면서 저항해온 사람들 중 대통령이 된 사람은 김대중을 포함해 네 사람이다. 남아프리카공화국의 만델라, 폴란드의 노동운동가 바웬사, 세번째는 체크의 하벨이다. 그런데 이 셋은 감옥 생활은 오래 했으나 사형 언도를 받지는 않았다. 그런데 한국 대통령이 된 김대중은 사형 언도까지 받았고, 바다에 던져져 상어밥이 될 뻔한 순간에 구출된 영화 같은 이야기의 주인공이다.

그런 의미에서 그가 대통령으로 등장한 1998년 전세계는 많은 관심을 한국에 집중하고 그의 당선에 큰 의미를 부여했다. 예를 들면 김대중이 한국 대통령으로는 두번째로 중국을 방문했을 때, 중국은 이전에 방문했던 대통령과는 현격하게 다른 대접을 해주었다. 장쩌민 주석은 한국과 중국 관계를 한 등급 올리는 조치를 취하기도 했다.

세계적인 저명 인사라는 화려한 배경을 갖고 등장한 김대중 정부는 한편으로는 상당히 불행한 어두움을 안고 태어났다.

첫째 그는 지역 감정으로 매우 제한된 지지밖에는 받을 수가 없었다. 특히 1970년대 이후 호남과 영남의 지역 대립, 지역주의가 격화됐을 때 그는 호남 사람이라는 이유로 행동 반경이 넓지 못했다.

둘째 그의 사상이 '붉다'는 소문이 조직적으로 유포되어 오랫동안 이에 시달려야 했다.

그러나 이 두 가지는 모두 부당하고 근거 없는 것이었다. 전라도 사람으로 태어났다는 것이 그가 비난받고 배척을 받아야 할 이유가 될 수는 없다. 게다가 그에 대한 이른바 색깔론은 전혀 근거가 없는 정치적인 중상이었다. 만일에 그가 진짜로 색깔이 북쪽하고 비슷했다면 결코 살아남을 수 없었을 것이다.

그의 정치 노선은 해방 후 공산주의 계열인 남로당과는 물론 전혀 관계가 없고 온건 좌익이라고 볼 수 있는 근로인민당, 사회

민주당과도 전혀 인연이 없었다. 우익으로 보아도 비교적 진보적인 우익 노선을 걸은 안재홍이나 철저한 우익 독립 통일노선을 걸은 김구 선생의 한독당 계열과도 관계가 없었다.

그가 속한 정치 계보는 철저한 보수와 지주 재벌을 기반으로 했던 한국민주당(한민당) 계통이었다. 4·19 전후 그는 민주당 국회의원이었고 민주당 내에서 신파의 소장파 지도자였다. 바로 이 점, 민주당 신파에 속한 사람이라는 점 때문에 정적들이 그에게 색깔론을 뒤집어씌웠는데, 이는 근본적으로 잘못된 판단에서 나온 것이었다.

또 한 가지 애석한 점은 경제 구조 개혁을 포함해 그가 평소 품어왔던 꿈과 의지가, 예기치 못한 IMF라는 큰 사건에 부딪혀 여기에 매달리는 바람에 거의 손도 댈 수 없었던 점이다.

가장 결정적으로 그를 어렵게 만든 것은 김종필과 손을 잡은 일이었다. 그가 김종필과 공조 관계를 가지고 2년 후에 내각 책임제로 개헌하겠다는 공약을 내걸고 출마한 직후 나는 그의 요청으로 함께 저녁 식사를 한 적이 있다.

그날 저녁 나는 그에게 직설적으로 말했다.

"미국의 루스벨트 대통령이 소련의 스탈린과도 손잡고 독일과 싸우고, 미국 보수파인 닉슨이 북경에 가서 모택동을 만나서 악수도 하는 그런 것이 정치이긴 하지만, 김대중 씨와 김종필 씨가 손잡고 한 정권을 맡아 관리하겠다는 것은 있을 수 없는 일 아닙니까?"

나의 직언에 김대중의 대답은 이랬다.

"아시다시피 저는 대통령이 되어 꼭 하고 싶은 일이 있습니다. 그래서 대통령이 되려는 집념으로 세 번 출마하였지만 세 번 다 낙선했습니다. 이제는 그대로 선거에 나가봤자 도저히 성공할 수 없다는 것이 분명히 수치로 나타났습니다. 우선 내게 투표할 수 있는 사람들이 유권자의 과반수가 안 된다는 사실이 명백하고, 만일 내가 기적적으로 당선된다고 하더라도 내가 속한 정당의 국회의원 수가 국회 과반수를 넘지 못하고 지금처럼 전체의 3분의 1이 겨우 넘는 상태에서는 제대로 통치해낼 수 없다는 한계를 깨닫게 되었습니다.

그러면 이것을 해결하는 길은 하나밖에 없습니다. 김종필과 손잡으면 우선 충청도 표가 가세하니 과반수가 될 가능성이 있고 또 의회 국회에서 김종필의 정당이 우리 정당과 합해지면 반수를 유지할 수 있으므로 정책을 펼쳐나갈 수 있습니다.

나로서는 대통령을 포기하고 입후보를 안 하느냐, 한 번 해보자면 김종필 세력과 손잡느냐, 양자택일의 문제입니다. 이 양자택일을 놓고 고민을 하다가 김종필과 손잡기로 결심을 한 것입니다.

나도 정치가로서 김종필을 좋아하지 않고, 김종필도 마찬가지입니다. 그러나 우리는 서로 손을 잡지 않고는 양쪽 다 아무 것도 해낼 수 없다는 인식 아래서 손을 잡게 된 것입니다."

"그것은 이해하겠지만, 2년 후 내각 책임제로 개헌하겠다고 약속했는데, 해방 후 50년간 얽히고설킨 수많은 난제를 2년 안에 어떻게 다 풀어가고, 자신이 원하는 정책을 제대로 실현시킬 수 있겠습니까?"

"내가 대통령이 되어 해야 할 일이 세 가지 있습니다. 이 세 가지에 집중하는 데는 2년이면 넉넉합니다. 그것만 이룬다면 그 다음에 나는 실권을 안 가져도 별 상관이 없다고 생각합니다."

김종필과의 공조에서 일어날 어려운 문제들을 모르고 한 것이 아니고 충분히 인식하고 계산하여 결단을 내린 것이니 더 이상 내가 할 이야기는 없었다. 그러나 결국 대통령이 되고 보니 김종필과의 공조는 부득이한 선택이긴 했지만 감당하기 어려운 무거운 짐이 되고 말았다.

한국같이 하루가 멀다 하고 사건이 터지는 현실에서는 대통령을 대신하여 여러 문제를 책임져 줄 총리가 필요하다. 김대중 정권에서 국무총리는 당연히 자민련에서 할 수밖에 없다. 국무총리는 대통령을 대신하여 어려운 문제에 맞서 비난의 화살을 받아내고, 그 책임이 너무 무거워 감당할 수 없게 되면 물러나고 새 총리로 바꾸어 나가면서 일을 해나가야 하는데, 김대중에게는 그런 총리가 없었다.

그러니 본인이 모든 화살을 정면에서 맞아야 했다. 예를 들면 옷 로비 사건 같은 것은 대통령이 나서서 일일이 화살을 맞으며 변명할 성질의 것이 아니었다. 그러나 이런 어려움을 감당할 수밖에 없게 된 것이 김대중 정권의 비극이었다.

이런 어려운 상황에서 김대통령이 해낸 일을 평가해보면 매우 잘한 일들이 많다. IMF 경제 위기를 잘 수습하여 경제를 안정시킨 것을 비롯하여 인권 문제에서 많은 변화를 불러와 특별히 국가인권위원회를 탄생시켰고, 우리나라의 뿌리 깊은 가부장제에서 권리를 제약받고 있던 여성들을 위해 여성부를 신설한 일, 아직은 출발 단계에 있지만은 부정부패를 방지하기 위해 특별위원회를 설치한 일, 그리고 지난 역사 가운데서 정치적으로 억울하게 희생된 많은 사람들의 의문사를 해명하려고 노력한 일, 온갖 법에 묶여 활동하지 못한 사람들에게 자유의 길을 열어준 일 등은 모두 그의 노력에 의한 것이었다.

특히 2000년 6월 15일 평양에서 김정일 위원장과 극적인 면담을 이루어냄으로써 남북에 화해와 평화의 길을 열어준 것, 국제적인 관계에서 정상 외교 등을 정착시킨 것은 확실히 그의 업적에 속한다. 그는 그런 공로로 최고 영예라고 할 노벨 평화상까지 수상했다. 이는 그의 영광만이 아니라 한국인 전체의 자랑이었지만 한편으로는 국민의 기대에 어긋나고 그의 뜻대로도 되지 않은 많은 일들이 있어서 그의 통치 후반기에 굉장한 시련을 안겨주었다.

거기에는 물론 우리 정치계에 누적되어온 잘못된 풍토, 군사독재 시절부터 3김 시대를 거쳐서 내려온 잘못된 정치 풍토가 큰 요인이 되었지만 김대통령 자신에게도 잘못과 책임이 있었다.

그의 가장 큰 문제점은 믿음의 문제였다. 국민의 신임을 받지 못한 대통령이 국민을 통치한다는 것은 불가능한 일이다. 김대통령의 비판자들이 항상 해온 이야기가 "김대중은 말을 잘 바꾼다"는 평이다. 그가 수십 년 동안 정치 활동을 해오는 가운데 이런 말 바꾸기는 사실 너무도 많았다.

먼 과거를 예로 들 것 없이 1992년 선거에 떨어진 후 국민 앞에서 정계 은퇴를 선언하고 영국으로 갔던 그는 돌아와 새로이 정당을 만들고 정치 활동을 재개하면서도 국민들에게 정계 은퇴 약속을 바꿀 수밖에 없는 이유를 선명하게, 그리고 충분히 설명하지 못했다.

우리나라에서 가장 고집 세고 독선적인 성격을 가졌던 이승만 대통령조차도 부산 피난 시절 정계에서 은퇴한다는 발표를 해놓고 다시 정계로 나올 때 그렇게 아무 설명 없이 나오지는 않았다. 각계 각층에서 이대통령이 나오지 않으면 안 된다는 조직적인 데모가 계속해서 일어나고 마지막에는 우차, 마차까지 동원시켜서 당시에 "민의(民意)만이 아니라 우의(牛意), 마의(馬意)까지 동원했다"는 말이 있었다. 이 우의, 마의까지 동원하는 과정을 거치고 나서야 비로소 "국민들 전체가 이렇게 원하니 내가 생각을 바꾼다"며 나왔다.

그러나 김대중은 국민들 앞에 다시 정계로 나오는 이유를 선명하게 알리지 못하고 정계에 복귀했다. 이것은 단순한 체면치레나 합리화의 문제가 아니다. 정치가가 자신의 행보에 대해 정당한 이유와 명분을 대지 않고 멋대로 움직인다면 결국 야합과 부정으로 흐를 공산이 커져 국민들은 정치인을 불신할 수밖에 없다.

둘째로는 대통령에 출마하면서 "2년 뒤 내각 책임제로 개헌한다"는 것을 분명히 공약했으면서도 이를 흐지부지해버린 일이다. 2년 후에 김종필과 만나서 8·15까지 연기하자, 언제까지 무엇하자, 이런 식이었다.

그 무렵 그와 아침 식사를 할 기회가 있었는데, 그때 내가 간곡히 권유했다.

"정 실현하기 힘들다면 곧 개헌을 하고 총리에게 권한을 맡긴다고 발표하기보다 IMF 등으로 약속을 지킬 수 없게 된 부득이한 사정을 국민들에게 분명히 알리고 양해를 구하는 절차가 분명히 있어야 할 것입니다."

그러나 그는 그렇게 하지 않았다.

그의 장점이자 단점은 머리가 매우 좋다는 것이다. 머리가 좋기 때문에 자기 자신의 실력을 과신해왔다고 생각한다. 군사 정부의 경우 집권 초기에는 정치에 자신이 없기 때문에 경륜이 있는 여러 사람들의 솔직한 진언을 받아가며 정치를 했다. 그러다가 얼마 지나 자신이 붙으면서 오만해졌고 그렇게 되면서 실정을 거듭했다.

그런데 김영삼, 김대중 두 대통령은 자기 자신의 경륜에 대해 처음부터 지나친 자신감을 갖고 있었기 때문에 주변에서 들려주는 조언이나 충고를 받아들이려는 노력을 거의 하지 않았다. 외부의 충고나 지도를 안 받았을 뿐만 아니라 내부적으로도 자기가 하지 못할 부분을 정말 잘할 수 있는 사람들에게 나누어주는 것이 아니라, 자신의 지시를 잘 받아 따르는 사람들로 행정부를 채우는 것 같은 인상을 주었다. 직언을 하고 자신을 대신하여 중요한 일을 처리해 줄 수 있는 인물들을 뽑지 않으니 바깥에서 들어오는 건전한 비판과 제안을 수용할 길이 막혀버린 것이다.

대북 송금에 대한 여야 태도에 할 말 있다

김대중은 자신이 원하는 것을 현실처럼 생각하는 습성이 있다. 예를 들면 남북 관계가 열리기 시작한 계기가 된 베를린 선언에서 그는 여러 가지를 약속했다. 나는 그때 텔레비전을 보며 '저런 약속은 이행하기 매우 어려울 텐데 어떻게 저렇게 서슴없이 하는가'라는 생각을 했다. 결국 그 크고 많은 약속은 거의 이루어지지 못했다.

예를 들어 전기 문제도 약속대로 해내지 못했다. 그리고 6·15 정상 회담 후 여러 차례 김정일 위원장이 미군 주둔을 양해할 뿐 아니라, 통일 후에도 미군 주둔을 허용한다고 했다는 말과 서울 답방을 하겠다는 말은 약속했기 때문에 지키리라고 믿었겠지만 현실적으로는 어려운 일이다.

남북 문제를 위해 평양까지 가서 김정일과 대화를 시작한 것은 전세계의 갈채를 받을 만큼 위대한 일이었지만, 그의 대북 정책은 문제점도 많았다. 야당과 초당적 협력도, 국민적 합의도 마련하지 않은 채 가시적인 성과를 이루는 데만 서두른 감이 없지 않다. 특히 현대를 통한 2억 달러 송금 문제는 그의 퇴임 말기에 큰 시련을 가져다주었다. 현대 송금 문제는 아직 진상이 밝혀지지 않은 상태에서 왈가왈부하기는 시기상조이지만 그 내용이야 어찌 되었든 나는 이 문제를 대하는 여야 입장에 대해서 정말 할 말이 많다.

동독에 대한 서독의 원조는 몇 년 전 한국에 왔던 독일 전 수상

헬무트 슈미트와 우리 평화포럼에서 발제한 에곤 바(빌리 브란트 수상의 대동독문제 특보)에게서 자세히 들은 바 있다. 그들은 동독의 닫힌 문을 여는 데 많은 물자와 돈을 보내주었다. 심지어 소련을 통해 원조해주기도 했다.

요사이 야당에서는 "원조란 물자 위주의 원조지 현금이 아니다"라고 비판하는데 이것도 잘못된 이해 같고, 이른바 상호주의를 내세워 서독에서 동독을 도와줄 때 동독 역시 상호주의에 입각해 투옥된 사람들을 석방했다고 하지만 그런 것과 관계없는 무조건적인 원조도 많았다.

하물며 이번에 문제된 것은, 아직 확실히 알 수 없지만 지금까지 보도된 바에 의하면 현대가 금강산 사업 등 매우 굵직한 사업을 수십 년 동안 할 수 있는 계약을 따낸 대가라는 점이다. 이런 것은 남한 내에서도 흔히 보는 사건인데 하물며 완전히 막혀 있는 대북 관계를 고려할 때 그렇게 분노하고 떠들 일이 아니라고 생각한다.

그러나 서독이 한 노력에 비해 우리 정부가 잘못한 점 역시 많다. 결정적인 문제는 야당을 이끌어들이지 못한 점이다. 서독의 경우에도 야당인 기독교민주당이 여당의 대동독 정책에 거세게 반발했지만 브란트 정부는 끈질기게 야당과 대화를 시도했고 초당적으로 대독 정책을 수행했다. 또한 현대와 같은 특정 기업에 혜택을 주어 독점 계약하게 하는 따위의 일은 하지 않은 것으로 안다. 서독에서는 교회를 통해 원조를 하기도 했다.

당시 독일 야당인 기독교민주당이 대동독정책에 거센 반발을 한 것은 우리나라의 지금 야당 못지않았다. 야당의 반대를 무릅쓰고 동방 정책을 편 빌리 브란트 수상은 꾸준히 야당과 접촉하였다. 평화포럼에 참석했던 에곤 바에 의하면 야당 지도자들 모르게 동독에 접근한 일은 없었다고 한다.

반대하는 야당에게 굳이 정보를 공개하고 비판을 받아가며 정책을 수행한다는 것은 매우 어려운 일이지만, 그럼에도 꾸준하게 했기 때문에 결과적으로 빌리 그란트의 동방 정책은 성과를 거두게 된 것이다. 그후 선거에서 여당이 패하고, 야당인 기독교민주당의 콜이 수상이 되어 기존 여당 정책을 대부분 폐기했을 때도 대동독 정책만은 계속 유지했다. 왜냐하면 진행되어 온 일을 본인들도 다 알고 있었고, 계속 참여해왔기 때문이었다.

이것이 바로 초당적인 협력과 국민 전체의 지지 위에서 접근한 모범이다. 그러나 김대중은 그렇게 하지 못했다. 바로 이런 점에서 김대중의 대북 정책은 잘못되었다고 생각한다. 초당적 협력과 국민의 뒷받침 없이 몰래 한 것과 송금 방법 절차가 잘못이었다. 나로서는 도저히 이해할 수 없는 것은 현대라는 특정 기업이 독점으로 이 일을 수행한 일이다.

현대의 고 정주영 회장이 박정희 대통령 시절부터 대북 투자에 관심과 노력을 기울여 온 것은 사실이지만 통일교측과 김철호 전 명성그룹 회장 등도 금강산 사업을 치밀하게 계획하고 추진했는데 현대가 독점 계약했다는 것과 하필이면 남북 정상 회담이 열리던 2000년 6월 15일 직전에 이루어진 사실, 그리고 송금 절차 등이 왜 그런 식이었느냐 하는 것이 납득이 안 간다.

다만 야당의 주장이 정당하다 할지라도 남북 관계의 특수성을 고려하여 남북 관계에 상처를 주는 일은 피해야 한다고 생각한다. 만일 야당의 추측대로 대통령이나 정부가 특정 기업을 통해 비밀 송금한 것이 사실이라면 그것은 큰 잘못이지만 그렇다고 그 문제를 정치 쟁점으로 만들어 남북 관계에 상처를 주는 야당의 태도도 찬성할 수 없다.

어찌 되었든 절차상의 문제는 있지만 김대중 정부가 남북 화해 분위기를 조성한 공로는 인정해야 하고 새 정부도 평화를 정착시키는 방향으로 나아가야 한다고 생각한다. 다만 초당적 협력과 국민의 뒷받침이 전제되어야 한다는 것은 확실히 하고서 말이다.

돈 중심의 사고에서 못 벗어나

경제 정책으로 말하자면 김대중은 일찍이 대중경제에 대한 책을 썼고, 대만식의 중소기업 육성을 늘 주장해 왔다. 그의 이러한 신념이 대통령이 된 후에 바뀌었다고 생각하지는 않는다. 본인은 그렇게 하고 싶었지만 IMF라는 예기치 못한 사태를 맞았고, 우리나라 재벌들이 구조개혁을 하기에는 너무도 거센 힘을 가지고 있었기 때문에 하고 싶었던 일을 뜻대로 하지 못했다고 이해를 한다.

IMF가 터지고 1년쯤 지났을 때, 1970년대부터 한국 경제를 깊이 연구해온 일본의 유명한 경제학자 스미야 미키오 교수가 서울에 온 적이 있다. 그는 한국의 경제 정책을 조사하고 떠나기 전에 함께 대화를 나누었는데, 그때 스미야 교수는 내게 강력한 어조로 충고를 해주었다.

"김대중 대통령이 지난 한 해 동안 IMF를 헤쳐온 것은 그럴 수밖에 없었고 잘했다고 생각합니다. 그러나 이제 김대통령이 두 가지를 과감하게 하지 않으면 안 되는 시점에 있습니다. 하나는 재벌을 해체하는 것이고 또 하나는 IMF와 관계를 끊는 것입니다."

그러나 김대통령은 세계적으로 부는 신자유주의 물결을 아무런 비판 없이 그대로 받아들인 인상이 있다. 영국의 대처 수상을 본받아 공기업 자유화에 힘썼지만, 영국 상황과 대처의 방법이 우리에게 꼭 맞는 것은 아니었다. 김대통령의 경제 정책은 정부가 최선의 노력을 다했지만 여건이 허락지 않아 뜻대로 되지 않았다고 국민들이 납득하기에는 부족했다.

가령 야당에 있을 때 그가 늘 한 이야기는 노동자의 눈물을 닦아주는 정부가 되겠다는 것이었고, 여러 차례 약속도 했다. 그러나 노동자의 눈물을 닦으려고 애는 썼는지 모르겠으나 결국은 노동자의 눈물을 더 흘리게 만든 것은 유감스런 일이었다.

또한 김대중 정부만의 문제는 아니지만 군사 정권의 가장 잘못된 가치관인 경제 제일주의를 그대로 받아들인 점 역시 안타까운 일이었다. 군사 독재 정권과 목숨을 걸고 싸워온 그가, 최고의 가치를 생명과 인간성 보호에 두지 않고 군사 정권처럼 경제에 둔 것이야말로 가장 비판을 받아야 할 점이라고 본다.

국가와 정부의 최우선 의무는 국민의 생명, 재산권과 기본권을 보호하는 것이다. 물론 기본권 보호에는 상당한 변화가 있었다. 그러나 제일 중요한 생명 보호에는 잘못된 일이 한두 가지가 아니다. 의료 정책이 계속 문제를 일으켜 중환자들이 입원한 병원의 파업이 계속됐고, 환경 보호를 위한 녹지 정책이 개발 정책으로 변질됐다. 세계 최고 수준인 교통 사고에 대한 대책을 바르게 세우기는 고사하고 교통법규 위반으로 면허가 취소된 운전자 수만 명을 다시 운전하도록 풀어주고 쉽게 면허를 받게 해준 일, 부정 식품, 부정 의약품, 골프장 다량 인허가 등 일일이 열거할 수 없다.

내가 이해할 수 없었던 사건 중 하나는 박정희기념관에 국고금을 지원한 사실이다. 만약 신한국당 정부가 그랬다면 납득이 가지만, 새천년민주당이 국고금으로 박정희 기념관을 짓는다는 것은 바른 역사 인식이라고는 도저히 볼 수 없다. 정말 민주화와 사회 정의를 위하여 희생해온 사람의 정책이라고 어떻게 생각할 수 있는지 의문스럽다.

또 한 가지, 김대통령의 실정 중 빼놓을 수 없는 것이 언론 정책이라고 나는 생각한다. '조중동' 신문의 끈질긴 반발을 해결하지 못했고, 방송 정책 특히 공영 방송을 확립하는 데 실패했기에 국민에게 진정으로 필요한 언로를 열어놓지 못했다.

그밖에도 이른바 수많은 게이트 사건, 친인척의 부정 의혹, 이런 것들이 그를 괴롭혔다. 과거 수십 년 동안 보통 사람으로서는 도저히 감당해 낼 수 없는 그 고통, 그래서 이름만이 아니라 온 생을 인동초로 살아온 그 끈질긴 인내력으로도 감당하기 어려운 고통을 그는 대통령이 되어서 겪어야 했다. 아들 문제로 텔레비전에 나서서 국민에게 사과하는 그의 얼굴은 오십 몇 년 그를 봐온 가운데 그렇게 의기소침하고 고통스런 모습은 처음이었다. 참으로 보기에 안타까웠다.

사실 이런 일은 김대중 대통령 때에 처음 생긴 일들이 아니다. 정치 권력과 자본의 이른바 정경유착 현상과 거기에서 파생하는 부정부패, 친인척 문제, 그것은 우리 역사에서 없었던 때가 없다. 김영삼 대통령도 집권 후반기에 아들 문제로 고역을 겪었듯이 부정부패의 뿌리는 깊다.

그 점을 충분히 이해하는 까닭에 김대중 대통령만의 잘못이라고는 말할 수 없지만 그러나 이러한 잘못된 역사를 누구보다 잘 알고 있는 그가, 바로 직전 김영삼 대통령의 전례를 봐서라도 미리 그에 대한 대책을 철저하게 세웠어야 했는데, 그렇게 하지 못한 것은 심히 유감스러운 일이다.

그 동안 월드컵, 아시안 게임, 경제에 전력을 다하겠다고 여러 번 약속했고 그런 큰 행사들은 성공적이었다. 그렇지만 일에는 순서가 있다.

이제 김대중 대통령은 파란 많은 임기를 마치고 퇴임하였으니 우리나라의 다른 전임 대통령과 같은 생활을 하지 말고, 미국의 카터가 세계 평화와 참고난을 겪고 있는 사람들을 위해서 현직에 있을 때 못지않게 많은 일을 해나가는 것처럼 정치와 상관없이 훌륭한 일을 많이 해나갔으면 싶다. 카터나 독일의 바이체커 같은 전임 대통령이 되어 국민의 존경을 받고 민족을 위해서 좋은 역할을 해나가 주기를 진심으로 바라는 마음이다.

신자유주의와 종교전쟁

21세기 첫 전쟁

2001년 9월 11일, 나는 평소처럼 텔레비전 드라마를 보고 있었다. 그런데 갑자기 '긴급 뉴스'라는 자막이 나오면서 화면이 바뀌더니 미국 무역센터가 있는 쌍둥이 빌딩이 무너지는 장면이 방영되었다. 그것을 보는 내 눈에는 쌍둥이 빌딩이 성경 속 바벨탑으로 보였다.

20세기 후반은 소련을 중심으로 한 공산주의와 미국을 정점으로 한 자본주의 두 체제의 대결이었다. 그런데 20세기 말 소련이 무너지면서 전세계는 자본주의화되어 신자유주의로 나아왔다. 무역센터 건물은 그 자체로 신자유주의의 상징이자 본거지라고 할 수 있다. 나는 쌍둥이 빌딩이 무너지는 모습을 보며 이제는 신자유주의가 무너지는 역사가 시작되는 것이 아닌가 하는 생각이 들었다. 또 펜타곤이라는 세계 최강국의 국방부가 무너진다는 것은 미래에 대한 하나의 계시와도 같았다. 그런 충격을 받으면서 나는 그 장면을 보았다.

그리고 바로 텔레비전에 부시가 나와서 '21세기 전쟁'이라는 말을 했다. 그리고 언제 끝날지 모른다고 했다. 철저히 응징하겠다고, 며칠 안으로 대폭격을 시작할 것이라고 이야기하는데, 이에 미국민의 90퍼센트 이상이 지지한다고 했다.

이런 소식을 접한 내 마음은 착잡하기만 했다. 세계를 지배한다고 하는 미국의 자존심을 그렇게 건드린 사건은 지금껏 없었다. 분노가 폭발한 것은 당연한 일이고 이런 테러는, 그것을 감행한 세력이 회교 근본주의건 무엇이건 정당화될 수 없다. 그런 테러에서 미국을 보호하려는 부시 대통령의 태도도 이해할 수 있지만, 그러나 그가 좀더 혜안을 가진 사람이었다면, 하는 바람을 가지지 않을 수 없었다.

나는 먼저 월남전을 생각해보라고 말하고 싶다. 오랜 식민지에 시달린 작고 힘없는 나라에 초강대국이 최강의 무기를 가지고 가서 싸우다 결국 못 이기고 철수를 했다. 왜 그렇게 되었나?

나는 두 가지 이유가 있다고 생각한다. 하나는 월남이라는 한 나라를 제대로 이해하지 못했기 때문이었다. 월남을 평가할 때 단순하게 무기는 얼마나 갖고 있고, 무장력이 어떻고, 군대가 몇 명이라는 식으로 물리적인 수량으로만 봐서는 안 되고, 월남 사람들이 갖고 있는 사상의 힘과 프랑스 식민지 때부터 가져온 한(恨)이 얼마나 크고 뿌리 깊은지 인식했어야 했다.

또 다른 이유는 미국 안에서 일어난 반전 운동 때문이었다. 미국이 독재 국가가 아니라 민주주의 국가인데, 합리적인 사고를 가진 지성들이 여러 가지로 생각하다가 '이건 아니다'라는 결론을 얻었고 이에 반전 운동이 전국적으로 일어났다. 이런 반전 운동을 정부가 감당할 수 없었던 것이다.

다시 말하면 적도 모르고, 자기 정체도 몰랐던 것이 월남전 패전의 원인이었다. 월남의 부패성만 알았지 혁명 세력의 진정성을 몰랐고, 자기 나라의 합리적 세력들이 강하게 반전 운동을 할 줄 몰랐던 것이다. 그래서 결국 미국은 월남에서 철수하고 말았다. 미국은 오래지 않은 1960년대 월남에서 얻은 교훈을 되새겨 보고 중동 정책을 세워야 한다.

이 사태가 일어나고 나서 얼마 후 세계 종교인 평화회의의 사무국장이 전화를 걸어왔다.

"10월 23일과 24일에 종교계 지도자들이 모여 긴급회의를 하게 되었습니다. 참석해주시기 바랍니다."

그러나 그 시기에 비행기 타고 뉴욕으로 가기는 어려울 것 같아서 나는 대신 내 생각을 써서 보냈다.

> 내가 세계 종교인 평화회의에 제안하고 싶은 것은, 종교 지도자들이 모이면 으레 주제가 안티 테러리즘이 되고 "우리 종교는 테러를 반대하고 평화를 사랑한다" 이런 이야기만 하다가 회의가 끝나면 성명서나 발표하는데 그렇게 하지 말고, 기독교 지도자들과 이슬람 지도자들이 만나 솔직하게 많은 대화를 나누면서 어떻게 하면 이 뿌리 깊은 원한 관계를 풀 수 있겠는가

를 고민하고 구체적으로 힘을 합하여 평화를 만드는 모임을 만들어야 한다는 것이다. 기독교는 십자군 전쟁부터 뉘우치고 전 세계 교인들은 아프가니스탄 난민들을 힘써 돕고, 전쟁 반대 운동을 해야 할 것이다.

아랍의 열악한 경제와 피난민을 돕는 것도 중요하지만, 기독교가 제일 먼저 해야 할 일은 진심으로 십자군 전쟁부터 뉘우치고 21세기부터는 화해와 평화를 만들어가자고 먼저 이야기하는 것이다. 21세기를 전쟁이 아닌 평화의 세기로 만들고자 한다면, 정치가뿐만 아니라 전세계의 양식 있는 인물들, 특히 기독교인들이 진심으로 뉘우쳐야 한다. 기독교가 참회하고 사랑과 화해의 마음가짐으로 아랍인들 편에 서서 그들의 한을 풀어주고, 그들을 위해 일하는 가운데서 화해와 평화가 일어나야 하는데, 그렇게 되기는 참 힘들 것 같다.

나의 이런 뜻을 전달받은 사무총장은 "솔직히 이번 회의 내용에는 잘 안 맞을 것 같다"고 걱정을 내비쳤다.

"이번 모임은 아무래도 비폭력, 반폭력 문제가 주가 될 수밖에 없을 것 같습니다. 빠른 시일 안에 강목사님이 말씀하신 주제로 다시 모임을 갖도록 하겠습니다. 그때는 꼭 와주십시오."

그러나 오늘까지 그 이야기는 아무런 진전이 없다.

이를 계기로 나는 종교의 한계에 대해 생각해 보았다. 코소보 전쟁 때도 전쟁의 뿌리는 회교와 카톨릭, 동방정교회 셋의 싸움이었다. 도쿄에서 열린 세계 종교인 평화회의 실행위원회에서 코소보의 세 종교 지도자들을 불러서 이야기를 시켜보았는데, 다들 자신들의 종교는 평화를 사랑하고, 자신들의 교리는 평화를 지향하고 싸움을 싫어한다는 이야기만 되풀이했다. 전부 자기 종교는 책임이 없다는 얘기였다. 전쟁이 벌어진 마당에 자신들의 종교는 책임이 없다고 말하기에 앞서 어떻게든 서로 도와서 전쟁을 멈출 생각을 해야 하지 않을까 싶었다.

9·11사태가 있고 나서 얼마 후 전쟁을 반대하는 종교인들 백여 명이 집회를 연 적이 있다. 정말 기특한 일이었다. 그래도 희망을 가지는 것은, 나와 비슷한 생각을 하는 사람들이 세계에 많을 것이라는 믿음이다. 이런 사람들이 인류가 멸망하는 것을 방관만 하고 있지는 않을 것이라고 기대한다.

이 사건 후 내가 여러 군데에서 강연을 하고 글을 쓰면서 일관되게 해온 이야기는 우리가 맞이하는 21세기가 지구 생명이 종말을 고하는 세기가 되지 않도록 해야 한다는 주장이었다. 21세기에는 초과학적인 무기로 싸우니 전쟁이 나면 정말 멸망하게 될지도 모른다.

현재 인류는 두 가지 위험에 직면하고 있다. 하나는 전쟁이다. 전쟁이 발발할 가능성이 가장 큰 지역은 지구상에 두 군데가 있다. 한 군데는 아랍과 구미 국가가 충돌하는 곳이고 다른 한곳은 한반도와 동아시아다. 두번째 위험은 이미 이야기한 생태계의 파괴다.

이런 두 가지 위험 속에서 우리는 역사를 만들어가고 있다. 사람들이 그것을 기억해주길 바란다.

이슬람 원리주의자가 던진 돌멩이

21세기 벽두에 일어난 9·11사태는 인류가 결코 가서는 안 될 전쟁으로 이끄는 실마리가 될 수 있다. 빌딩이 무너지고 수없이 많은 사람이 죽은 이 비극을 다시 전쟁으로 해결하려 해서는 안 된다.

신약에는 「요한계시록」이 있지만, 구약에는 「다니엘서」가 묵시문학이다. 「다니엘서」 2장에 보면 이런 구절이 있다.

"그 우상의 머리는 정금이요 가슴과 팔은 은이요 배와 넓적다리는 놋이요, 그 종아리는 철이요, 그 발은 얼마는 철이요 얼마는 진흙이었나이다. 또 왕이 보신즉 사람의 손으로 하지 아니하고 뜨인 돌이 신상의 철과 진흙의 발을 쳐서 부숴뜨리매, 때에 철과 진흙과 놋과 은과 금이 다 부수어져 여름 타작 마당의 겨같이 되어 바람에 날려 간 곳이 없었고 우상을 친 돌은 태산을 이루어 온 세계에 가득하였나이다."

나는 이게 미국에 닥쳐올 운명이 되지 않기를 진심으로 기원하는 심정이나, 이 글월을 읽을 때면 쌍둥이 빌딩과 펜타곤이 무너지는 것이 자꾸 연상된다.

20세기 말 소련이 무너지면서 유일한 초강대국으로 남게 된 미국은 엄청난 군사력과 자본력에 놀랄 정도로 발달된 과학을 구가하고 있다. 이는 전세계를 제압할 수 있는 느부갓네살 왕이 보았던 그런 힘을 쌓은 나라다. 이슬람 원리주의자가 모는 비행기는 이 강대국에게 바로 돌멩이가 될 수 있는데, 그로 말미암아 미국이 무너지는 게 아니라 제국주의와 함께 인류 역사의 종말이 오는 상상을 나는 했다.

부시가 이야기하는 반테러리즘, 테러가 없는 세상을 만들자는 것에 반대할 사람은 없다. 그러나 무력으로 반테러리즘을 한다면 테러를 테러로 막는 악순환이 되어버린다. 이런 악순환이 계속된다면 지구가 무너질 때까지 갈 수도 있다는 생각이 든다.

부시는 테러를 반대하는 전쟁을 이야기하면서 '21세기 전쟁'이라는 이름을 붙였는데, 이는 21세기를 전쟁으로 몰고 간다는 의미가 아닌가. 참 무서운 일이다. 이 전쟁은 전선도 없고, 끝도 없다. 더구나 미국과 힘을 합하지 않으면 테러 국가로 간주한다며 양자택일하라고 강요하는 것은 매우 위험한 발상이다.

9·11사태는 인류 역사의 뿌리 깊은 곳에서 곪아있던 것이 터진 것이었다. 이를 간단하게 봐서는 안 된다. 문제의 뿌리를 알자면 구약의 아브라함으로 거슬러 올라가야 한다. 그냥 빈 라덴이 테러리스트라는 생각만으로 문제를 보는 것은 피상적인 관찰이다.

이슬람과 유대의 대립은 구약 시대까지 올라간다. 아브라함은 아내 사라를 통해 자손을 보지 못하자 하갈을 통해서 이스마엘을 낳는다. 그후 사라가 이삭을 낳자 두 아내에게서 낳은 아들은 자라면서 사이가 나빠진다. 결국 하갈과 이스마엘은 사막 지대로 쫓겨나 거기에서 자손을 번성시키는데 그 후손이 바로 아랍인들이다.

유대인이나 아랍인의 뿌리는 하나같이 아브라함이다. 그때부터 시작된 대립이 지금껏 이어져온 것이다. 그 대립이 고대에는 어떠했는지 잘 모르겠지만, 지난 1400년 동안 제일 잔인하고 끈질기게 계속된 전쟁은 기독교와 이슬람의 전쟁이었다.

결국 유대인들이 중동 지역에서 쫓겨나서 세계의 유랑민이 되었는데, 많은 사람들이 미국으로 건너가 부자가 되었다. 2차 세계 대전 후 영국과 미국이 손을 잡고 흩어진 유대인들을 팔레스타인 땅에 들어가게 하여 나라를 세우니 이것이 바로 이스라엘이다.

아랍인들이 살던 팔레스타인 땅에 갑자기 이스라엘이 들어섰다는 것은 아랍인들로서는 살던 터전을 유대인들에게 빼앗겼다는 선에서 그치는 문제가 아니었다. 그들 종교의 성지인 예루살렘을 빼앗긴다는 것은 목숨 이상의 것을 빼앗기는 것이고, 그 원한은 말로 표현할 수 없다.

미국 사회에서는 유대인들이 막강한 경제력을 행사하고 있기 때문에 역대 대통령들은 유대인의 지지를 받지 않으면 안 된다. 그래서 미국은 아랍과 유대인들 사이에 중립을 지키는 듯하면서도 유대인 편을 들어왔다.

기독교 근본주의와 전쟁

21세기 전쟁을 부추기는 세력의 배후에 무기상의 입김이 작용하고 있다는 이야기는 그 동안 자주 거론되어왔다. MBC 텔레비전의 2003년 2월 2일 방송과 KBS의 「추적 60분」에서는 부시 대통령의 악의 축 정책과 무기상의 관계에 대해 여러 사람의 증언을 보도했다. 이 문제는 나의 지식으로는 진위를 논할 수 없다.

그러나 이 방송과 미국의 언론, 특히 2003년 2월 3일 『인터내셔널 헤럴드 트리뷴』지에 실린 윌리엄 파프(William Pfaff)의 칼럼에서 21세기 전쟁의 사상적 뿌리에는 독실한 개신교 신자인 부시 대통령과 그 측근들의 기독교 근본주의(fundamentalism)가 깔려 있다고 한 지적에는 확실하게 공감한다.

이 칼럼에서 파프는 다음과 같은 지적을 하고 있다.

> 그들은 「마태복음」 12장 30절 예수님이 말씀한 "나와 함께 하지 않은 사람은 나를 반대하는 사람이다"라는 구절을 아주 성급하게 그리고 단순하게 받아들이고 있다. 예수님의 말씀에 대한 이런 성급한 해석은 회개하고 구원받는 신자와 죄인을 구별한 칼뱅의 이원론(二元論)에 뿌리를 두고 있다.

나는 기독교 신학을 공부하면서 기독교가 역사적으로 범한 많은 과오, 예를 들면 중세기의 종교재판, 마녀 사냥, 십자군 전쟁, 그리고 많은 교파간의 대립과 분쟁의 원인은 예수님과 사도 바울이 그처럼 반대한 유대교의 바리새적 율법주의와 기독교가 그리스 문화권 내에 들어가면서 받아들이게 된 이분법적 사고의 영향이라고 생각해왔다. 육체와 영혼, 천국과 지옥, 이단과 정통 등을 단순하게 가르는 잘못된 이분법적 사고가 세계를 테러리즘과 반테러리즘으로 나누고, 미국과 함께 하지 않는 세력은 모조리 테러리즘으로 보는 편견을 낳은 것 같다.

파프의 칼럼은 계속해서 이런 지적을 했다.

> 이렇게 단순하게 두 갈래로 나뉜 도덕적 우주관은 미국의 외교 정책에서 쉽게 찾아볼 수 있다. 이런 미국의 정치 사상에 1930년대에 큰 충격을 준 라인홀드 니버는 『도덕적 인간과 부도덕한 사회』(*Moral Man and Immoral Society*)라는 책을 통해 기독교적 절대주의를 비판했다. 그러나 현재 부시 대통령이 이끄는 행정부에는 이런 니버의 영향력은 찾아볼 수 없고 그가 말한 '자신의 소신이나 제도로 세상을 뜯어고칠 수 있다고 생각하는' 환상에 빠져 있다. —이런 비현실적이고 단순하고 완고한 편견에 사로잡혀, 전쟁으로 중동 지역을 쉽게 바꿀 수 있다고 생각하며, 이라크 문제는 무력으로 공격하는 것 외에 다른 가능성은 배제하고 있다.

이 무렵 김석수 총리는 이라크 전쟁에 한국은 티모르 때처럼 참가할 수 있다고 의견을 비추었는데 결코 동의할 수 없는 생각이다. 21세기 전쟁은 단순히 미국과 영국 같은 서구 기독교 국가와 아랍 회교도 국가들만의 문제가 아니다. 부시 대통령은 2002년 연두에 '악의 축'이라는 발언을 하며 아랍 국가인 이라크와 회교 국가인 이란, 그리고 북한을 구체적으로 언급했다. '악의 축'이란 규정도 따지고 보면 매우 일방적이고 잘못된 사고이므로 우리는 이라크는 물론 한반도에서도 전투 행위를 벌이는 일에는 반대해야 한다.

이런 나의 생각을 쉽게 반미로 규정해서는 안 된다. 나는 미국이 8·15와 6·25 때 우리에게 끼친 영향을 부인하지 않는다. 미국이 비록 자국의 이익 때문이었다고 해도 군대를 보내주지 않았다면 대한민국이 있었겠는가. 전쟁 후 경제 회복기를 봐도 그렇다. 우리가 미국에게서 받은 혜택은 일본이 받은 엄청난 특혜와는 비교할 수 없지만 그래도 도움을 받은 것은 사실이다. 현재도 미국이 한국에서 발을 빼버린다면 어떻게 될지 알 수 있기에 우리는 미국이 잘 되기를 바란다. 그렇다고 친미가 모든 문제를 해결하는 방법이 될 수는 없다.

북한 문제는 이미 1994년 일촉즉발의 위기에서 지미 카터의 방북으로 기적적으로 해결되었는데, 지금도 그때와 비슷하지만 그때보다 더 위험해 보인다. 당시 미국 대통령은 민주당의 클린턴이었으나, 지금은 공화당 매파인 부시다. 그때는 북에서도 국방위원회 제1부위원장인 조명록 차수의 미국 방문, 올브라이트 장관의 북한 방문 등 평화적 해결을 위한 노력이 있었다. 클린턴 대통령은 평화적 해결로 매듭을 지으려 했으나, 시간이 모자랐다. 그때 공화당 특히 부시는 이런 클린턴 정부의 평화 정책을 맹렬히 공격했다.

1999년 5월 부시 정부의 TMD(전역 미사일 방어 체제) 정책을 김대중 대통령이 거부하고, 후에 푸틴 러시아 대통령과의 면담에서 미국이 파기를 선언한 ABM(탄도탄 요격 미사) 협정을 계속 유지하는 데 합의한 것을 두고 미국은 김대통령에게 불쾌감을 나타냈다고 한다.

물론 미국이 로마 제국처럼 망할 수도 있다. 그러나 21세기에 전쟁이 일어나면 미국이나 아랍, 한국만이 아니라 지구상에 살고 있는 생명 전체가 사멸할 수 있기에 전쟁이 일어날 가능성이 단 1퍼센트일지라도 이를 막도록 노력해야 한다.

미국에 한 가지 희망을 갖는 것은, 미국은 민주주의 국가이기 때문에 부시 정부도 국민의 여론을 마음대로 누를 수는 없을 것이라는 점이다. 따라서 우리도, 미국과는 비교할 수도 없는 약소국가지만 우리 민족이 뜻을 모으면 우리의 평화를 지킬 수 있다고 생각한다.

국가를 생각하는 입장에서는 영남이냐 호남이냐가 있을 수 없고, 기성 세대와 젊은 세대의 구분이 있을 수 없다. 보수와 진보도 이 점에는 뜻을 함께할 수 있다. 내가 평화포럼을 하자는 게 바로 이런 취지에서다. 정당과 지역을 초월하여 평화를 추구하고, 협조할 수 있는 세력을 미국과 일본, 중국, 러시아, 유럽에 만들어 다함께 평화를 위해 노력해 나가야 한다. 우리가 힘이 약할 것 같지만 결코 실패하지 않으리라고 본다. 양심과 양식을 가진 사람들이 힘을 합쳐줄 테니 그 힘으로 평화를 실현시킬 수 있으리라고 믿는다.

부시 대통령의 '악의 축' 발언 이래 나는 여러 차례 나의 우려를 나타냈고, 그때마다 많은 사람들이 나의 걱정을 신경과민으로 여긴다는 것을 알고 있다. 그리고 북한에 중국이 인접해 있기에 결코 전쟁은 안 일어난다고들 한다. 그러나 1994년 당시에는 중국이 없었던가?

이 글을 쓰는 지금 이 순간에도 나는 미국이 북한을 상대로 전쟁을 일으키지 않을까 매우 걱정하고 있다. 이 글이 책이 되어 나올 즈음에는 우리나라에 전쟁의 위기가 완전히 사라지고 독자들이 나의 신경과민을 비웃게 되기를 진심으로 바라고 있다.

사이버 시대의 청소년을 위해

나는 지금껏 살아오면서 역사의 현장에서 단 한치도 비껴나지 않고 그 격랑 속에 고스란히 몸을 담그고 살아왔다고 생각한다. 그러한 격랑 속에서 무언가 새 일을 해나가려고 할 때면 얼마나 자주 기성 세대에 절망하곤 했던가. 그리고 그 절망에 빠져 있을 때마다 나를 구원해 준 것은 자라나는 청소년들이었고 그들의 미래였다.

내가 처음으로 펴낸 『새 시대의 건설자』 역시 그러한 나의 희망에서 나온 책이었다. 나는 그후에도 청소년 일에 죽 관여해 왔는데 2002년 들어서는 청소년과 관련된 몇 개 단체의 자문 역할을 맡게 되었다.

세계뿐 아니라 우리 한국도 지난 몇 년 사이 큰 변화를 겪었다. 특히 인터넷 · 홈페이지 · 사이버 등으로 불리는 컴퓨터 문화의 영향력은 혁명적이라고 할 만큼 우리 생활에 큰 영향을 주고 있다. 특히 청소년과 가정에 미치는 영향은 엄청나다.

나는 이런 세태 변화를 방임도 배척도 하지 않는다. 변화를 수용하되 이로 인해 야기되는 폐해는 최소화시켜야 한다고 생각한다. 이제 인터넷 문화는 거스를 수 없는 대세가 되었으니 그 영향력에 대해 적극적으로 연구하고 개발해야 하며, 인터넷이 청소년과 가정에 미치는 엄청난 영향력을 감안할 때 그 역기능을 순화시키고 순기능을 강화하는 대책을 시급히 세워야 할 때다.

이런 막대한 과제는 어느 시민단체에 의존할 것이 아니라 국가적인 차원에서 광범위하고 조직적인 대책을 세워 진행시켜야 한다. 그러나 오늘 우리의 현실은 그렇지 못하니 우선 민간 운동이 일어나야 한다는 생각을 가져왔다.

그러나 나로서는 구체적인 행동으로 실천할 능력이 없음을 안타깝게 여기고 있던 차에 이 방면에 관심과 전문적인 지식을 가지고 여성, 인권, 청소년 선도 운동 등을 열심히 해온 임정희 씨가 그 운동 기관인 '밝은 청소년 지원센터' 이사장을 맡아달라고 했다. 구체적으로 내가 할 역할이 있는 것은 아니라고 생각되지만 그 뜻이 갸륵하고 힘이 되어 주고 싶어 수락했다.

손병두 전경련 상임부회장, 박상희 중소기업회장, 탤런트 김혜자, 최은순 변호사, 여성 벤처협회 회장인 정희자 등이 이사로 있는 이 기관에서 해온 가장 중요한 일은 첫째 사이버 가정 운동과 청소년 인성교육 프로그램이다. 사이버 시대에 자칫 소홀해지기 쉬운 가족 유대와 청소년의 인성을 함양하기 위해 마련된 좋은 프로그램으로 일선 중학교에서 시행되기도 했다. 이밖에도 학교폭력과 집단 따돌림 문화를 추방하기 위해 각별한 노력을 기울이고 있다.

이와 함께 나는 '클린인터넷 운동' 자문위원장직도 맡고 있다. 전국 인터넷 이용자가 2,500만에 이르고 휴대전화 사용자는 2,700만이나 되는 오늘날 전국민, 특히 청소년 생활에 인터넷과 휴대전화가 차지하는 비율은 매우 높다. 이러한 도구들은 생활의 편리를 도모하고 사람과의 의사 소통을 돕지만 사이버 범죄 또한 크게 늘고 있는 추세다.

이러한 역기능을 최소화시키고 올바른 인터넷 사용 문화를 유도하자는 것이 이 운동의 취지다. 봉두완 교수와 몇몇 원로들이 함께 참가하고 있다.

만해상을 받다

2002년 6월에 나는 한 통의 편지를 받았다. '만해사상 실천선양회'로부터 온 이 편지는 만해상 수상 통지문이었다.

만해상은 한평생 나라와 겨레를 위해 몸과 마음을 바치고 순국한 한용운 선생의 사상과 정신을 오늘에 되살리기 위해 평화상, 학술상, 예술상, 시문학상, 실천상, 포교상 등으로 나누어 매년 수상하는 제도이다. 2002년도 제6회 만해상에는 학술상 부문에 강만길 총장, 시문학상 부문에 신경림 시인, 예술상 부문에 조각가 박찬수 관장이 선정되었고, 평화상 부문에 내 이름이 올라와 있었다.

시인 고은과 전 국무총리인 이수성 등이 심사위원으로 있는 이 상에 내가 평화상 부문 수상자로 결정된 이유가 다음과 같은 심사평에 나타나 있다.

해방 직후인 1945년 경동교회를 창립하고 1965년 한국 크리스챤 아카데미를 설립하여 이 땅에 기독교 복음과 사랑의 실천을 위해 진력하였으며, 아울러 독재 정권의 안보 독재 논리에 맞서 민주 · 민권 운동으로 평화 운동과 생명 운동에 헌신해 왔다. 특히 한국 종교인협의회 회장, 한국 기독교협의회 회장, 민주회복 국민회의 대표위원, 아시아 종교평화회의 추진위원장 및 한국 방송위원장, 통일 고문회의 의장 등을 역임하면서 우리 민족의 평화 공존과 인류 평등 및 상생의 문화를 일구어나감으로써 이 시대에 올곧고 바람직한 정신적 지표를 마련하는데 크게 이바지한 것으로 평가된다.

만해 한용운에 관해서는 내가 생각하는 몇 가지가 있다. 우선 그는 평생 부정과는 타협하지 않았던 인물이었다. 또한 불교유신론을 부르짖은 종교인이며, 3·1운동 33인의 한 사람이자 신간회 등으로 좌우 합작에 앞장선 애국자였다.

시대의 양심으로 살다 간 송건호는 일제 말기 일제와 시류에 타협하지 않고 살아간 두 사람을 꼽았는데 국외에서는 단재 신채호를, 국내에서는 만해 한용운을 꼽았다. 한용운이 단재보다 한 살 많아 연년생으로 태어난 이 두 사람은 그 즈음 강화되고 있던 전시체제 속에서 동지들이 하나 둘 변절하던 외로운 상황에서도 뜻을 같이하며 민족의 양심을 지키다 간 사람들이다. 그러기에 이들은 민족의 양심이요, 우리의 자랑이다.

만해 한용운은 열여덟 살 되던 해에 의병에 참가, 군자금을 마련하기 위해 홍성 호방의 관고를 털어 1천 냥을 탈취했고, 스물한 살에는 세계 여행을 계획하고 블라디보스토크에 갔다왔다. 1908년 30세 때에는 일본에 건너가 불교 강사 일도 했다.

그는 불교 대중화를 위해 노력하는가 하면, 계몽적인 글들을 발표하며 근대화 운동에도 앞장섰다. 그의 이러한 반봉건 근대화 운동은 뒷날 반침략 독립운동으로 이어졌다.

그의 집안은 대대로 무장 가문으로 그에게는 혁명가적인 기질이 있었다. 따라서 그는 불문에 들어가서도 먼저 불교계 개혁 운동에 힘을 썼다. 우선 그는 불교계를 통일하는 데 노력을 기울였다. 당시 승려들은 저마다 사찰을 중심으로 산간 서민들에게 신앙을 전하는 정도였다.

그의 불교계 혁신 운동은 조선불교유신론으로 이어지는데 이의 골자는 급격히 변화하는 시대에 불교가 적응하기 위해서는 고루한 것에 대한 애착을 끊고 유신을 하자는 것이다. 그리고 이를 위해서는 과거의 잘못을 철저하게 제거하여야 한다고 강조했다.

만해는 인류 역사가 끊임없이 발전한다고 낙관하는 분이었다. 일종의 진보사관을 갖고 있었던 것이다. 침략주의와 그들의 기만성을 신랄하게 공격하면서도 인류의 죄악을 평화와 정의를 향해 나아가는 역사 발전 과정의 한 부분이라고 보았다. 그가 군국주의 독일과 그들과 싸운 연합국을 사실상 동렬에 놓고 비판한 것은 대단한 탁견이 아닐 수 없다. 이러한 그의 민족주의 사상과 종교 사상은 나에게도 적지 않은 영향을 미쳤다.

2002년 6월 22일 수유리 아카데미 하우스에서 열린 나의 85회 생일 축하 겸 만해상 수상을 기념하는 자리에서 이만열 교수는 만해와 여해라는 호에 다같이 바다 해(海)자가 들어 있고 이름자에 모두 용(龍)자가 들어 있는 것에 착안하여 이런 이야기를 했다.

"용운은 용이 바다에서 솟아오를 때 구름 속에 서기가 어리는 광경을 이름에 넣은 것이고, 원용은 한 마리의 똘똘한 용이 바다를 차고 하늘로 오르는 듯한 기상이 이름 속에 비친다.

만해나 여해나 크다는 것을 의미하며, 큰 그릇을 상징하기도 한다. 큰 그릇은 모든 것을 수용한다. 사상과 이념, 윤리와 도덕, 정의와 사랑의 공존을 의미한다. 만해는 그 큰 그릇으로 불교와 문학, 민족을 포용했고, 여해는 신학과 사회정의, 민족통일과 평화의 이상을 담았다.

바다의 격렬한 태풍과 파도, 그 속에 평화가 마련되어 있다. 파도 없는 고요나 분노 없는 평화를 상상할 수 없다. 두 분, 바다를 아호로 삼은 어른들에게는 그런 것이 보인다. 한용운은 자비를 강조하는 가운데서도 '최후의 일각까지 최후의 일인까지 투쟁한다'는 구호를 내세웠는가 하면, 여해의 설교는 사랑과 진리에서 출발했으나 사회 정의와 부정부패 청산에 대한 결연함이 있었다."

이만열 교수는 또한 두 사람 모두 종교인이면서 그 종교를 넘어선 데서 공통점을 찾았다.

"만해는 불교를 뛰어넘어 민족 문제를 두고 천도교, 기독교를 포용했다. 스님이라는 울타리를 초월해 대처(帶妻)에다 소설과 시를 겸했으며 3·1운동에서 보였던 민족주의 운동에도 불구하고 그 한계를 넘어서서 자유와 평화의 보편적 이상을 추구하는 단계로 나아갔다. 그는 신분과 계급의 한계를 초월하여 농민과 노동자 민중을 바라볼 수 있었다.

여해는 기독교에서 출발했으나 기독교를 초월하고 있다. 목사의 한계를 초월하여 사회 지도자로서 종교간의 대화와 공존을 추구하고 있다.

두 분 다 자기 영역의 한계를 넘어섰기 때문에 자기 영역 밖에서 더 존경받고 있다. 두 분만큼 자신의 종교와 이념의 영역 밖에서 존경받기란 그리 쉽지 않다. 두 분은 우리 사회의 민족적 · 사회적 과제를 풀기 위해 종교와 이념의 갈등을 대화로 조정했고 또 그렇게 함으로써 자기 종교가 갖고 있는 한계를 직시하고 그것을 초월했던 분이다.

만해는 불교계는 물론 다른 이념 집단에도 친구를 많이 갖고 있었다. 단재 신채호를 비롯하여 백암 박은식 · 단애 윤세복 · 이시영 · 정인보 · 안재홍 · 홍명희 등이 있었고 그 분야도 대종교 · 유교 · 기독교는 물론 국학 분야에까지 미치고 있다.

여해 또한 기독교 밖에 더 많은 친구들이 있다.

여해는 예수님이 광야에서 시험받으신 그것을 어떻게 극복하느냐 하는 문제를 평생의 화두로 삼아오셨다고 회고한 바 있다. 즉 돌로 떡을 만들라는 것은 황금만능 · 배금주의로 보았고, 온 천하를 네게 주리라는 두번째 시험은 권력욕으로, 셋째 성전 꼭 대기에서 뛰어내리라는 것은 종교적 광신주의로 보고 그것을 극복하기 위해 온 심혈을 기울였다고 했다. 특히 종교적 광신주의와 관련하여 한국 교회의 열광주의에 대해 여해는 냉소적이라고 할 정도로 비판했다."

2002년 백담사에서 거행된 수상식에서 나는 다음과 같이 수상 소감을 말했다.

> 불교 지도자일 뿐 아니라 민족의 지도자이면서 학자, 시인이었던 만해 한용운 선생을 기리는 이 상을 제가 수상하게 되어 참으로 영광입니다. 얼마 전 불교 학교인 원광대학으로부터 명예박사를 받았고 니와노 평화상을 수상한 경험이 있는 나로서는 이번 만해상 수상이 기독교 목사로서 아주 큰 영광이라고 생각하고 있습니다. 반면에 기독교 기관에서 제정한 상에 불교 지도자들이 수상한 일이 없음을 너무 부끄럽게 생각합니다.

월드컵에 분 신바람

모든 것이 침울한 상황 속에서 열린 2002년의 월드컵과 아시안 게임은 탄산가스로 숨이 막힐 때에 산소가 섞인 시원한 바람이 불어온 듯한 느낌이었다.

월드컵을 앞두고 온 나라에서 외친 구호가 '가자 16강으로!'였다. 월드컵 본선에는 수차례 진출했지만 번번이 16강의 문턱을 넘어서지 못했기 때문이었다. 그런데 그 결과는 놀랍게도 4강까지 오르는 쾌거였다.

이것만으로도 세계가 놀랄 일이었지만 더욱 놀라운 것은 붉은 악마를 주축으로 한 온 국민의 응원이었다. 한달이라는 짧은 월드컵 기간 동안 '비 더 레즈'(Be the Reds)라고 쓴 붉은 옷이 2천만 벌이 넘게 팔렸다고 한다.

붉은 색은 어떤 식으로든 공산당으로 보는 분위기 속에서 젊은이들은 붉은 옷을 입고 "대~한민국"을 외쳤다. 순수한 애국심이었다. 경기를 볼 수 있는 길거리라면 모두 나와 한민족이 각기 다른 장소에서 똑같은 구호로 힘차게 응원했다.

우리나라가 출전한 마지막 경기에는 7백만 명이 넘는 군중이 몰려 세계를 놀라게 했다. 더욱 놀라운 것은 수백만 군중이 길가나 광장에 빼곡이 모여 열광적인 응원을 펼쳤지만 큰 사고도 없었고, 경기가 끝난 후에는 각자가 앉아 있던 자리의 쓰레기까지 남기지 않고 모두 치우는 질서를 지켰다는 점이다. 이것은 공동개최국이었던 일본과 비교해보아도 놀라운 일이었다.

우리 민족, 특히 젊은이들의 성숙된 의식은 터키와 가슴 죄며 벌였던 3·4위전에서도 볼 수 있었다. 경기를 하는 동안만큼은 우리의 적이라 볼 수밖에 없는 터키에 대해 끝까지 예의를 지켰고, 터키 국기를 크게 펼쳐주는 응원 장면은 놀랍기만 했다. 그들의 승리는 곧 우리나라의 패배를 의미하는 것임에도 뜨거운 박수로 승리를 축하해준 것은 감동적이기까지 했다. 그것은 터키가 6·25 전쟁 때 우리 땅에서 목숨을 걸고 싸워준 데 대한 감사와 형제애의 표현이었다고 생각한다.

특히 외국 팀을 응원하는 우리 응원단의 모습을 보고 CNN, BBC 같은 세계의 보도 기관은 '외국 팀을 응원하는 한국'을 격찬했다. 서포터스 회원들이 외국 선수들을 공항에서 친절히 영접하고 그들의 숙소까지 방문하기도 하는 아름다운 모습은 9월 부산에서 열린 아시안 게임에서도 나타났다.

나는 이같은 흐뭇한 광경을 보면서 붉은 악마들이 보여주는 저런 열광적이면서도 질서 정연한 응원은 이 지구상의 어느 나라 어느 민족도 흉내낼 수 없으리라고 생각했다. 그것은 우리 민족만이 가지고 있는 기층 문화에서 나오는 것이기 때문이다.

우리의 샤머니즘을 살펴보면 가무강신(歌舞降神)의 과정이 나온다. 즉 노래와 춤으로 신바람을 일으켜 신이 들리면 허약해 보이던 무녀가 무거운 나무를 올린 채 춤을 추거나 칼날 위에 맨발로 서서 춤을 춘다. 바로 이 '신바람', '신들림'의 문화가 세계에서 우리 민족에게 제일 강하고 깊이 깔려 있는 것이다.

이것은 결코 이번 월드컵 때 느닷없이 일어난 예외적인 사건이 아니었다. 멀리 고대 역사에서 고증할 것 없이 4·19 학생의거 때, 6·25의 그 비참하고 고된 시련 때, 그리고 88 서울올림픽 때도 나타났다. 서울올림픽 때도 초만원을 이룬 관람객들이 큰 사고 하나 내지 않고 구경한 자리를 깨끗이 치우고, 시민들은 자동차 홀 · 짝수 운행제도 잘 지켜 전세계의 매스컴을 경탄시켰다.

이밖에도 우리의 기층 문화에 불이 달린 예는 많다. IMF사태 후에 실업자 돕기 운동을 전개할 때 금붙이들을 아낌없이 바친 우리 민족의 동포애와 헌신에 세계가 놀라기도 했다.

우리 역사의 표면을 보면 악의 영이 지배하는 빈들이지만 깊은 광맥 같은 것을 찾아보면 완전히 다른 모습을 보인다. 그것이 내가 늘 주장하는 신바람의 기층 문화 의식이다. 민속학자들이 찾아낸 기층 문화 즉 문화 의식의 광맥은 'ᄒᆞᆫ' '멋' '삶' 삼태극(三太極)이라고 한다. 나는 이런 문화적 광맥에 동의하고 수십 년 간 사람들에게 이를 설명해왔다.

수천 년 동안 수많은 변화 속에서도 우리의 기층 지대에는 변함없이 이 삼태극이 자리잡고 있다. 삼태극 중 첫째는 ᄒᆞᆫ(한)이다. 하나라는 뜻이다. 항상 여럿으로, 다양한 모습으로 나타나더라도 언제나 하나다. 하나로 모든 것을 포용한다.

ᄒᆞᆫ은 한님, 하나님이다. 이것은 생명의 님이고 생명 자체다. 만물이 다양하게 가지를 치고 있으되 분열과 분리는 없다. 분열은 곧 병듦이고, 죽음이고, 죄의 뿌리가 된다. 초월은 내재와 하나요, 시간과 공간은 하나다. 그러기에 우리의 영성은 개별화가 아니고 포용하는 것이다.

가장 오래 우리 대중의 종교의식을 차지하고 있는 것도 신인융합(神人融合)의 경지에 이르는 것이다. 우리의 근원적인 우주관은 고대 복희씨의 역(易) 사상에 뿌리를 두고 있다. 음과 양은 정반대지만 서로 보완하여 둘이 하나가 된다. 이 원리는 우리의 국기인 태극기에 잘 나타나 있다. 1600년 전 신라의 고승 원효는 화정론(和靜論)을 펼치며 개개의 사문이 차별은 있으나, 그 체법(體法)은 평등일여(平等一如)라 했고 천도교의 인내천(人乃天) 시천주(侍天主) 사상도 ᄒᆞᆫ 의식과 관계가 있다.

둘째는 멋이다. 전통적 사고에서 한국 사람이 추구하는 첫째는 떡이 아니라 멋이다. 바로 멋진 삶이다.

자본주의니 공산주의, 유물론, 경제 제일주의 같은 것은 본래 우리 민족의 최우선적인 가치가 될 수 없다. 멋있다, 멋없다, 멋진 사람 등등에서 나타나는 멋은 일본어나 영어로 정확히 번역할 수 없는 한국인 특유의 감성이자 의식이다.

우리의 멋은 여러 가지 형태로 생활 속에 나타나 있다. 과거 유럽의 위대한 미술품은 대개 왕궁 심지어 교황청의 힘으로 이루어졌다. 그러나 도자기를 비롯하여 우리의 미술품은 무명의 장인들이 만들어낸 것이었다. 이들은 높은 벼슬을 하거나 큰 부자가 되는 일은 없었다. 도자기를 굽는 도공은 뜨거운 불가마 앞에서 자기를 구워냈다. 그래서 만들어낸 고려 자기는 세계에서도 진귀한 미술품이 되었다. 전통무용, 창, 탈춤 등도 세계에 자랑할 만한 멋있는 예술이다.

셋째로 삶이다. 강대국 틈에 끼여 있는 우리 한반도는 부단히 외침을 받아왔고 이 외국 침략자들은 그 앞잡이들을 내세워 우리를 지배해왔다. 우리 역사는 그러기에 외부, 내부의 지배층에 의해 이중으로 억압과 수탈을 당해왔다.

이런 숨막히는 상황 속에서도 우리 민족은 넘어져도 또 다시 일어나는 오뚝이처럼, 짓밟으면 짓밟을수록 끈질기게 살아나는 잡초같이 강인한 삶의 에너지를 가지고 살아왔다. 우리를 묶어준 것은 단일민족이라는 피를 나눈 유대감이었다. 식민지를 겪은 많은 민족들이 자신의 모국어를 지키지 못하고 침략자의 언어를 사용하게 되었지만 우리는 강한 유대감으로 단일 언어와 우리의 한글을 지켜왔고 전통 문화를 지켜냈다.

이런 저력이 있음에도 왜 우리가 살아온 역사, 오늘의 역사는 흔이 아니고 분열과 대립이고, 멋이 아니라 권력과 물질에 대한 탐욕이 지배하며, 끈질긴 삶이 이처럼 무력한 모습이 되어버렸는가.

그것은 외부에서 흘러들어온 흙탕물 때문이다. 제일 큰 죄인은 15세기에서 19세기까지 조선시대를 지배한 주자학(朱子學)이다. 만인 평등의 불교 시대에서 봉건적 질서를 강조하는 유교 시대로 넘어가면서 우리는 주리설(主理說)을 기초로 한 주자학을 받아들였다.

봉건적일 뿐만 아니라 매우 중국 중심적인 사고 논리를 갖고 있는 이 주자학을 받아들임으로써 인간 관계가 수평선적 즉 횡적이 아닌 수직선적 종적 관계가 되었고, 민족의 패기마저 꺾여버렸다.

가부장적 권위주의 지배 체제에서는 관존민비, 남존여비, 장유유서, 양반과 상민의 구별 등 철저한 신분 사회가 형성되며 인간 관계 역시 지배와 피지배, 명령과 순종으로 규정되고 만다. 그리하여 권력과 자본력을 가진 지배층과, 지배층이 되기 위한 피지배층 사이의 투쟁과 분열이 계속되었다.

주리설로 무장된 윤리 의식은 자연히 폐쇄적이 되어 자기들과 이론을 달리하는 세력은 받아들이지 못하고 모두 이단이나 사문난적으로 몰아치게 되었다. 이 시대에 불교와 무속이 억압받은 것은 물론이고, 중국에서 새로이 일어난 실천 중심의 양명학조차 받아들이지 않았다.

이런 가부장적 억압 문화가 모성(母性) 중심의 우리 기층 문화 의식을 억눌러온데다 일제를 겪으면서 그 억압은 더욱 심해져 우리의 숨통을 조여왔다. 해방 후에는 자본주의, 공산주의가 들어와 우리 민족의 기층 심성, 영성을 숨쉴 틈 없게 만들었다.

우리가 가지고 있는 자연 친화적이며 모성 중심의 기층 문화를 제대로 풀어내지 못한 민중은 억눌린 한(恨)을 매우 비합리적 방법으로 표현하게 되었다. 자신의 운명을 바꾸기 위해 각종 기복 종교에 매달리면서 우리나라는 광신주의가 판을 치는 빈들이 되었다.

월드컵에 이어 열린 아시안 게임에서는 북한 선수들이 많이 왔을 뿐 아니라 예쁜 여성 응원단이 와서 우리 국민들, 특히 젊은 세대들에게 동포애를 느끼게 했다. 어려서부터 받아온 반공 교육 때문에 이북 사람들에 대해 가지고 있던 나쁜 이미지가 큰 충격 속에서 바뀌었으리라고 생각한다.

그러나 이란과 벌인 승부차기에서 지고 난 후의 행동은 참으로 수치스러운 광경이었다. 월드컵 4강전에서 보여주던 그 아름다운 모습과는 너무나 판이했다. 우리 국민들은 신바람이 일어나면 참으로 놀라운 잠재 능력을 드러내지만 이 신바람이 상처를 입으면 그 좌절감이 아주 부끄러운 모습으로 바뀌고 만다. 그것이 이란과의 승부차기에서 나타났다고 생각한다.

월드컵과 아시안 게임에 불던 신바람은 미군 차에 여중생 둘이 치여 죽는 사건에서는 촛불 추모 행사로 나타났다. 월드컵과 아시안 게임을 통해 이북 동포를 보는 시각에 변화가 일어나는 동시에 6·25와 이후 우리를 도와준 미국에 대한 따뜻한 감정도 변화를 일으켰다.

미군이 저지른 노근리 사건, 요즘 종종 보도되는 미군 부대의 환경 오염, 아파트 건축 기지 등을 통해 상처를 입은 군중의 정서가 이란에 승부차기로 졌을 때와 비슷하게 나타난 것이 아닌가 걱정했다.

그러나 이 촛불 행사는 억울하게 죽은 여중생에 대한 추모의 정과 여중생을 치여 죽인 두 사람의 무죄 판결에 대한 분노가 민족애로 결집된 것이었다. 이런 순수한 촛불 추모를 반미로 유도하는 과격한 극소수 때문에 한미간에 파장을 불러오기도 했으나 촛불 집회의 기본 바탕은 순수한 민족애였다.

미국인들이야 한국인의 기층 문화 의식을 이해하지 못해 이를 과장되게 받아들였지만 우리나라 여야 지도자와 언론들은 순수한 젊은이들의 정서를 이해하고 선도해 주어야 했을 터인데 그렇지 못했다. 더욱이 대통령 선거와 맞물려 이들의 행동을 건설적인 신바람으로 유도하는 노력이 부족했다.

노무현 시대의 개막

내가 이 책의 원고를 넘길 때는 대통령 선거 결과가 나오기 전이었으나 이 책이 출판되어 나올 때는 새 대통령 취임 후가 되겠기에 추가로 이 글을 쓴다.

대통령 선거가 치러지던 즈음 『월간 중앙』에서 새 대통령이 누가 될지는 아직 알 수 없으나 국가 원로로서 새 대통령에게 당부하고 싶은 말을 글로 써달라고 해서 나는 누가 되든 상관없이 나의 생각을 써보냈다. 그런데 그 글이 책에 실려 나올 때는 이미 선거가 끝나 노무현 후보가 당선되었으므로 잡지사에서는 내가 '새 대통령에게'라고 쓴 것을 '노무현 대통령께'라고 써넣었다.

'새 대통령에게 보내는 국가 원로의 글'이란 제목의 이 글에서 나는 이번에 선출될 대통령은 법적으로는 제16대지만 내가 보는 역사에서는 긴 과거 역사의 한 토막이 끝나고 새 역사가 시작되는 두번째 단계로 보아야 한다고 했다. 하지만 그것이 지나친 해석이라면 네번째 토막이 시작되는 때라고 보아도 좋다고 썼다. 해방 후의 혼란기, 군사 정권기, 양김 시대 등 세 단계를 지나 마침내 과거와는 다른 새로운 역사의 네번째 단계로 접어든 것이라고.

이번 대통령 선거는 참으로 극적이었다. 야당의 대통령 후보는 처음부터 이회창 후보가 될 것이 거의 확실했지만, 여당인 민주당은 김대중 대통령이 누구를 지명할까 궁금했다. 그러나 김대통령은 민주당 총재직을 사퇴하고 얼마 후 당적까지 포기했기에, 민주당은 우리나라 역사에서 처음으로 미국식으로 지방에서부터 후보를 선출하였다.

민주당 경선에 출마한 여러 사람 중 한화갑과 이인제, 노무현이 최종 경쟁을 벌였으나 굴곡 많은 지방 경선을 통하여 결국 노무현이 후보로 선출되었다. 그러나 민주당은 친노, 반노, 비노로 분열되어 대세는 이회창 후보한테 유리하게 전개되었다.

그러나 뜻밖에도 투표 결과는 노무현 후보가 54만 표를 더 얻어 제16대 대통령으로 확정되었다. 나는 이 대선이 끝난 후 일반의 평가와는 달리 내 나름대로 이회창 후보가 낙선한 몇 가지 이유를 판단해보았다.

첫째로, 재판은 흐지부지되었지만 이후보 아들의 병역 문제가 치명타였다고 생각한다. 두 아들의 병역 비리가 밝혀진 것은 아니지만, 대통령은 국군 통수권자인데 이유야 어찌되었든 두 아들이 병역의 의무를 다하지 않은 것만은 확실하고, 더욱이 선거철이 추운 때였다. 아들을 군에 보낸 부모들의 마음과 군인들의 마음이 투표에 반영되었다.

둘째로, 한나라당의 일부 경직된 보수주의자들의 언행이 큰 영향을 미쳤다고 생각한다. 나는 추위에 떠는 북한 동포들을 위해 겨울 내복 보내는 일에 참가하면서 종교계 지도자들과 함께 한나라당을 찾아가 도움을 청한 적이 있다. 그런데 다음날 당직자 회의에서 그 내복을 보내면 군인들이 입을 것이라며 우리의 청을 거부했다. 이런 태도는 1970년대 중반에나 있을 수 있는 일이라고 생각한다.

셋째로, 결정적인 타격은 정몽준과 노무현의 단일화였으며 선거일 한 시간 반 전에 일어난 정몽준의 지지 철회 역시 오히려 이회창 후보에게 큰 타격을 주었다고 생각한다.

투표 결과가 발표된 다음날 눈물을 흘리면서 정계 은퇴를 선언하는 이후보의 모습을 보며 가슴이 찡해왔지만 노무현 후보의 당선은 엄연한 국민의 선택이었다. 노무현이 54만 표를 앞서게 된 이유를 나는 다음과 같이 생각한다.

첫째, 물론 반대하는 세력은 있었지만 노무현은 전통적인 민주당을 기반으로 삼아온데다 그의 지지층에게는 인간적인 매력을 풍기는 사람이었다. 그는 가난한 농민의 자식으로 성장하여 대학에 갈 힘도 없어 상업고등학교를 선택했고 고등학교 졸업 후 독학으로 사법시험에 합격하여 변호사가 됐다. 변호사 시절 노동자들 편에 서서 변호를 담당하여 소외 계층과 유대 관계를 맺어왔고, 개인적으로도 청렴하게 살아와 도덕적으로 쟁점이 될 만한 것이 없었다.

둘째는 원칙과 관련된 이유다. 정치는 권력 쟁취를 목적으로 하는 것이고 그것을 얻기 위해서는 수단도 가리지 않고 원칙도 지키지 않는 한국 정치 풍토에서 노무현은 정치적으로 매우 불리하다는 것을 알면서도 3당 합당을 거부했고 선거구도 자기에게 불리한 부산을 일부러 택함으로써 원칙을 지키려고 하는 모습을 보여주었다.

그리고 5공 청문회의 스타였다는 것, 고질적인 지역주의를 뛰어넘어 광주 예선에서 한화갑 후보를 앞섰다는 점에서 그는 유리한 고지를 확보했지만 그에게 결정적인 승리를 안겨준 요인은 뭐니뭐니해도 젊은 세대, 즉 네티즌들 속에 깔려 있는 신바람 불씨에 불을 붙인 것이었다.

그리고 결정적인 사건은 정몽준과의 관계였다고 나는 판단한다. 지난 수십 년 동안 우리나라 정치사에서 후보 단일화를 시도

한 적은 몇 번 있었으나 한 번도 성공한 일은 없었다. 1963년 윤보선과 변영태, 1987년 두 김씨 등의 사례를 통해 일반 유권자들은 단일화에 대한 회의가 컸으나 노무현과 정몽준은 단일화를 이루어냈다. 게다가 텔레비전 앞에서 포옹하고 나서 일류 호텔도 아니고 포장마차에 가서 소주잔을 교환하는 장면이 유권자들에게 매우 신선한 바람을 불러일으켰다.

그런데 선거 운동 마감 한 시간 반 전에 정몽준이 지지 철회를 선언하자 권영길 후보를 지지해온 블루 칼라 지지층이 노무현에게로 돌아섰다. "권영길은 어차피 이번에는 희망이 없으니 노무현에게 표를 모아주자"고 했고, 갑작스런 지지 철회로 놀란 젊은층은 인터넷과 거리로 몰려나가 젊은 층 투표 유도에 힘썼다.

나는 노무현 후보를 평소에 잘 알지 못했으나 그가 후보가 된 후 원로 방문으로 나를 찾아온 일이 있다. 그를 대통령에 당선시키는 데 큰 공을 세운 사람들 가운데는 내 후배들이 많이 있으나 내가 그의 당선을 위해 한 역할은 없다.

그의 앞날은 맑음과 어둠이 교차하고 있다고 생각한다. 가장 어려운 과제는 그가 선거에서 제시한 화려한 개혁안을 실현하는 일이다. 그는 특히 낡은 정치를 청산하고 새로운 정치를 하겠다고 했고 또 그에게 투표한 많은 사람들이 그의 새로운 정치에 기대를 걸고 있는데, 우선 국회에서 그의 지지 세력은 소수에 불과하다.

화려한 개혁 공약들은 그것을 실천할 수 있는 토대를 먼저 닦아야 한다. 우선은 그의 큰 공약이기도 한 국민 대통합을 이루어나가기를 바란다. 무엇보다 국회의 과반수는 못 되더라도 2004년 총선거에서 균형을 유지할 정도의 의석은 확보해야 무슨 일이든 해나갈 수 있을 것이니, 그 일에 초점을 맞추어야 한다. 만약 국회에서 균형을 이루어내지 못한다면 그는 2004년 5월부터 레임덕 현상으로 소기의 목적을 수행하지 못하는 대통령이 될 수도 있다. 그것은 곧 다음 총선 결과에 달려 있다.

이를 위해 우선 그가 제시한 화려한 개혁안을 달성하기 위해 너무 서두르지 말고 지지 세력을 최대한 넓혀나가야 한다고 말하고 싶다. 민주당 내 반노파는 어쩔 수 없다 하더라도 비노파와 손잡고 그에게 투표하지 않은 51퍼센트의 유권자를 최대한 끌어들이는 일에 힘써야 할 것이다.

또한 연령층으로 50대 이상들, 특히 보수 기득권 세력이 이 사회에 아직도 폭넓게 포진해 있는데다 한국 정치에 결정적인 영향력을 그늘에서 행사하는 미국과의 관계도 그가 잘 헤쳐나가야 할 난관이다. 미국 관계는 김대중 대통령이 잘했다고 생각한다. 미국과 동맹관계를 굳게 유지하되 한반도 문제에 관한 한 우리가 주도권을 잡아야 한다.

아직 두고 봐야 알겠지만 현재까지 유엔군 사령부 방문, 정대철 의원을 미국과 일본에 특사로 보낸 일, 북한 핵 문제를 푸는데 그가 취하는 태도 등은 긍정적으로 평가된다.

앞으로 5년간 남북 평화를 이루고 빈부의 양극화를 해소하며, 여야의 초당적 협력을 이끌어내 젊은 층뿐만 아니라 일반 국민, 특히 소외 계층에 내가 늘 주장하는 신바람을 불러일으키기를 간절히 염원한다. 그래서 지난 58년간의 정치 역사를 끊어버리고 새 역사를 시작하는 힘찬 출발을 이루어내 5년 후 퇴임할 때는 대한민국 역사에서 처음으로 국민의 박수를 받으며 떠나는 대통령이 되기를 바란다.

느보 산 비스가 봉우리에서

젊은 지도자들에 대한 소망

이 글을 마무리하면서 이렇듯 큰 변화가 일어나는 새 역사에 내가 가담할 수 없다는 사실이 참으로 안타깝다. 앞으로 20년, 30년만 더 살 수 있다면 우선 나의 지병인 당뇨병은 물론 노화 증세를 멈추게 할 수 있는 약들이 나올 것이고, 그렇게 되면 나이 제한을 받지 않고 창조적 소수자의 반열에 서서 하고 싶고, 또 할 수 있는 일을 하면서 새 역사를 창조하는 데 동참할 수 있을 것이다.

그러나 이런 욕망은 인간의 유한성을 무시한 욕심일 뿐이다. 사람이 욕심에 사로잡히지 않고 주어진 여건에 감사하면서 살고자 한다면 먼저 나의 유한성을 받아들여야 한다. 인간은 창조주가 아니라 피조물이다. 시간적으로만 유한한 것이 아니라 모든 분야에서 유한한 존재이다. 이 유한성을 받아들여야 할 뿐만 아니라 오히려 감사하게 생각해야만 한다.

나는 가끔 매스컴에 등장하는 신개발 의약품 소식을 접할 때마다 아는 의사나 그 분야의 전문가들에게 그것을 언제쯤 구할 수 있겠느냐고 묻곤 한다. 그러면 그들의 대답은 한결같다.

"아직 실험 단계에 있으니 앞으로 5년 내지 10년은 더 지나야 안심하고 사용할 수 있습니다."

나는 나의 심장이 멈추는 날이 언제인지에 대해서는 별 관심이 없다. 다만 나의 뇌, 즉 판단력이 정상적인 활동을 멈출 날이 언제인가에 관심이 있을 뿐이다. 그런 날은 멀지 않았다고 생각하면서 모세를 떠올린다.

성서를 통해 본 이스라엘 민족의 역사와 모세의 역할은 다음과 같다. 기원전 1650년경에 이스라엘 민족은 심한 경제난으로 이집트로 대거 이민했다. 야곱의 아들 요셉이 형들의 모함으로 이집트에 끌려가 그 나라 총리가 된 덕택에 이스라엘 민족은 요셉의 도움으로 이집트에 정착하게 된 것이다. 이집트 정착 생활로 먹고사는 문제는 어느 정도 해결했으나 실상은 이집트인들의 노예 생활을 하게 되면서 그들은 떠나온 가나안을 그리워하였다.

모세는 이런 이스라엘 민족을 노예 상태에서 해방시켜 그들이 그리워하는 가나안으로 돌아가게 하기 위한 지도자였다. 모세는 기원전 1250년경 이스라엘 민족을 거느리고 이집트를 탈출하여 홍해를 기적적으로 건너 광야에서 40년의 세월을 보낸다.

가나안을 향해 전진하던 중 이제는 그리던 가나안 땅이 멀리 바라보이는 지점에서 모세는 늙어 죽게 되었다. 하나님은 모세에게 "너는 이제 역할이 다 끝났으니 미련 없이 역사의 현장에서 퇴장하고 다음 역사는 후계자에게 물려주라"는 지시를 하는데, 모세는 이 명령을 미련 없이 받아들인다.

기원전 1210년경 모세는 자신이 들어가지 못하는 가나안을 바라보기 위해 느보 산에서 제일 높은 비스가 봉우리에 후계자 여호수아를 데리고 올라간다. 모세는 갈릴리 호수, 요르단 강, 여리고 등 가나안 땅이 내려다보이는 데서 눈의 아들 여호수아에게 부탁의 말씀을 남기고 그에게 안수하며 역사의 배턴을 넘긴다(「민수기」 31~32장).

하나님이 아닌 인간은 누구나 유한한 존재로 태어나 길게 흘러가는 역사의 한 토막을 산다. 역사에는 연속성과 비연속성이 함께 있다. 지도자는 역사의 한 토막을 살며 일하다 물러지는 비연속성의 삶을 살지만 그가 살았던 한 토막의 역사는 과거에서 내려와 미래로 이어가는 연속성을 갖게 된다. 미련 없이 물러설 마음의 준비를 해온 모세는 후계자 여호수아에게 손을 얹어주며 120세의 나이에 눈을 감았다(「신명기」 34:1~12).

일제 시대는 내가 겪은 이집트였다. 해방을 맞은 다음엔 우리의 홍해인 38선을 넘어 자유의 땅에 들어왔으나 그때부터 내가 살아온 한국은 모세가 겪은 광야 즉 빈들이었다. 국토 양단, 권력지상주의, 경제 제일주의, 금송아지 우상 섬기기와 같은 종교적 광신으로 점철된 역사를 나는 『빈들에서』라는 책에서 증언해놓았다.

악의 영이 지배하는 빈들에서 살아온 나의 삶을 적은 그 책 속에는 실제로 내 몸으로 겪은 일, 내 몸으로 만난 사람, 내가 체험한 사건들이 실려 있다. 그러나 이제 이 느보 산 비스가 봉우리에서는 내가 직접 겪지 못한 일들까지 포함하는 역사의 흐름을 되짚어보고 싶다.

왜, 그 쓰라린 우리의 이집트, 일제 식민지 역사가 생겼는가.

19세기 후반의 국제 정세, 즉 식민지 쟁탈전에 나선 일본과 미국, 중국(청국), 러시아, 영국 등은 자기 나라의 국익을 위해 한반도를 일제의 식민지, 즉 우리의 이집트 노예 역사를 만들었다.

그러나 이 책임은 주변 국가에게만 있었는가.

당시 우리의 통치 철학이었던 주자학의 가부장제 즉 계층 사회는 지배 계층과 피지배 계층의 양극화 현상을 만들었다. 주자학의 도덕률인 충(忠), 효(孝), 정(貞)은 임금에 대한 백성의 충성, 부모에 대한 자녀의 효, 남편에 대한 아녀자의 정조만 강조하고 있지 정작 임금과 어버이, 남편이 무엇을 해야 하는지는 별로 강조하고 있지 않다.

모든 인간 관계를 상하로 규정하고 명령과 순종의 관계로만 파악했다. 군주와 백성, 부모와 자녀, 남자와 여자, 양반과 상놈으로 양분된 계층 사회에서 사람들은 무슨 수를 쓰든 지배 계층으로 올라가기 위해 벼슬을 해야 했다. 그것은 자신뿐 아니라 가문을 위해서도 지상 과제였다. 지배 계층이 되기 위해서는 정경유착, 부정부패, 권모술수, 사색당파도 마다하지 않게 된다.

유럽에서 봉건 제도가 무너지고 공업화의 새 사회가 시작된 지 300년 가까이 되는 동안 일본은 명치유신을 거쳐 이 공업화를 받아들였다. 그러나 우리는 철저한 쇄국 정치, 배타주의로 흘러 외부 세계의 변화를 받아들이지 않았고, 적응하지도 못하는 사이 주위 열강들의 각축장이 되었다가 일본 식민지로 전락했다.

일본 제국주의의 잔인한 식민 통치를 36년간 받은 이집트 노예 시대에, 만주를 비롯한 해외와 국내에서 목숨을 걸고 민족의 독립을 위해 희생한 애국자들이 많이 있었다. 그러나 국내에서 이집트의 바로 왕 세력, 즉 일제의 앞잡이 노릇을 한 사람들이 더 많았다. 이들 중에는 살아남기 위해 소극적으로 협조한 사람들도 있었지만, 협력의 대가로 출세하고 치부하며 동족을 탄압한 친일파 민족 반역자 재벌들도 적지 않았다.

해방이 되었을 때 나는 젊은 기독교인으로서 이들을 가혹하게 숙청하는 것을 찬성하지는 않았으나 적어도 해방된 조국에서는 그들이 무대 뒤로 물러나야 한다고 생각했다. 그러나 사태는 정반대 방향으로 나아갔다. 물러나야 할 이들이 미군정과 손을 잡고 반공이란 명분을 앞세워 새 무대를 차지하고, 마땅히 새 무대의 주인공이 되어야 할 애국자들의 등장을 가로막았다. 그리고 새로운 탄압의 역사가 시작되었다.

나는 이 글을 쓰는 도중에 우리나라 여성 정치학자인 손봉숙 박사가 쓴 『동티모르의 탄생』이란 책을 읽었다. 그 책의 출판 기념회에서 한마디해 달라고 해서 읽게 되었는데, 읽다가 나는 그만 어린아이처럼 울어버렸다.

19일 저녁 6시, 딜리 공항을 지나 호수 옆에 위치한 타시톨

루(Tacitolu)에서 수십만 명의 주민들이 참여한 가운데 집전된 대규모 미사를 시작으로 독립 기념식의 불이 붙었다. 전세계 90여 개국에서 700여 명의 축하 사절이 참석할 만큼 인구 80만 명의 작은 나라로서는 기록적인 축하 행사를 치르게 되었다.

공식 기념식은 밤 열한 시에 시작하여 새벽 한 시까지 짜여 있었다. 열대 지방이라 33도를 웃도는 무더위 때문에 밤에 행사를 하는 것이 쾌적하기도 하지만 20일 0시를 기해 독립을 선언하자는 데 그 의미가 있었을 것이다. 우리 대표단도 단상에 자리를 잡았다. 행사장에는 내외 축하객을 위한 귀빈용 단상이 마련되었고 그 정면에 대형 스크린을 설치하고 행사장 주변으로 주민들이 자리를 했다.

전통 의상을 화려하게 차려 입은 수천 명의 주민들이 동티모르의 국가 상징인 모형 악어를 높이 치켜들고 춤과 노래로 독립 기념일의 분위기를 돋웠다. 지난 3년여 주민들을 상대했지만 이들에게 이처럼 아름다운 노래와 춤사위가 있었는지 미처 몰랐다. 그 동안 안으로 삭이고 억제되었던 기쁨과 열정이 있는 대로 분출되고 있었다.

춤과 노래가 끝나자 갑자기 행사장의 모든 불이 꺼졌다. 그리고 행사장 정문으로부터 아래 위 하얀 옷을 입은 사람들이 촛불을 하나씩 들고 행사장으로 줄이어 들어섰다. 순식간에 행사장은 촛불의 바다를 이루었다. 장관이었다. 이들은 촛불을 들고 서서 아주 낮고 애절한 가락으로 노래를 부르기 시작했다. 누가 들어도 그건 분명 추모와 애도의 가락이었다. 대형 스크린에는 독립 운동의 상징이요, 딜리 대학살의 본거지인 산타 크루즈 묘지가 영상으로 비쳐졌다. 오늘 같은 독립의 날을 꿈꾸며 먼저 떠난 선열들을 기리는 추모의 촛불 행사는 스크린에 수십 개의 십자가가 클로즈업되면서 절정을 이루었다. 보고 듣는 모든 이들의 가슴을 저미게 하는 의식이었다.

노래가 끝나자 촛불을 끄고 이들은 중앙에 통로를 만들며 양옆으로 나누어 앉았다. 행사장에 불이 환하게 밝혀지면서 그 중앙 통로로 독립 무장 게릴라 투쟁을 담당했던 팔린틸 용사들이 군가에 발을 맞추어 보무도 당당하게 행사장 안으로 걸어 들어왔다. 여기저기서 환호의 휘파람을 불어대며 떠나갈 듯이 박수가 터져나왔다. 이들은 단상으로 올라가 내외 귀빈들에게 인사를 드리고 다시 왔던 길로 되돌아나갔다.

이들은 이렇게 독립 운동을 하다 죽은 자와 살아남은 자들 모두에게 추모와 경의를 표하고 독립의 영광을 나누어 가졌다. 감동으로 가슴이 떨리고 나도 모르게 눈물이 터져나왔다.

1945년 8월 15일, 해방이 됐을 때 우리는 과연 무엇을 했는가? 독립 투쟁을 해온 영웅들을 제대로 환영도 못하지 않았던가?

1948년 8월 15일, 대한민국을 수립하면서 독립운동을 하다 죽은 선열들, 살아서 돌아온 투사들에게 우리 국민들이 한 일은 과연 무엇인가?

지금도 달동네 단칸 셋방을 전전하는 독립투사의 후손들을 생각했다. 부끄러웠다. 이 나라는 결코 작은 나라가 아니구나 하는 생각을 했다. 이들의 민족 정기가 부러웠다.

우리도 일제의 억압 아래서 민족의 독립과 자유를 위해, 정의가 실현될 민주국가를 건설하기 위해 목숨을 바쳐 싸우다 죽은 많은 애국자들을 추모하는 행사를 가져야 한다. 또 싸움터에서 살아남아 해방된 조국에 돌아온 분들과 함께 건국 운동을 했어야 했다. 저 작은 섬나라 동티모르 국민들도 해낸 일을 왜 우리는 못 한 것인지, 애국 투사들이 수난을 겪다 빛도 없이 사라져가고 그 유족들이 지금도 달동네 주변을 전전하고 있는 것이 아직도 우리의 역사라는 건 너무나 가슴 아픈 비극이다.

내 친구인 바이체커의 말처럼, 과거의 아픈 역사를 정직하게 바라보고 아픔을 견디며 청산하지 않고서는, 현재와 미래의 역사를 바르게 볼 수 없는 장님이 되고 말 것이다.

우리는 일본이 역사를 왜곡했다고 분통을 터뜨리지만 그에 앞서 우리가 우리 역사의 치부를 덮어두고 진실을 밝히지 못한 점은 없는지 살펴보고, 그 치부를 정직하게 드러내어 잘못을 바로잡아야 한다.

아직도 우리는 해야 할 일이 많이 남아 있다. 새 천년이 열리고 새 대통령이 나왔다고 하여 모든 문제가 해결된 것은 아니다. 이제야말로 과거 억압 때문에 차마 하지 못했던 일을 찬찬히 찾아 하나씩 해나가야 하고, 이미 해왔던 일은 마무리를 해야 한다.

그런 과제 중에 한 가지를 꼽자면, 해방 후부터 4·19혁명 사이에 잘못된 정치로 희생당한 많은 사람들에 대한 진실을 밝히는 일이다. 그들의 한을 풀어줄 수는 없어도 그들이 행한 일의 진실은 적어도 밝혀야 한다고 본다.

“아직은 환송사를 할 때가 아닙니다”

이런 내 심정을 2002년 10월 18일 아카데미 하우스 새벽의 집에서 있었던 한 모임에서 밝히기도 했다. 1970년대 한국 민주화와 인권을 위해 노력해온 미국과 일본 등 외국인 지도자 약 70명이 초청되어와 한 주일 동안 한국을 둘러보며 그들이 희생적으로 노력했던 민주와 인권의 발전상을 돌아보고 떠나는 전날 밤 열린 환송 파티에서였다.

그 모임은 내가 주최한 것도 아니어서 그 일정에 대해서는 잘 모르고 있었는데, 환송연에 즈음하여 내게 환송사를 해달라는 부탁을 갑자기 해 나는 당황했다. 그러나 사양할 수 없어 단에 올라가 대략 다음과 같은 이야기를 했다.

> 이 자리에 참석한 여러분의 헌신적이고 희생적인 노력으로 30년 이상 인권 유린을 해온 반민주적인 군사 정부를 종식하고 문민정부, 국민의 정부가 탄생했습니다. 이에 크게 이바지해주신 데 대해 깊은 감사를 드리지만 내게 환송사를 하라는 데 대해서는 뜻을 달리합니다.
>
> 환송사라면 이제 한국의 민주주의, 인권이 다 보장되어 당신

들의 일이 다 끝났으니 편한 마음으로 돌아가라는 말처럼 들립니다. 나는 지금 환송사를 하고 있는 것이 아니라는 것을 이해해주기 바랍니다.

나는 올해 여든다섯으로 1970년대와 1980년대 투쟁에서는 여러분들 뒷전에 섰던 사람이지만 일제 시대, 8·15 후 미군정, 이승만 정권 하에서는 역사의 최전선에서 누구보다 치열하게 살아온 사람입니다. 그 오랜 역사를 지켜본 나로서는 군사 정부가 물러가고 양김 시대가 왔으니 민주화와 인권 문제는 다 해결되었다는 천박한 사고에는 동의할 수 없습니다.

내 입장에서 보면 해방 후 미군정과 자유당, 한국민주당 통치 시대는 4·19 학생 의거로 끝날 때까지 15년 동안 형언할 수 없는 인권 유린의 역사였습니다. 이 시기는 군사 정부가 아니라 민간 정부였습니다.

이 역사를 밝히지 않고 이제 민주화가 다 되었다고 생각해서는 안 됩니다. 이 15년 간의 역사는 오직 극한적인 반공 이데올로기로 공산주의 조직과는 관계도 없는 많은 사람들을 공산주의 연루자라는 누명을 씌워 탄압하고 살해한 피의 역사였습니다.

그 예를 일일이 들 수 없지만 미군정 하에서 반공 정책을 수행한다는 명분 아래 친일파와 민족 반역자들이 핵심 세력에 들어와 제주도 4·3사건, 여수 순천 반란사건, 거창 사건, 지리산 토벌작전, 김제 부안 농민 폭동사건, 대구 10·1사건, 그리고 보도연맹 사건 등을 끔찍한 대량 학살로 몰고 갔습니다.

그러다가 1960년 4월 19일 학생 의거로 이승만 정권의 자유당, 민주당 통치 시대도 끝났으나 새로운 민주 정부를 세우기 위해 총선거를 실시하려고 보니 민주당 외의 정당은 거의 다 소멸된 상태였습니다. 실질적으로는 민주당에 대한 가부 투표로 수립된 정부가 민주당 정부였고 이들은 신파와 구파로 대립하다가 9개월 만에 군부 쿠데타로 끝나버리고 말았습니다.

그 길고 긴 군사 통치 시대가 끝난 후 들어선 문민정부 대통령은 4·19 후 민주당 시대 구파 지도자였고 국민의 정부 대통령은 민주당 신파 지도자였습니다. 그런 뿌리를 가지고 있기에 8·15 후부터 군사 정부 시대에 이르기까지의 반민주적이고 극단적인 인권 유린의 역사가 오늘날까지 청산되지 못한 것입니다.

현 정부가 구성한 과거의 의문사 조사위원회를 봅시다. 그 조사 대상은 군사 정부, 구체적으로는 1969년 이후에 한정했습니다. 제가 위에서 말한 그 어마어마한 사건은 덮어둔 것입니다.

또 하나 구체적인 실례를 들어볼까요? 이승만 정권 아래에서 농림부 장관을 지내고 그후 국회 부의장까지 지낸 조봉암 씨는 1956년 대통령 선거 후 반공법으로 사형됐습니다. 그가 아직 복권이 안 된 것으로 알고 있습니다. 일제의 억압 아래 독립 운동을 이끌고 해방 후 좌우 합작을 추진해온 중도 좌파 지도자 여운형 선생의 경우도 마찬가지입니다.

내가 어제 일본에서 돌아왔는데 일본에 머무는 동안 북한에 불법 납치되었다 일본을 방문한 다섯 사람의 이야기가 일본의 전매스컴을 장식하고, 정계 지도자들을 비롯하여 온 일본 열도가 북한의 야만적 납치 규탄을 하는 것을 보았습니다. 북한의 행위를 규탄하는 것은 이해하지만 일본이 36년간 한반도에서 행한 행위는 그것과는 비교가 안 될 정도로 야만적이었습니다. 일제에 강제 연행된 40만 명과 이국 땅에서 스러져간 위안부 문제는 아직도 해결이 안 된 상태입니다.

이 자리에 참석한 일본인 친구들은 잘 들으십시오. 일본과 한반도의 정상적인 관계를 수립코자 한다면 일본 정부와 양심적인 시민들에게 이러한 역사를 일깨워주십시오.

미국에서 온 친구들은 부시 정부에다 대고 얘기해주십시오. 북한을 악의 축으로 규정하고 미국이 선제 공격을 하겠다고 하는데 만일 이런 일이 일어나면 민주주의 회복과 인권은 고사하고 한반도 전체가 불바다가 되어 우리 민족은 사멸하고 말 것입니다. 부시 정부가 이런 정책을 못하게 하고 한반도의 평화를 위해 노력해주기 바랍니다.

그러므로 나는 여러분을 환송한다기보다 이 한반도의 현실을 똑바로 보고 한반도 전체의 민주화와 평화 정착을 위해 이제부터 새로운 투쟁을 계속해야 할 때라는 것을 말씀드리고자 합니다. 5년 후에 이런 뜻이 다 이루어졌을 때 우리가 여러분들을 다시 모시고 그때 내 나이 아흔이 되어 진짜로 환송사를 할 수 있게 되기를 진심으로 바랍니다.

아픈 역사를 청산하려면 먼저 밝혀야 한다

8·15에서 4·19 사이 전쟁통에 학살당한 사람들, 분단된 국토를 적화 통일하기 위해 무력 남침하거나 지하 조직을 통해 적화운동을 하다가 피살된 사람들은 국가 안보에 관한 일이기에 불가피한 희생이라고 이해한다.

그러나 내가 직접 조사한 김제 부안 농민 폭동 사건처럼 옥석을 가리지 못하고 무차별적으로 희생된 많은 사람들, 특히 정치적 반대 세력을 공산당으로 몰아 탄압한 사람들에 대해서는 제대로 진실을 밝혀야 한다.

1948년 8월 15일 대한민국 정부가 수립된 후 북쪽에도 공산주의 정권이 수립되었다. 이승만 정권은 1948년 12월에 국가보안법을 제정, 좌익 세력의 불법화를 단행했다. 좌익에 대한 탄압이 시작되자 남로당 계열은 지리산, 태백산 등 남한 전지역에서 이른바 '빨치산 투쟁'에 들어가게 되었다.

정부는 이런 지하 폭력 투쟁 세력은 강력히 색출하는 반면 해방 후 좌익 계열 단체 등에 단순 가담했던 사람들은 회유하고 포섭하는 당근 정책으로 국민보도연맹을 조직했다. '대한민국 절대 지지' '공산주의 절대 반대' 등의 구호 아래 1949년 6월 5일 중앙본부가 결성된 후 1950년 3월까지 1단계 조직을 완료했는데, 전국적으로 약 33만 명이 모였다.

처음에 이 연맹은 해방 후 3년 간 자유롭게 공산주의 단체를 조직할 수 있었던 시기에 단순 가담한 사람들, 예를 들면 토지를 무상 분배해준다는 정책에 응해 농민연맹에 가담했던 사람들을 포섭하여 대한민국 지지 세력으로 바꾸려는 의도에서 시작되었다. 그러나 차차 보도연맹에 가입시키는 일에 집중하다보니 단순 가담자는 물론 좌익 운동과는 관계없는 사람들까지 가입하였다.

그런데 6·25전쟁이 일어나자 이 보도연맹원들이 이북군에 가담할 수 있고 지하 세력화하여 폭동을 일으킬 수도 있다는 염려에서였는지 이들에 대한 대대적인 학살이 단행되었다. 이 보도연맹원 대학살 사건은 옥석을 가리지 못하여 무고한 많은 사람들을 희생시켰다고 한다. 보도에 의하면 전국에 걸쳐 약 20만 명이라고 하니 엄청난 숫자가 아닌가.

MBC 텔레비전에서는 당시 기적적으로 살아남은 사람들, 억울하게 피살된 사람들의 부인, 형제, 자녀들의 생생한 증언과 유골을 찾아내는 작업 광경, 뼈는 찾았으나 누구 뼈인지 분간할 수 없어 유족들이 집단적으로 제사를 드리면서 우는 광경, 특히 50여 년 동안 빨갱이 가족이란 누명 때문에 소리 놓아 울지도 못하고 살아온 이야기들, 그리고 그 당시 관계자들 증언까지 상세히 보도하였다.

그런데 내가 정말 이해할 수 없는 일은 이런 천인공노할 대학살 사건이 왜 50년 이상이 지나도록 진상 조사가 이루어지지 않고 있느냐는 것이다. 50년이 지난 오늘도 겨우 MBC 창사 40주년 기념 프로로 이런 참혹한 역사의 극히 일부만이 보도되어야만 하는가? 군사 정부 40년 간은 말할 것도 없고 문민정부, 국민의 정부에서도 왜 이런 기막힌 역사가 여전히 감추어져 있어야 하는

지 알 수가 없다.

국민의 정부에서 구성한 의문사 진상규명위원회도 1969년 3선 개헌 반대 사건 이후에 한정하였고 그것도 2002년 9월 16일에 마감했으니 해방 후 일어난 이 끔찍스러운 학살 사건들은 언제 진상을 밝히겠다는 것인지 모르겠다.

군사 정권에서 민주 정권으로 바뀌었다고 하지만 이승만, 한국 민주당, 자유당 치하의 문제는 손을 댄 것 같지 않다. 이 야수적인 학살 사건의 주모자는 누구인가? 텔레비전 보도에서 조병옥, 김창룡, 신성모 등을 거론하면서 이승만과 김창룡의 주도로 행해진 일이라고 암시만 했을 뿐 정확한 신상 규명은 이루어지지 않았다.

미군정과 이승만 정권 때에 발생한 비극적인 사건들은 4·19학생 의거로 타도되었다. 그러나 학생들은 학원으로 돌아갔다. 선거에 의해 새 정부를 세워야 하는데 극좌 세력인 남로당은 이미 월북해버리고 중도좌파인 여운형 세력, 중간파인 김규식 세력, 중간 우파인 안재홍 세력, 순우익 정당인 백범 김구의 한독당 세력은 이미 정치 세력으로 명을 다한 상태였다.

그래서 민주당의 독주로 제2공화국을 세웠으나 9개월도 못되어 5·16이 일어났다. 군사 정부가 끝난 후 민주화가 성취되고 인권이 보장된 양김 시대를 맞았으면 비참한 역사를 당연히 밝혀야 했다.

내가 역사를 밝혀야 한다고 주장하는 것은 관련자를 정죄하고 보복하기 위해서가 아니다. 우리의 비극적인 과거의 상처를 쓰다

듬기 위해서는 아프더라도 먼저 밝혀야 한다는 것이다. 그래야 현재와 미래를 바르게 볼 수 있다는 바이체커의 의견에 동의하기 때문이다. 이제라도 동티모르 사람들처럼, 민족을 위해 희생된 사람들의 업적을 기리고 억울하게 희생된 사람들의 한을 풀어주어 그 후손들이 떳떳하게 살아갈 수 있도록 도와야 한다.

나는 텔레비전에서 그 유족들의 원한과 슬픔을 보았다. 50년 이상 가슴 속에 묻고 살다가 텔레비전 앞에서 눈물을 흘리며 "한을 풀어달라"고 호소하는 그들. 50년 간 눈물도 제대로 흘리지 못하며 '빨갱이 가족'이라는 질시 속에 숨죽이며 살다가 50년 만에 통곡하고 처음으로 제사 지내는 그들을 보았다. 이제라도 저들의 한을 풀어주고 가능한 한 보상을 해줌으로써 그 시기의 역사를 정화한 후 비로소 긴 역사 속으로 흘려보내야 한다고 생각했다.

이제 나는 느보 산 비스가 봉우리에서 우리 앞에 다가올 역사, 가나안을 바라보고자 한다. 지금 내가 서 있는 곳에서 보는 미래가 모세가 본 가나안 복지와 같다고 쉽게 말할 수는 없다. 우리 역사를 지배해 온 악의 영들이 모두 물러가 빈들의 역사가 끝나고 밝고 희망찬 새 역사가 곧 전개되리라는 환상을 가지기가 쉽지 않다. 나는 솔직히 한반도에 다시 초현대식 무기를 사용한 전쟁이 일어나 국토가 초토화되고 우리 민족의 역사가 끝나버리지 않을까 하는 악몽에 시달릴 때가 많은 사람이다.

그러나 나는 매우 밝은 미래를 기대한다. 미래란 누구도 확실하게 예언해낼 수는 없지만 가능성으로 볼 때 낙관적이라는 말이다. 부시 대통령이 말하는 21세기가 '전쟁의 세기'라면 지구 위의 모든 생명이 말살되는 세기라는 말이다. 그러나 나는 인류가 다 그렇게 어리석다고는 생각하지 않는다. 반드시 창조적인 세력들이 있다는 것을 믿는다. 그러므로 나는 걱정을 완전히 없애지는 못하지만 미래를 밝게 보고 있다.

대우주와 극소우주

새로운 과학 기술에 의해 속속 밝혀지는 우주의 실체는 우리가 알아온 우주, 혹은 우리가 상상해온 우주를 훨씬 뛰어넘는 대우주(macrocosm)라는 것을 말해주고 있다. 몇 해 전 브리태니커 사전에는 우리가 살고 있는 지구는 많은 별들 중에 지극히 작은 행성의 하나이고 이 지구가 속해 있는 은하계에만도 약 1,000억 개의 별이 있으며, 우주에는 이런 1,000억 개의 별로 구성된 은하계가 역시 1,000억 개 더 있다고 나와 있었다.

그후에도 새로 발견된 많은 은하계가 있으니 앞으로 이 우주는 우리가 아는 지식의 범위를 훨씬 넘어서는 부피로 나타날 것이다. 중세기 지동설(地動說) 사건과 비교한다면 참으로 경악을 금치 못할 일이다.

고작 30년 전에 달에 도착한 인류는 지구에서 가까운 별 몇 개만을 겨우 연구하는 단계에 와 있을 뿐이다. 현재로서는 대우주의 신비를 정확하게 이해할 수는 없다. 다만 엄청나게 큰 대우주 시대가 온다는 것만은 확실하다. 성급한 사람들은 벌써부터 외계에 있는 별로 관광 여행을 떠날 준비를 하기도 한다.

이 넓은 우주 안에 우리 지구 사람과 같이 영성과 지성을 가진 존재들이 살고 있는 별들도 존재할 수 있을 것이다. 얼마나 놀라운 일인가. 이제 우리의 사고가 지구 중심에서 우주 중심으로 변할 것이고, 그렇게 되면 모든 분야, 특히 종교계에는 엄청나게 큰 변화가 일어날 수밖에 없을 것이다.

이러한 대우주의 정반대 지점에 있는 것 중에서 나노(Nano) 공학, 유전공학, 정보통신, 로봇 등의 몇 분야에 대해서도 이야기해보고 싶다. 나야 이 분야에 대해서는 무지에 가까운 지식의 소유자이지만.

나노라는 말의 어원은 '난쟁이'라는 말이다. 머리카락 한 개의 5만 분의 1, 즉 지극히 적다는 뜻이다. 나노 혁명의 한 예를 든다면 미국 국회 도서관에서 보유하고 있는 1,250만 권의 도서 정보가 각설탕 한 개만한 크기의 물체 안에 담길 날이 앞으로 10년 안에 도래할 거라는 사실이다.

나노 혁명 이론을 『나노 구조』 등의 저서를 써서 발표한 에릭 드레슬러는, 인간의 몸 속에 혈관 속을 유영하면서 암세포를 파괴하는 극히 작은 컴퓨터 칩을 만들어 넣을 수 있다고 했다. 이러한 나노 로봇이 만들어지면 생물과 물질의 경계가 사라져버리는 세계가 도래할 것이라고 그는 예견했다.

나노 공학과 유전 공학에 의해 거의 모든 질병의 진단과 치료는 한 알의 알약으로 가능하며, 노화를 촉진하는 유전자를 염색체 속에서 찾아내어 이들의 작동을 멈추게 하거나 느리게 할 수도 있어 수명이 그만큼 길어지게 된다. 그뿐 아니라 동물의 장기 이식이 가능해지고 새로운 물질로 장기를 만들어내어 인간의 수명을 연장시킬 수도 있다고 한다.

남녀의 성적 결합 없이 아이를 만들 수도 있고, 유전 인자의 발견으로 가족간의 사랑, 모성애 등의 감정도 인공적으로 만들어낼 수 있을 것이라고 한다. 실리에(Lee M. Silyer)는 『에덴을 다시 만든다』라는 책에서 다음 세기에는 지금의 인간과는 유전적으로 다른, 새로운 인간들이 탄생할 것이라고 예견했다.

이 글을 쓰고 있는 오늘날, 인간 게놈 연구의 최고 권위자인 설스틴은 유전 공학은 병의 치료제인 약품 제조만이 아니라 인간의 감정, 행동, 두뇌 활동에도 영향을 미칠 수 있다고 말했다. 그러면 앞으로 30년쯤 뒤에는 사랑, 증오 등의 감정이 어떻게 생성되는 것인지도 밝힐 수 있다는 것이다. 또 다른 연구 보고에 따르면 아이가 잉태될 때부터 병이 없고 오래 살 수 있게 하는 프로그램도 가능하다고 한다.

그런 미래 사회에 인간성과 영성, 신에 대한 믿음과 종교는 어떤 모습으로 정리될지 나는 궁금하다. 미리 프로그램되어 탄생한 완벽한 아이와 우수한 인간만이 환영받게 되는 것은 아닌지, 지금도 자신과 다른 피부색과 믿음을 가졌다는 이유로 타인이나 다른 민족에 대한 편견을 다 버리지 못하고 있는 현 인류가 과학의 힘까지 얻었을 땐 어떤 미래를 갖게 될지, 걱정과 기대를 갖게 된다.

사이버 혁명과 사회

사이버 사회의 미래를 정확하게 점치기는 어렵다. 그러나 지난 몇 년 사이의 변화와 요사이 일어나는 현상을 살펴보면 어느 정도 전망이 가능하다고 본다.

지난 10년간의 변화를 먼저 살펴보자. 내가 방송위원회 위원장을 그만둔 지가 10년이 조금 넘었다. 내가 그만두던 1991년 우리나라의 텔레비전은 공중파 방송인 KBS1, 2와 MBC였고 SBS는 지방 방송으로 새 출발하던 시점이었다. 그러나 지난 10년간 케이블 텔레비전, 위성방송, 지방 방송국의 확장, 디지털 방송 등 혁명적인 변화가 계속 일어났다.

대부분 국민들은 휴대폰을 지니고 다니고 인터넷을 통한 새로운 의사 소통의 공간이 만들어졌다. 이런 혁명적인 변화들은 앞으로 머지않은 미래조차도 예측하기 힘들게 하고 있다.

1960년대 내가 외국 여행을 자주 하던 시절 외국에 나가면 제일 처음 겪게 되는 어려움이 전화 문제였다. 우리나라에서 외국에 한 번 통화하려고 할 때도 많은 시간과 절차가 필요했다. 그런데 지금은 휴대전화 하나로 지구 위 어느 곳에서나 통화가 가능하게 되었다.

세상의 거리는 점점 짧아지고 있고 경계는 점점 미약해지고 있다. 항공 기술의 발전으로 공간거리의 개념 자체가 달라지고 있다. 사람들은 공간과 시간의 제약을 거의 받지 않게 되고, 거리와 경계의 약화는 국가라는 인식에도 적지 않은 영향을 미쳐 국가

자체도 서서히 소멸되어 갈 것으로 예측된다.

지금까지 인류는 지극히 작은 행성인 지구 위에 살면서 부족이니 민족이니 문화권, 경제권 등으로 나뉘어 상호 대결과 충돌로 점철된 역사를 살아왔지만, 이제는 '지구촌'이라는 세계가 상상이 아닌 현실로 우리 앞에 다가오고 있다.

이처럼 실제 세계 자체도 경계가 약해지고 있는 가운데 이제는 가상 현실마저 생겨나 가상 체험과 현실 체험을 잘 구분하지 못하는 경우도 생겨나고 있다. 앞으로 환상과 현실의 경계는 점점 더 분명치 않게 될 것이다.

선마이크로 시스템의 공동 설립자인 빌 조이(Bill Joy)는 오래지 않아 로봇이 인간이 하는 모든 일을 대체하는 정도가 아니라 로봇이 인간을 몰아내고, 유전 공학 실험실에서 빠져나온 생물체가 제멋대로 날뛸 것이며, 자칫하면 자가 증식 능력을 가진 나노기계가 생물체 전체를 회식점액으로 분쇄해버릴지도 모른다는 무서운 말을 했다. 공상 과학 영화에서나 볼 수 있었던 것이 어쩌면 실현될지도 모른다는 얘기다.

미래사회의 양극화는 더욱 무섭다

과학 기술의 혁명적 변화는 다음 세대 우리 인류를 위해 여러 면으로 긍정적인 작용을 하게 될 것이다. 위에서 예를 든 대로 무서운 병마에서 해방되고 수명이 늘어나며, 노화현상을 피해 젊음을 유지할 수 있게 되고, 지금껏 우리를 제약해 온 시간과 공간이 축소되거나 소멸될 것이다. 또한 각종 현대적 기기가 집안에 설치되어 대부분의 가사가 아주 쉽게 처리되어 전통적으로 여성이 해왔던 일들이 가벼워짐에 따라 여성도 남성과 차별 없이 사회에 진출할 수 있는 기회가 많아질 것이다.

물질 생산에 기초한 과거의 문명과는 달리 이 사회는 정보 문명 사회가 될 것이다. 공업사회의 전형적 조직 원리인 관료주의와 중앙집권적인 획일 사회는 개혁될 것이고 평등주의, 분권주의, 다양화의 원리가 지배적인 이념이 되어서 모든 부문이 정보통신망으로 연결될 것이다.

선거 역시 전자화되어 집에서 투표하고 유권자의 의견도 직접 방송을 통해 전달할 수 있게 된다. 대형 정보 조직 소유체의 독점적인 권위는 약해지는 대신 뉴미디어 이용자는 더욱 다양해지고 세분화되고 따라서 탈획일화의 요구도 두드러질 것이다. 이 외에도 많은 분야에서 긍정적으로 받아들일 수 있는 변화가 생겨날 것이다.

이렇듯 긍정적인 면이 많지만 역시 부정적인 측면이 더 우세하리라고 나는 보고 있다. 가장 중요한 것은 인간의 정체성과 영성의 문제다. 동물 심장을 이식한 인간이 인간의 정체성을 그대로 유지할 수 있을 것인가 하는 문제와 사랑의 감정마저 인공적으로 만들어진다면 인간이라는 기준은 어떻게 될 것인가 하는 점이다.

또 정보가 발달하면서 인간의 사적 영역은 점점 침해받기 쉬워지며 인터넷을 통한 기계와의 관계에 매몰되어 인간과 인간 관계, 그리고 영성은 고갈되지 않을까 걱정된다. 인간이 지배해야 할 로봇이 오히려 인간을 지배할 정도로 로봇 과학이 발달하고 인간 두뇌에 컴퓨터를 넣어 가상과 현실을 구별하기 어렵게 된다면 이것 역시 인간의 정체성을 해칠 수 있는 요건이 된다.

또 수명 연장, 노화 예방은 매우 바람직한 일이지만, 노령화 사회가 급팽창하면서 생겨날 어려운 문제들도 분명히 있을 것이다.

이러한 미래 사회에서 정보는 곧 힘이 된다. 유전 공학은 신체적, 정신적, 물질적인 면에서 뛰어난 유전자를 소유한 사람과 그렇지 못한 사람들의 구분을 더욱 명확하게 할 것이다. 우수한 사람은 몸집도 크고 유전자의 도움으로 부를 축적할 수도 있게 될 것이다. 이렇게 되면 인간 관계에 양극화 현상이 나타날 뿐만 아니라 계층과 국가간에도 정보를 많이 소유한 나라와 그렇지 못한 나라 사이에 정보 유통의 불균형이 일어날 테고 이로 말미암아 새로운 형태의 자본주의 체제가 등장하게 될 것이다.

가지고 있는 정보로 이윤을 창출하고 자본을 축적한다면 지금의 자본주의 체제와 다를 것이 무엇인가. 정보 혁명이 일찍 시작된 미국의 경우 빈부 격차가 그 이전보다 더욱 벌어졌고 같은 시기에 선진국과 후진국 사이의 격차 역시 심각하게 벌어졌다. 결국 정보를 소유한 자와 그렇지 못한 자 사이에 평등은 존재하지 않는다.

또 한 가지 우려되는 양극화 현상은 인터넷 용어의 90퍼센트 이상이 영어라는 점이다. 이러한 언어의 독점은 가속화되고 있다. 새로운 지구 문화를 형성하는 과정에서 약소국의 문화는 한갓 지역 문화로 묻혀버릴 수밖에 없다. 결국 양극화 현상은 개인적으로 보나, 사회 계층적으로 보나, 국제적으로 보나 더욱 심화되어 새로운 문명의 갈등 요인으로 등장하게 될 것이다.

종래의 가정, 직장, 사회단체에서 형성되어 온 소속감, 유대감, 안정감 역시 심각한 위기를 맞을 것이다. 이렇게 되면 새로운 정보 기술을 이용한 선거 유세나 정치 활동이 가능해져 일반 국민의 응집력을 약화시키는 새로운 여론 정치가 나타날 가능성도 있다.

전쟁이냐 평화냐

인류의 역사는 전쟁으로 시작되어 전쟁으로 유지되어왔다고도 볼 수 있다. 인간이나 집단 혹은 민족 국가의 탐욕을 채우기 위해서는 약육강식의 법칙이 지배할 수밖에 없었다. 구약에 보면 인류의 시조 아담과 이브가 낳은 두 아들 카인과 아벨이 이미 싸움을 벌여 동생이 살해되는 것으로 역사는 시작된다.

20세기에 들어와서 인류는 세계 전쟁을 두 번 겪었다. 두번째 전쟁에서 미국이 원자탄을 히로시마에 투하함으로써 일본의 항복을 받아냈지만, 원자탄의 무서움은 전세계에 입증되고도 남았다. 이후 강대국들은 평화 운동가들의 거센 반발을 무릅쓰고 핵무기 개발 경쟁에 뛰어들어 지금 지구에 있는 핵무기만으로도 이 지구를 일고여덟 번 파괴할 수 있을 정도라고 한다.

그러나 핵무기만이 문제는 아니다. 최근 60년 동안 전세계에는 전쟁이 끊이지 않았고 전쟁이 행해질 때마다 첨단 과학 기술에 의한 새로운 무기가 등장해왔으니 그 동안 얼마나 많은 새 무기가 만들어졌고 어디에 어떻게 배치되었는지 알 길이 없다. 별들의 전쟁에 대한 논쟁도 일어나 세계를 시끄럽게 한 일이 있다. 현재 지구 위에 있는 살상 무기가 몇 종류나 되고 그 숫자가 어느 정도인지는 알 수 없지만, 세계 전쟁이 다시 일어난다면 지구 위의 생명체는 소멸되고 생명 없는 지구가 태양 주위를 돌 것이다.

그런데 9·11사태 후 부시 대통령은 반 테러 정책으로 지구촌을 가공할 전쟁의 위기로 몰아넣고 있다. 2차 대전이 끝난 뒤 미국과 소련, 이 두 강대국의 균형으로 가까스로 평화를 유지해온 지구는 소련 붕괴 후 초강대국 미국의 정책에 따라 움직이고 있다. 전지구촌이 부시의 전쟁 계획에 저항하고 있지만 그 결과가 어떻게 될지 누구도 알 수 없다.

더욱이 부시의 '악의 축' 발언대로 미국이 북한에 무력을 사용한다면 우리 남과 북은 공멸할 것이고 나아가 동북아 지역의 평화가 깨어지면서 인류 역사는 종말을 고할지도 모른다. 그렇기 때문에 우리가 감당해야 할 많은 과제 중에서 최우선 과제가 평화 운동이라고 나는 생각한다.

또 하나 과학 기술의 부정적인 면은 두말할 것도 없이 가공할 오염에 의한 생명권의 파괴다. 과학 기술 발전으로 인한 공업 사회가 생태계의 파괴를 가져왔다는 것은 누구나 아는 사실이다.

우리나라에서 공업화가 시작된 1960년대에 이미 선진국에서는 심각한 환경 문제가 대두되고 있었다. 테무스 강, 라인 강, 일본의 스미다 강은 오염으로 어류가 소멸되고 이타이이타이병 등 환경 오염에서 생긴 질환이 그때 생겨났다. 이 때문에 '하나뿐인 지구' 회의에서는 산업 개발의 전제 조건을 환경을 오염시키지 않는 것으로 하자는 주장도 나왔다.

박정희 정권의 가장 큰 실책은 선진국의 교훈을 경제 발전에 장애가 된다고 무시한 점이다. 당시 공업화가 본격화되지 않았던 미개발국가인 우리로서는 선차복 후차계(先車覆後車戒)라는 선조의 교훈을 따라 선진국에서 달리던 차가 뒤집히면 경계를 해야 할 텐데, 선진국이 잘못 빠져든 길을 그대로 뒤따라갔다. 질주해온 우리의 차는 이제 방향을 바꿔야 할 때다.

내가 이 글을 쓰고 있는 이 시간, 이미 장마철이 지났는데도 지구 위의 많은 지역이 홍수를 입어 큰 피해를 겪고 있다. 바로 지구 온난화 때문이라는 것을 온 인류가 이미 상식으로 알고 있지만, 마치 제동 장치가 고장난 자동차가 파괴되어 주저앉을 때까지 달리는 것처럼 우리는 아무 대책 없이 살고 있다.

나는 오래 전부터 이런 문제를 환경 문제가 아닌 바로 생명의 문제라고 주장해왔다. 인간의 탐욕을 충족시키기 위해 인간 최고의 가치인 생명을 조직적으로 살해하는 이 문제를 어떻게 해결할 것인가. 유엔이 리우데자네이루에서 전세계 정상들과 모여 이 문제를 해결하기 위해 심각한 논의를 벌이고 많은 해결책을 발표한 지 10년이 다 되어가지만 사태는 조금도 호전되지 않고 오히려 악화되어가고 있다.

우리는 새로운 세기에 인류의 생명권을 결정하는 시점에 와 있다. 생명에 공헌하는 일과 생명에 위협을 가하는 부정적인 측면을 직시하고 긍정적인 변화가 일어나도록 해야만 한다. 바로 그런 시대에 우리는 살고 있다.

'영'과 '지혜'를 지닌 지도자를 기다리며

이제 땅 위에서 끝날 날을 앞두고 있는 나는 모세처럼 나 대신 우리 민족을 이끌고 가나안으로 들어가 이 미래를 건설할 젊은 여호수아가 나타나기를 간절한 마음으로 기다린다.

느보 산 비스가 봉우리에서 모세는 가나안에 들어가 출애굽의 역사를 완성할 여호수아를 두 마디로 표현했다.

"하나님의 영을 받은 사람으로 지혜가 많은 사람이라."

나는 영을 받고 지혜가 넘치는 한국의 젊은 새 지도자들에게 손을 얹어주고 싶은 심정이다.

영이란 말은 우리말로 얼이라 해도 좋다. 나는 우리 민족이 얼을 지니고 있다는 것을 믿는다. 우리 민족의 기층에 광맥같이 가로놓인 얼을 민속학자들의 말을 빌려 '흔' '멋' '삶' 속에서 본다는 것을 앞에서 이미 이야기했다.

이런 얼 혹은 영성은 신바람, 신들림 속에 쉽게 나타난다. 이런 기층 문화가 종교적으로 나타난 모습이 샤머니즘이다. 샤먼(무당)은 신을 불러들이기 위해 가무강신의 순서를 밟는다. 노래와 춤으로 신(神)바람을 일으켜 드디어 신이 들리게 되면 나약한 무녀는 초능력을 발휘한다. 이런 샤머니즘은 시베리아와 몽고를 거쳐 우리나라에 들어왔지만 지금 이런 무교가 살아 활동하는 곳이 한국이기에 샤머니즘을 연구하는 사람들은 한국에 온다.

이런 신바람이 일어나면 못할 것 없는 힘을 발휘하지만, 무교가 타락하면 병을 고치고 돈 벌고 출세하기 위해 신의 힘을 빌리는 기복종교가 되어 비합리적인 미신, 마술로 전락하여 역기능을 하기도 한다.

나는 21세기 우리 민족 지도자로 나타날 사람들은 이 창조적인 신바람을 일으킬 사람들이어야 한다고 생각한다. 파괴적인 신바람 즉 무질서, 대립, 탐욕, 무관심 등의 독가스 같은 것은 나가고, 건설적이고 창조적인 신바람이 민중 속에서 일어나야 한다. 이 신바람 속에서 우리 민족은 수천 년간 축적된 민족의 얼을 전세계 역사 위에 남김없이 발휘하리라고 기대한다.

새로운 지도자는 국민을 지배하는 것이 아니라 국민을 섬기고 사랑하는 자세로 국민의 신뢰를 받아야 한다. 믿을 '신'(信)자는 사람(人)과 말(言)로 되어 있다. 그의 말이 보증 수표가 되도록 성실하게 해야 한다. 그래서 국민의 신뢰, 존경, 사랑을 받아야 신바람을 일으킬 수 있다.

모세가 손을 얹어준 여호수아는 위에서 영의 힘을 받는 사람일 뿐 아니라 둘째로 많은 지혜를 가진 사람이었다. 지혜란 지식이란 말과 꼭같은 것은 아니다. 이제부터 열리는 세계는 앞에서 지적한 대로 엄청나게 다른 새로운 세계다. 이러한 세계를 헤쳐가려면 애국심이나 도덕성만이 아니라 폭넓고 깊이 있는 새 지식과 국민의 심중을 통찰할 수 있는 지혜를 가져 야 한다. 이 지혜는 다름 아닌 아래에서 올라오는 힘(power from bottom)을 아는 지혜를 말한다.

다음으로 힘이란 나누어 가질수록 강해진다는 역설(paradox)을 이해해야 한다. 이는 지혜를 가진 사람만이 할 수 있다. 왕개미식으로 혼자 선두에 서고 다른 개미들은 따라가면 다 되는 줄 아는 개미형 지혜가 아니라 힘을 여러 사람에게 나누어주고 그 나누어준 힘을 아우를 줄 아는 거미형 지혜를 말한다. 이런 지혜를 가진 지도자는 독재자(dictator)도, 지시자(director)도 아닌 조정자(coordinator) 노릇을 해야 한다는 뜻이다.

다음으로는 지도자에게 필요한 것은 가치관이다. 지금까지 빈들을 지배해온 악의 영들과는 달리 생명을 최고 가치로 여기는 사람, 그 생명권 안에서 육신과 두뇌(지성)와 영성(사랑)을 갖춘 인간이 최고의 가치를 지닌다는 믿음이 있어야 한다.

인간은 제각각 역할은 달라도 다같은 인격의 소유자로 서로 마주보고 사는 존재다. 사람이 위를 바라다보는 사람과 아래를 내려다보는 사람으로 구별되었다면 눈이 머리 위에 생기든지 턱 밑에 붙었을 터인데 사람의 눈은 서로 마주보도록 만들어졌다. 이것이 신비다.

부익부 빈익빈의 양극화 사회가 되어서도 안 되지만 그렇다고 기계적 균등이나 수학적 평등 사회를 꾀해서도 안 된다. 그것은 인간과는 거리가 먼 비인간화 사회다. 마르크스와 엥겔스가 꿈꾸었던 능력에 따라 일하고 필요에 따라 분배받는 이상 사회는 결국 실패했다. 인간의 본성은 능력보다 적게 일하고 필요 이상의 보수를 원하는 존재라는 사실을 몰랐기 때문이다. 인간의 본성과 한계를 인정하면서도 그것이 빈부 격차, 지배와 피지배 등의 양극화로 나아가지 않도록 자유와 평등을 동시에 실현해나가야 인간적인 사회가 될 것이다.

나는 바이체커가 말한 두 가지 형의 정치인을 지금 떠올려 본다. 자신의 이익이나 소속 정당의 당리당략을 생각하기에 앞서 민족과 다음 세대를 먼저 생각하면서 현실을 풀어나가는 정치가(statesman)와 그와는 반대로 자기 이익, 소속 당파의 이익에 집중하는 정략가(politician), 그 가운데 우리에게 필요한 진정한 정치가의 등장을 기다리고 있다.

두 형의 정치가를 말한 바이체커 자신은 정략가가 아닌 정치가로 산 사람이었다. 내가 머리에 손을 얹고 싶은 새 지도자는 진정 바를 정(正)과 아비 부(父)를 가진 정(政)으로 민족을 다스리는 정치가이다. 이런 지도자들이 하루빨리 우리 역사에 나타나야 한다. 그래서 한반도 남쪽에서 일어나고 있는 추잡한 모략중상, 속임수, 탐욕적인 악의 영을 물러나게 하고 남북 평화 통일을 추진하는 주역이 되었으면 한다.

나는 1960년대부터 기회 있을 때마다 이북과의 관계는 두 눈이 성한 지도자가 해결할 수 있다는 말을 해왔다. 한쪽 눈으로는 우리와는 분명히 다른 체제로서 북한을 보되, 평화적인 접근을 해야 하고 다른 한쪽 눈으로는 수천 년 동안 함께 살아온 동포들이 이북 땅에 살고 있다는 것을 볼 줄 알아야 해결할 수 있다는 이야기다.

이북을 적대 관계로만 보거나 낭만적인 동포애로만 생각하고 우선 통일부터 하고 보자는 환상적인 사람들에 의해서는 해결이 안 된다. 두 눈을 다 가지고 인도적인 면에서 동포애를 실천하면서도 한편으로는 합리적이고 타산적으로 서로의 거리를 좁혀가려고 노력하는 지도자들이 남북 문제를 해결할 수 있다.

세계가 한마을인 지구촌 시대도 이미 벗어나 우주 시대로 진입하고 있는 이때, 폐쇄적인 민족주의여서는 안 되지만 그렇다고 세계화, 국제화라는 미명하에 지금 전개되는 신자유주의, 미국식 세계주의를 일방적으로 맹종하는 것은 문제가 있다. 서구의 문화 식민지가 아닌 당당한 국가로서 주체성을 살리고 우리의 전통 문화를 세계 속에 꽃피우면서 국제적으로도 종속 관계가 아닌 함께 사는 협력 관계를 형성해가야 한다.

마지막으로 인간만이 아니라 이 지구 위에 사는 모든 생명이 서로 보듬고 상생하는 세계와 우리 앞에 활짝 열리는 우주 시대의 역할을 생각하는 비전(vision)을 가지고 새로운 정열(New Pathos), 새로운 윤리 의식(New Ethos), 새로운 지식(New Logos)으로 무장한 새 지도자들이 나타나기를 간절히 기도한다.

이런 새 지도자들을 통해 내가 살아서 이루지 못한 뜻이 이루어질 수 있다는 것을 확신하면서, 내 인생에서 저질렀던 많은 허물들을 벗고, 하나님의 용서를 받으면서 나의 삶을 마치고 싶다.

맺는 말－돌아보고 내다보며

중간 그리고 그것을 넘어

격동기를 살아온 내 삶의 기록을 여기서 일단 매듭지으려고 한다. 독자들은 내가 살아오는 동안에 너무도 많은 분야의 일에 관계하며 이른바 팔방미인으로 살아온 것이 아니냐고 생각할지 모르겠다.

그러나 내게는 이 모든 것이 오직 한 가지에 집중한 것이었다. 나의 삶과 행동 전체에는 내가 믿는 주님이 관계하시고 있다. 내가 믿는 하나님은 천지와 만물을 창조하시고 사랑으로 돌보시는 분이다. 그러므로 그분을 믿는 나 역시 그가 창조하고 사랑하는 피조물의 세계를 돌보고 사랑하는 것이 도리라고 믿는다.

예를 들면 맑은 공기를 병들게 하고 맑은 물을 썩게 하고 햇빛과 흙을 오염시켜 그 안에 사는 모든 생물과 무생물을 병들게 하는 상황이라면 이를 방치하지 않고 하나님의 피조물을 돌보고 사랑하는 것은 너무도 당연한 일이다.

그리고 말씀, 사랑, 진리, 생명이신 분이 인간의 몸으로 우리가 사는 세상에 태어나 모든 인종과 계급의 인간들뿐 아니라 전피조물을 사랑하여 피 흘려 죽고 부활하고 영(spirit)이 되어 오늘도 상처입고 고난받는 이들을 돌보고 계신다는 것을 나는 믿으므로 이 모든 일에 관계하는 것은 당연하다고 할 수 있다.

나와는 직접 관계없는, 예를 들어 문화와 예술에 종사하는 사람들 곁에서 협력하고 도와주는 일은 내가 주도적이지는 않다 해도, 그것이 모든 인간의 삶을 풍성하게 하는 길이라고 생각하여 내 나름대로 노력을 했다. 다만 내가 이들을 도와주었다기보다는 그분들이 내게 과분한 대우를 해준 것 같아 늘 감사하고 미안하게 생각할 뿐이다.

또한 주님 안에서 그분과 함께 산다는 것이, 생태계의 모든 피조물들과 더불어 사는 것이라는 믿음을 나는 가지고 있다. 그래서 인간만이 중심이 되는 지배와 피지배의 관계가 아니라 모든 생명이 서로 돕는 공생(共生) 관계라는 것, 그러므로 파괴되어 가는 생태계를 살려야 한다는 신념으로 일해왔다.

인간을 살리는 인간화 문제, 생명을 살리는 생명 사상을 추진하다 보니 이런 일에 직접 영향을 미치는 분야가 정치와 기업이라는 걸 알게 되었다. 나 자신 정치인도 기업인도 아니나 그들이 인간 공동체와 생명 공동체에 미치는 영향이 크기에 그들이 하는 일에 관심을 기울일 수밖에 없었고, 또한 잘못된 일을 바로잡고자 노력하는 것은 내가 당연히 해야 할 소임이라고 생각해왔다.

다만 한 가지 분명히 하고 싶은 것은 우리가 사는 세상 모든 분야에서 교회를 본 것이 아니라 교회의 문을 통하여 전세계 즉 오이크메네를 보았다는 사실이다.

이런 생각으로 나는 여러 분야에 관심을 가지고 관계했으나, 역시 유한한 인간으로서 내가 할 수 있는 일의 영역은 극히 작을 수밖에 없다는 것을 느끼면서 살아왔다.

이 글을 읽은 분들 중에는 모든 분야가 대립 구조로 이어진 역사 속에서 내가 어느 한편에도 분명한 입장을 취하지 못하고 애매한 회색 지대에서 정(正)과 사(邪)를 분명히 하지 못한 것을 탓하는 사람도 있으리라고 추측해본다.

그러나 내가 살아오며 가지게 된 생각은 현실은 정과 사, 선과 악, 정의와 부정으로 양분할 수 없다는 것이다. 선한 것 속에도 악이 있고 악한 것으로 보이는 것 속에도 선의 요소가 있다. 그러기에 나의 선택은 선과 악 사이의 양자택일이 아니라 둘 다 선에 속할 때에는 그 중에 더 큰 선, 둘 다 악일 경우 더 적은 악(lesser evil)을 택하는 것이었다.

우리 사회를 계속 악의 순환 속으로 몰아넣은 근본 원인은 이른바 흑백이론이다. 이런 흑백이론은 폐쇄적이고 배타적이고 독선적이 되기 쉽다. 양극은 뒤집어 놓고 보면 동전의 양면과 같다.

이상과 현실은 같지 않은데, 현실을 이상으로 바꾸어 버리려는 정열은 혁명의 길이요 현실을 미화하고 고수하려는 현상 유지는 굳어진 보수라고 한다면 나는 이상, 혹은 규범을 향해 점진적으로 접근해 가는 개혁자의 길을 걸으려고 노력했다.

나는 양극으로 대립되는 상황에서 꼭 중간 지대에 서려고 했던 것이 아니라 중간에서 그것을 넘어서 양편을 보는 '중간 그리고 그것을 넘어서'가 바르게 사는 길이라고 생각하고 또 그렇게 살아왔다. 그러기에 나에 대한 독일어 책 제목도 『호랑이와 뱀 사이에서』이고 우리말로 써낸 책 제목에도 『제3지대의 증언』 『3차원의 세계』가 있다.

이런 글을 쓰는 것은 결코 변명하려는 것이 아니라, 나의 입장을 바르게 알고 비판해주기를 바라서이다. 제대로 된 비판은 언제나 고마운 마음으로 받아들이겠다는 마음이다.

모든 이에게 감사를

이제 나는 이 땅에서 살아온 80여 년의 내 생에 큰 매듭을 짓는 일을 해야 할 시점이라고 생각한다. 지금까지 살아온 삶을 돌이켜보면서 가장 먼저 차오르는 감정은 무엇보다 형언할 수 없는 감사의 심정이다. 함경도 시골에서 화전민의 아들로 태어나 소년가장이었던 내가 전세계를 무대로 활동하며 살아올 수 있게 된 것은 아무리 생각해도 내가 믿는 하나님의 특별하신 은총을 떠나서 생각할 수가 없다.

또한 무한히 감사하고 있는 것은 수직선적인 관계에서 수평선적으로 이어진 사랑이다. 내게 사랑을 베풀어준 참으로 많은 사람들을 잊을 수가 없다. 이미 노화된 나의 뇌 세포 탓으로 잊혀진 사람들도 많으리라고 생각하지만 내가 기억하는 모든 사람들에게 참으로 감사한 마음으로 살고 있다.

나는 오늘날까지 돈이라고는 벌어본 일도 없고, 그렇다고 국립 묘지에 묻힐 만한 벼슬도 해본 일이 없다. 그러나 누구 못지않게 사랑하는 사람들을 많이 가진 것이 나로서는 가장 큰 보람이다. 이러한 내 마음을 담아 『만남』이라는 제목으로 책을 한 권 쓰려고 했으나 그 뜻을 이루지 못했다. 이 사람들과 나의 만남은 엘리엇(T.S. Eliot)의 『칵테일 파티』에서처럼 그런 소외된 만남이 아니었다.

언젠가 교도소에 수감된 시인 박노해를 찾아갔을 때, 그는 옥중에서 『빈들에서』를 읽고 내가 돌아다닌 그 많은 지역을 중심으로 글을 쓰고 싶다는 말을 했다. 나는 여러 지역, 수많은 장소에서 사업이나 정치와 상관없는 사람들을 만났다. 다행히도 가는 곳마다 나를 진심으로 사랑해준 사람들을 만났다. 이러한 모든 사람들에 대해 한없는 감사의 정을 갖고 있으나 이제는 서로 만날 기회가 차츰 적어지고 세월이 흐르면서 한 사람, 한 사람 세상을 떠나거나 노쇠해지는 것을 보게 되니 안타까울 뿐이다.

이런 잊지 못할 많은 친구들만이 아니라 내가 존경하고 사랑하는 사람들, 개개의 사정은 다를지라도 내가 그들에게 품는 감사의 심정은 한결 같다. 특히 휘몰아치는 역사의 역경 속에서 자유와 정의를 위하여 목숨을 역사의 제단에 바친 많은 사람들을 떠올리면 나는 나의 비겁함이 무척 부끄러워지면서도 그들의 희생으로 이 정도의 자유를 누리고 살게 된 것을 참으로 감사하게 생각한다.

나는 이러한 분들에 대한 감사와 함께 이제는 돌이킬 수 없는 나의 잘못을 기억하고 용서를 비는 심정으로 살고 있다. 우선 하나님 앞에 나의 불충함과 잘못을 고백한다. 그는 조건 없는 사랑으로 용서해 주리라 믿는다.

신학자 카를 바르트가 쓴 글 가운데 만일 천국에 가본다면 거기에는 여러 인종, 여러 계급, 여러 종류의 사람들이 와 있지만, 그들의 공통점은 하나님 앞에서 "나는 죄인입니다"라고 고백하는 것이라는 말이 있다. 나도 그들 속에 끼여 "나는 죄인입니다" 할 것이고 또 하나님의 조건 없는 용서가 이루어지리라고 믿는다.

그러나 이런 수직선적인 관계에서 수평선적인 관계로 돌아오면 사정은 다르다. 나의 인간 관계 가운데 우선 부모에 대한 불효를 들 수 있다. 나이가 들어갈수록 점점 비통해지고 회한의 정을 금할 수 없는 것이 나의 부모님에 대한 감정이다.

우리 부모님은 예수를 믿는 분도 아니었고, 『정감록』 같은 계시록을 읽고 전쟁이 나면 생명을 구할 수 있는 장소가 강원도 횡성이라고 믿고 그곳으로 피해가 살고 있었다. 그러나 나는 이른바 깨었다는 자부심, 예수를 믿는다는 신앙심으로 우리 부모의 행동을 받아들일 수가 없었다. 그래서 강원도 횡성까지 찾아가 간곡히 설득해 8·15 직전에 고향으로 옮겨가시도록 했다. 부모님은 결국 이북에서 월남하지 못한 채 외롭게, 그리고 말할 수 없는 고난을 겪으며 살다가 세상을 떠나고 말았다.

만일에 나 자신의 신앙과 지식을 절대적으로 옳다고 생각하는 오만한 마음으로 횡성까지 찾아가지 않았던들 부모님은 이남에서 자식들을 보면서 살 수 있었을 것이다.

그뿐이 아니다. 1946년 가을 아버지께서 서울에 오셨을 때도 나는 아버지를 보살펴 드리지 못했다. 아버지가 서울에 오신 것은 이북에서는 살 수 없다는 생각에 이남에서 농사지으며 자식들 가까이 살고 싶어서였다.

아버지가 농사지을 땅을 찾는 동안 나는 나라 일이 바쁘다는 핑계로 아버지를 홀로 계시게 하고 땅을 찾는 일도 돕지 못했다. 아버지는 예수를 믿는 분이 아니기 때문에 술과 담배를 즐겼고 저녁 식사에는 반주를 드셨는데 그 당시 보수적인 신앙을 가진 나는 교회 안에 방을 얻어 살고 있는 처지인 우리 집에서는 절대로 담배를 피울 수 없다고 생각했고, 술도 드릴 수 없었다.

좁은 방에서 아이들과 함께 사는 우리 형편 때문에 아버지는 아들네 대신에 친구 몇 분의 집을 빙빙 돌면서 기거하시다 1947년 봄, "금년 농사를 서울에서 짓기는 틀렸으니 이북에 있는 땅에 농사를 마저 짓고 가을에 가족과 함께 내려오겠다"고 하셨다. 그렇게 청량리역에서 아버지를 보낸 것이 마지막 이별이었다.

그 이후 부모님 소식은 전혀 알 길이 없었고, 한참 뒤에 어머니는 1968년, 아버지는 1979년에 별세했다는 소식을 듣게 되었다. 부모 살아서는 제대로 모시지도 못했는데, 돌아가셔서는 산소도 찾아갈 수 없는 슬픔을 나는 겪어야 했다. 그보다 더 뼈아픈 상처는 맏아들인 내가 기독교를 믿게 되어 조부모님은 제사조차 받지 못하는 외로운 혼으로 세상을 떠돌 것이라는 슬픔을 아버지는 갖고 있었다.

왜 세상을 떠난 부모의 제사를 모시는 것이 제2계명을 어기는 우상 숭배라고 생각했는지. 나의 잘못된 신앙이 부모님의 마음을 늘 슬프게 만들었고, 그분들은 세상을 하직하면서도 자식의 제사를 받지 못한다는 슬픔으로 눈을 감았을 것이다.

이 글을 쓰고 있는 나의 눈이 쉼없이 젖어오는 것을 나는 어찌할 수가 없다. 후에 부모님이 세상을 떠난 날자와 사진을 받고는 이러한 나의 한을 풀 길이 없어 우리 경동교회 50주년에 새로 만든 '기독교인의 가정의례 지침'에 따라 기독교식 제사를 자식들과 함께 드리면서 그처럼 아버지께서 즐기던 술을 제상에 부으면서 한없이 통곡했다.

후회와 회한으로 남는 것은 이뿐만이 아니다. 몇 년 전부터 나는 평생 함께 살아온 아내와 자식들에게 한없이 미안한 심정을 가지고 살고 있다.

나는 예수님이 말씀하신 것을 제대로 지키지 못하고 살아왔지만 꼭 한 가지, "무엇을 먹을까, 무엇을 마실까, 무엇을 입을까 걱정하지 말라, 내일 일을 걱정하지 말라. 다만 오늘은 하나님의 나라와 그 의를 위하여 살라"는 말씀(「마태복음」 6장 31~34절)만은 지키려고 노력하며 살아왔다.

그러나 나이가 차츰 들면서 생각하는 것은, 나야 내 신념이 그러니까 먹고 입고 마시는 것 걱정 안하고 가난하게 사는 것이 당연하지만, 그런 나의 생각을 아내와 자식들에게도 그대로 덮어씌운 것이 과연 옳은 것인가 하는 반성이다. 우리 아이들은 어른이 된 지금도 건강이 좋지 않다. 한창 자라던 시절에 생명을 유지할 수 없을 정도로 극한 가난 속에 아이들을 방치한 데 대해 난 과연 아버지로서 책임이 없는가.

더욱이 최근 들어서는 과거에 생각조차 못했던 일까지 떠올리게 된다. 바로 아내에 대한 생각이다. 학생들을 지도할 때부터 나는 남녀를 거의 구별하지 않고 살아왔다. 성차별을 죄악시한 나는 사람들을 접하는 데에도 남녀간에 아무런 차별을 두지 않고 가깝게 지내며 살아왔다. 이러한 나의 생각과 태도를 아내가 곁에서 보면서 과연 마음의 상처가 없었을까. 지금까지 우리 부부는 싸워본 일이 한 번도 없다. 그러나 그것은 싸울 만한 일이 없어서 싸우지 않은 것이 아니라 아내가 그런 감정을 감추고 나타내지 않았기 때문이다.

나는 내가 좋아하는 성 프란체스코처럼 살아보려고 노력했지만, 성 프란체스코는 결혼하지 않고 혼자서 평생을 살았다. 차라리 내 멋대로 살 바에야 결혼을 하지 말았어야 하는 것이 아니었는가 하는 생각을 최근에 자주 했다.

이러한 나의 회한을 늘어놓자면 한이 없을지 모르겠다. 그러나 그 중 꼭 한 가지 더 이야기하고 싶은 것은 나의 성격이다. 난 선천적으로 다혈질이어서 굉장히 성급하고 화를 잘 낸다. 그리고 화가 치밀 때는 조금도 주저하지 않고 그 화를 퍼붓는 버릇이 있었다.

이렇게 살아온 내게 얼마 전 전북대의 지은정 교수가 간곡한 충고를 한다고 하면서 한 말이다.

"한 번 화를 냈을 때 꼭 기억해 두세요. 그 화가 사람의 가슴을

찌르는 비수라는 것을 말입니다. 얼마나 많은 사람들이 목사님의 그 불 같은 성격 때문에 비수에 찔려 상처를 입었는지를 생각해 보십시오."

나는 그분의 충고를 듣고 까무러칠 정도로 놀랐다. 나의 화가 사람들에게 그렇게 큰 상처가 되리라곤 생각도 못했기 때문이다. 지금 나는 지교수의 말에 백 퍼센트 동의한다. 그래서 그 동안 나의 불 같은 성격 때문에 알게 모르게 상처받은 수많은 사람들을 생각하며 뉘우치고 있다. 이런 뉘우침과 함께 내가 살면서 해온 일들에 대해서도 반성을 해보게 된다.

열린 인간, 열린 종교, 열린 문화

이미 적은 대로 나는 간도에서 선한 사마리아인으로 살아보려는 뜻에서 선린형제단을 조직했다. 그 일을 위해 꾸준히 노력해온 덕택에 우리 다음 세대가 선린회를 조직했고, 그 다음 세대는 '한'이란 모임으로 그 일을 계속하고 있다.

그러나 나와 함께 한 제1세대들은 대부분 세상을 떠났고 또 살아남은 사람들은 우리가 그때 서로 약속했던 그 일을 못한 채로 늙어가고 있다. 2세대, 3세대들의 모임과 생활 신조, 구체적인 행동들을 보면 선린형제단의 기본과는 매우 거리가 먼 하나의 사교모임에 불과하다는 인상을 받게 된다.

그보다 더 아쉬움을 주는 것은 신인회 활동이다. 해방 후 유명한 애국자들을 쫓아다니다가 5·10선거로 조국이 분단되고 깊은 좌절에 빠졌을 때, 나는 젊은 청년들에게 새로운 희망을 걸고 역사를 혁명적으로 바꾸어보자고 신인회를 조직했다.

신인회 조직은 실로 야심 만만한 계획이었다. 그런데 그 결과는 어떻게 되었는가. 비민주적이고 권력 지향적인 기성 세대에 대항하여 민주적이고 함께 사는 평등한 사회를 위하여 평생을 바치겠다고 모인 대학생들은 지금 60대 이상 중 · 노년층이 되었다.

이들은 모두 훌륭한 사람들이었고 현재도 사회 각계에서 매우 중요한 일들을 하고 있지만, 우리가 개혁하려던 낡은 세력을 끝내 개혁하지 못하고 그 낡은 세력의 테두리 안에서 중요한 일들을 해가고 있는 듯이 느껴진다. 그러기에 나까지 포함해 이들은 새 시대의 건설자라고 하기보다 옛 시대의 수호자 노릇을 하는 것 같아 참으로 마음이 쓸쓸하다.

선린형제단에 의해 시작된 오늘의 경동교회는 지난 세월 동안 참으로 놀라운 성장을 해오면서 한국 교계와 사회 개혁에 큰 역할을 해왔다고 자부한다. 특히 교회가 사회 정의를 위해 예언자적 구실을 해온 것과 우리 전통문화와 기독교를 접목시킨 일 등은 칭찬받을 만한 일이었다고 생각한다. 내가 은퇴한 지 십수 년이 지난 지금도 후계자들이 이 교회를 잘 지켜오고 꾸준히 성장시켜 오고 있어 매우 흐뭇하다.

그렇지만 우리가 애초에 품었던 젊은 정열이나 끝없는 개혁 의지, 이런 것은 차츰 사라져 가고 부르주아적인 무사안일의 분위기가 대신 자리잡게 된 현실을 바라보면서 마음 한편으로 안타까움을 느끼기도 하지만, 이미 은퇴한 사람으로서 어쩔 도리가 없다.

내가 1960년대부터 오늘까지 가장 많은 정열을 기울여 일한 한국 크리스챤 아카데미는 1959년에 단돈 10만 원(작고한 이연호 씨가 기부했다)으로 시작했던 때를 회고하면 참으로 놀라운 성장과 발전, 많은 업적을 쌓았다. 크리스챤 아카데미가 한국의 올바른 근대화와 교회 갱신을 위하여, 그리고 대화와 중간집단 교육을 통하여 많은 일을 해온 것을 과소평가하고 싶지 않다.

그러나 올바른 발전은 대화를 통하여 이루어진다는 믿음에서 대화라는 용어를, 그리고 인간화, 양극화, 민주문화 공동체, 생명 공동체 등 수많은 낱말들을 만들어낸 크리스챤 아카데미가 실제 한국 땅에서 구체적으로 이룬 성과는 무엇인지 되묻게 된다.

남과 북 사이에 대화가 끊어지고 여와 야, 노사간에도 대화가 제대로 안 이루어지고 있는 것이 오늘의 현실이 아닌가. 그러므로 아카데미 역사 속에서 나열할 수 있는 자랑스러운 많은 통계 숫자들이 과연 역사의 현장에서는 어느 정도로 구체적인 성과를 거두었다고 할 수 있을까.

이러한 것을 떠올리면 역시 서글픈 생각이 든다.

또 한 가지 35년 동안(1948~83) 나는 에큐메니컬 운동, 전세계교회 운동에 몰두하여 지구를 한 마을처럼 알고 많은 회의에 돌아다녔다. 주최측에서 보내주는 여비로 비행기의 제일 싼 자리에 앉아 다니면서 엉터리 영어로 국제회의에 참석하느라 고생도 많이 한 것이 사실이다.

기독교의 이름으로 전세계 무대를 휩쓸고 다닌 데 대해 나는 많은 칭찬을 받기도 했지만 이러한 나의 그런 노력으로 에큐메니컬 운동이 국내에서나 세계적으로나 과연 구체적인 열매를 거두었는가를 생각해보면 할 말이 별로 없다.

이미 여러 차례 이야기한 것처럼 나는 현실 정치에 직접 가담한 적은 없지만 깊은 관심을 가지고 정치의 언저리를 떠나지 않고 살아왔다. 정치권 주변에서 내가 늘 관심을 가지고 부르짖어온 것은 참된 자유와 정의가 실현된 민주 복지국가, 민족 공동체였다. 이러한 일을 내 딴에는 열심히 했지만, 해방된 지 60년이 가까워오는 오늘, 우리나라 정치 현실은 과연 내가 노력한 방향으로 어느 정도 진보했는가. 현실적으로 검토해 보면 허무한 느낌이 안 들 수 없다.

1970년대 양극화를 해소하고 민주 사회를 이루기 위해 나와 함께 일했던 직원들이 반공법 위반이라는 오명까지 뒤집어쓰고 감옥에서 고생했으나 현실 사회를 볼 때 우리의 노력은 너무도 부족했다고 생각할 수밖에 없다.

1965년 10월 18일, 용당산 호텔에서 가졌던 종교 모임은 국내에서 처음 이루어진 종교간의 대화였다. 많은 도전과 박해도 받았으나 이 운동은 국내에서 차츰 뿌리를 내리고 나 자신은 아시아와 세계의 종교인 평화회의에도 참가하여 중요한 직책을 맡아 활동한 것을 매우 자랑스럽게 생각한다. 특히 이러한 운동을 통하여서 나는 여러 다른 종교 지도자들의 사랑을 받고 가까이 지내온 것을 참으로 자랑스럽고 기쁘게 생각한다.

그러나 종교가 한국의 남북 평화를 위하여, 아시아와 세계 평화를 위하여 구체적으로 한 역할은 무엇인지, 특히 9·11테러 이후, 전세계가 전쟁의 공포 속에 떨고 있는 이때, 그 배경이 되는 기독교나 회교가 과연 이 문제 해결에 어떤 역할을 하고 어떤 성과를 거두고 있는지를 생각하면 마음이 아프다.

마지막으로 내가 가장 깊은 관심을 갖고 있는 것은 남북 문제다. 함경북도 이원군 산골에 아직도 아흔의 누님과 조카들이 살고 있다. 분단으로 인한 실향민의 설움을 나는 누구보다도 뼈저리게 느끼며 살아왔다. 우리 민족이 외세가 강요한 분단의 비극을 극복하고 평화적인 민족 공동체를 이루는 것이 내 기도의 제목이고 내 사고의 깊은 곳을 차지하고 있다. 평화와 통일을 위한 행동은 내가 숨을 거두는 순간까지 결코 멈추지 않을 것이다.

그러나 이 길은 매우 어렵고 멀게 느껴질 때가 많다. 더욱이 외세의 위협마저 받고 있는 참으로 가슴 아픈 현실 속에서 내 생애의 마지막 나날을 보내고 있다.

내가 살아온 동안 노력해온 일은 여러 가지가 있지만 그 중 하나가 방송을 올바르게 세우는 일이었다. 1962년에 한국 방송윤리위원회 위원장을 맡고 동시에 KBS 자문위원장을 맡은 이후 나는 수차례 방송 관계 위원회에 참가하며 많은 일을 했다.

내가 방송에 관심을 가진 것은 방송의 하드웨어가 아닌 프로그램의 질이었다. 그 동안 하드웨어는 참으로 놀라운 발전을 거듭해왔지만, 그 속에 담긴 프로그램의 내용은 그에 맞는 발전을 해온 것 같지 않다. 국민들의 정신적 양식이라고 불리는 프로그램이 과연 올바른 양식을 국민에게 제공하고 있는가 하는 점을 자문해보면 나는 거의 개선이 안 되었다고 대답할 수밖에 없으며 그 점이 정말로 안타깝다.

나는 평생 이상과 현실 사이에서 균형과 조화를 이루려고 시도하며 살아왔다. 나는 이상주의자도 될 수 없었고 낭만주의자로 살 수도 없었다. 또 허무주의자로도 살지 않으려고 노력해왔다. 모든 것이 대립과 양극화된 상황 속에서 정치적으로나 종교적, 사회적으로 일관되게 내가 지켜온 자리는 양극의 어느 쪽도 아니고 그렇다고 중간도 아닌, 대립된 양쪽을 넘어선 제3지대였다.

중간, 그리고 그것을 넘어서는 지대를 내 나름대로 지향하여 왔지만 오히려 대립된 양편의 오해와 공격을 받는 삶을 살아왔다. 제3지대를 지향했으나 결국 성공하지 못한 채 여전히 첨예한 대립의 역사를 살고 있는 것이 오늘의 현실이다.

내 삶을 지탱해온 말들이 있다. '보다 큰 선'이라든지 '보다 적은 악', 니버가 말한 규범 혹은 목표에 도달하는 '근사적 접근'(approximately norm) 등은 스승들에게서 영향받고 나 자신이 살면서 만들어온 낱말들이다. 나의 용어와 견해는 1970년대와 1980년대에 이해보다는 오해를 더 많이 받았지만 나는 1990년대 이후에도 이 철학으로 열린 인간, 열린 종교, 열린 문화를 부르짖어 왔다. 나의 뜻이 성취된 것은 아니나 앞으로 후배들을 위하여 열린 문화가 이루어지기를 바라고 있다. 내가 신앙 고백서인 『믿는 나와 믿음 없는 나』를 쓴 것도 이런 의도에서였다.

평생 기독교를 믿어왔으나 기독교에 대한 나의 생각이 얼마나 많이 변화해왔는지 이 책 속에 기록해 두었다. 현재 내가 갖고 있는 신앙에 대한 생각은 많은 학자들과 선각자들에게서 배운 것을 내 자신 속에서 소화시켜 재생산해낸 것이다. 그러나 일반이 갖고 있는 생각과는 다른 점이 많기 때문에 자칫 내 생각이 옳다는 생각에 고착되어 나 역시 본의 아니게 닫힌 인간이 되지 않을까 하여 열린 자세로 비판받기 위해서 그 책도 썼다.

앞으로 열린 자세로 신앙에 대한 비판을 받아들이면서 수정도 가하겠지만, 현재 내가 가지고 있는 믿음 즉 하나님은 곧 사랑이라는 것, 그 사랑이 예수 안에서 구체적으로 나타났고 그 사랑이 우리를 햇빛처럼 비추어주고 있다는 것, 그리고 그 사랑에 반사하여 사랑을 실천할 때 하나님을 만나고 그리스도를 만난다는 생각은 아마 변함이 없을 것이다.

키아라 루빅 여사가 설립한 호콜라레 사람들은 어느 장소에서 누구를 만나든, 만나는 사람 속에 예수 그리스도가 현존하고 있으므로 그를 만나는 것이 곧 그리스도를 만나는 것이라는 사고방식으로 살아왔다. 바로 그러한 태도, 한 송이의 꽃에서도 하나님의 사랑을 찾는 그런 지혜, 이런 것은 아마 내 삶을 계속하여 지배할 것이다.

새 하늘의 새 땅

앞으로 허락된 시간 동안 내가 마무리해야 할 일들이 많다. 우선 나 자신을 위해 나의 신앙을 검증하고 다시 검증할 뿐만이 아니라 쫓겨다니며 사느라고 생각만 하고 잘 실천하지 못한 영성 훈련을 꼭 해야겠다고 다짐해본다.

그리고 긴 세월 동안 맺어온 인간 관계에서, 본의든 본의가 아니든 내가 상처 준 사람들에게 그 상처를 어루만져주고 싶고 또한 화해를 하고 싶다.

만나야 할 사람들을 일에 쫓겨 소홀히 대해왔는데 남은 그들과 나의 우정이 식어 망각의 영역으로 밀려가지 않도록 남은 시간만이라도 노력하고 싶다. 그래서 내가 사랑하고 나를 사랑하는 많은 사람들의 곁을 떠난 후에도 그들이 나와 같이 해온 뜻을 계속해서 이 역사 현장에서 키워가고 더 큰 열매를 맺도록 도움을 주고 싶다.

이와 관련하여 내가 창립하고 키워온 경동교회와 대화문화아카데미(크리스챤 아카데미)에도 간섭이 아닌 도움을 주고, 교회 갱신과 열린 종교의 대화 협력, 생명(생태계) 보호에도 계속하여 내 힘을 보탤 예정이다.

그러나 무엇보다 나의 일차적인 노력은 남북간 전쟁의 가능성을 막고 평화를 정착하여 평화 통일의 터닦이를 하는 일에 집중될 것이다. 통일된 조국에서 부모의 산소에 성묘를 가고 우리나라가 동아시아 중심 국가가 되는 일을 내 눈으로 보지는 못하고 결국 나는 세상을 떠나게 될 것이다. 그러나 모세가 이스라엘 민족과 그렇게 들어가고 싶어하던 가나안을 비스가 봉우리 꼭대기에서 바라보며 후배 여호수와에게 부탁을 하고 죽었던 것처럼 나도 그렇게 멀리서라도 가능성을 보고 죽고 싶다.

이런 나의 소원이 이루어질지 어떨지는 모르겠지만, 머지않은 장래에 나의 심장도 멈추고 태어난 이후 줄곧 활동을 멈추지 않았던 나의 세포들도 그 활동을 멈출 것이다.

나는 죽음에 대해 많은 설교를 했다. 죽으면 육체는 무덤 속에 들어가고, 영혼은 천당에 들어가 살다가 예수 재림 때 무덤 속의 육체가 부활한다는 이야기를 나는 할 수 없게 된 지 오래다. 물론 성서에서 이런 이야기를 찾을 수는 있지만 그것은 상징이지 현실은 아니다.

사십 몇 년 전 사랑하던 아들 대영이의 죽음을 맞으며 죽음에 대한 나의 생각은 상당히 바뀌었다. 사람의 죽음은 결코 일반화할 수 없다. 누구의 죽음이며, 그 사람과 나의 관계가 무엇인가에 따라 죽음은 그 내용을 매우 달리한다.

이렇게 달라지는 것은 죽음이 근본적으로 사랑의 문제이기 때문이다. 죽음이 슬픈 것은 서로에 대한 사랑의 관계가 단절되기 때문이다. 미워하는 사람의 죽음은 슬프기보다는 기쁘기까지 한 것이 인간의 마음이고, 아무 감정 없는 사람의 죽음 앞에서는 덤덤하다. 오직 사랑하는 사람의 죽음만이 슬픈 것이다. 그 사랑의 관계가 어디까지냐에 따라 그 슬픔의 깊이도 달라진다.

아들 대영이의 죽음은 그때까지 사랑하던 사람의 죽음 앞에서 슬퍼하던 때와는 그 정도가 크게 차이나는 것을 체험하면서 나는 죽음의 문제를 사랑과 관련시켜 생각하게 되었다. 이러한 나의 생각을 뒷받침하는 것은 사도 바울의 「로마서」 8장 38절과 39절의 말이다.

> 나는 확신합니다. 죽음이나 삶이나 그밖의 어떤 피조물이라

도 우리를 우리 주 예수 그리스도 안에 있는 하나님의 사랑 안에서 끊을 수는 없습니다.

나는 죽음보다 더 강한 것은 사랑밖에 없다고 믿는다. 사랑 때문에 예수는 자기의 피를 마지막 한 방울까지 다 흘리고 죽어가면서도 자기를 죽인 원수들, 자기와 함께 십자가에 달린 강도들, 그 모두를 가슴에 끌어안고 죽어간 것이었다. 예수란 분의 삶과 죽음은 너무도 강하고 완전하기에, 그 사랑의 능력은 그를 무덤 속에 머물러 있게 하지 않고 부활시켰다는 것을 난 이런 의미에서 사실이라고 믿고 있다.

그래서 테야르 드 샤르댕이 말한 "예수를 중심으로 형성된 사랑의 인력권은 계속 전방(前方), 상방으로 전진하며 종극점(omega point)을 향하여 가고 있다"는 그 말에 나는 동의한다.

나뿐 아니라 모든 사람이, 아니 사람뿐이 아니라 만물이 지금은 미움과 탐욕과 대결이라는 흙탕물 속에 살고 있다. 그러나 이 사랑을 아는 사람은 흙탕물 속 깊은 곳에 작은 샘터가 이미 들어 있다는 것을 본다. 그 샘터가 곧 사랑의 인력권이다. 그것은 또한 아황산가스가 가득 찬 공기 속에 눈에 보이지 않는 적은 양의 산소가 내 호흡기 속에 들어와 나의 생명을 유지시켜주는 것과 같다. 샘물이 모든 흙탕물을 삼켜 맑은 물로 화하고, 아황산가스가 산소의 힘에 의해 쫓겨나는 삶을 나는 종극점이라고 생각한다.

이것은「요한계시록」21장 1절에서 4절까지의 말씀과 같다. 새 하늘의 새 땅을 향해가고 있다는 말씀. 나의 호흡이 끝나는 시점까지 태양빛 같은 사랑을 받아들이고 그 사랑에 반사해가며 살 뿐이다. 나의 삶이 허물투성이라는 것을 알고 있지만, 이런 부끄러운 나를 감싸주는 큰 사랑, 태양빛에 비할 그 사랑이 나의 허물을 덮어주고 감싸준다는 것을 믿기에 나의 몸이 정지하는 그 순간까지 쉼없는 전진을 하며 살아갈 것이다.

강원용의 삶과 정신을 말한다

강원용 박사님께 존경을 드리며

리하르트 폰 바이체커 | 전 독일연방 대통령

정치적 임무를 맡아 활동하기 전까지 저는 독일의 기독교 평신도 운동에 열심히 참여하였습니다. 당시 기독교 운동의 중요한 목표 중 하나가 독일과 2차대전 당시 적대관계였던 동유럽의 여러 나라들 사이의 협력관계를 회복시키는 것이었습니다. 그래서 우리는 우선 냉전으로 분단된 유럽과 독일, 베를린의 장벽과 철조망을 넘어서 교회와 사회를 연결하기 위해 노력하였습니다.

제 자신은 독일의 평신도 운동기관인 크리스챤 아카데미와 깊이 연결되어 있어서 1960년대에 한국을 여러 번 방문했는데, 이것이 제가 당시 한국 크리스챤 아카데미 원장이신 강원용 박사님을 만나고 사귀게 된 계기였습니다. 얼마 뒤 강목사님과 함께 세계교회협의회(WCC)의 중앙위원 겸 실행위원이 되어, 더 자주 만나고 또 한국을 방문할 기회를 가졌습니다.

저는 서울에 있는 아카데미의 활동에 깊은 감명을 받았습니다. 강박사님의 용기있고 헌신적인 지도력으로 모범적인 사업이 진행되었습니다. 당시 산업화, 도시화로 급격히 팽창하는 서울 또는 수도권에 올라와서, 어려운 생활을 하고 있는 이주민들에게 사회적 도움을 주는 일이 아카데미 활동 중 하나였습니다. 저는 아카데미의 대화 모임에 참석하여, 노조 간부와 기업체의 경영자들이 만나고, 여야 정당의 지도자들이 함께 토론하고, 다양한 사회 분야의 책임 있는 인사들이 반대자들의 의견과 입장을 듣고 상호 이해를 통해 평화로운 사회 분위기를 만들어내는 모습을 본 적이 있습니다.

분단국이라는 특수한 조건을 공유한 한국과 독일 사이에는 초기부터 경험과 의견을 나누고 서로 돕는 일들이 많았습니다. 그러나 독일과 한국의 역사적, 지정학적 조건들은 매우 대조적이었습니다. 독일은 전쟁을 일으켰고, 이웃나라들을 침략하고 정복했지만, 한국은 외세의 간섭으로 인한 분단과 대립으로 전쟁에 휘말렸습니다. 남북한의 분단은 사람들에게 견디기 어려운 고통이었으며 사람들 사이의 교류와 통신이 완전히 단절되었습니다.

독일에서도 분단의 고통은 있었지만, 동서독 사이에는 사람들끼리 상호 교류와 통신이 있었고, 라디오와 텔레비전을 통해 생활 형편을 서로 알 수 있었고, 심지어 동서독 사람들이 흑해 해변가에서 휴가를 함께 즐길 수도 있었습니다. 또한 서독은 북대서양동맹과 유럽공동체의 회원국이 되어, 동맹국과 우방국들의 많은 지원을 받았습니다. 이런 상황에서 저는 강박사님과 그의 친구들이 평화와 대화를 위해 노력하는 모습을 보면서 깊은 감명을 받았습니다.

강박사님은 특히 세계교회협의회와 국제무대에서 한반도뿐만 아니라 아시아 전체를 대변하는 대단히 중요한 목소리를 내는 분이었습니다. 우리는 언제나 강박사님의 판단을 신뢰할 수 있었고, 동북아시아의 평화를 위한 그의 호소와 주장들을 실천하려고 노력했습니다.

그뒤 제가 베를린 시장이 되었고, 1984년부터 94년까지 서독의 대통령이 되면서, 이 기간 동안 상호 관련된 두 가지 일을 특별히 진행하게 되었습니다. 한 가지는 동서화해정책을 돕는 데 꼭 필요한 일이었습니다. 빌리 브란트 수상은 폴란드와 소련, 체코슬로바키아 등과 화해를 이루어낸 독일의 정치 지도자입니다. 그는 또 처음으로 두 개의 독일 국가 사이에 협력관계를 만들어 내는 데도 심혈을 기울인 사람이었습니다.

1975년에 '유럽 안보협력회의'가 헬싱키에서 탄생했을 때도 그와 독일의 영향이 매우 컸는데, 저는 그때 제가 할 수 있는 모든 힘을 다하여 이러한 일들을 지원했습니다.

다른 한 가지는 국제 긴장완화정책과 밀접하게 연결되어 있습니다. 우리 독일인들은 과거 2차대전 당시 침략자였기 때문에 이러한 과거사를 결코 잊지 않는 것이 필요합니다. 독일이 정치적 주권을 회복하게 되고, 1989년 이래 조국을 통일하면서, 우리 이웃나라들이 전쟁과 점령 시기에 당한 고통들에 대하여 어떤 감정을 가질 것인가를 이해하는 것이 제일 중요한 일이었습니다. 이것이 제가 대통령직에 있던 10년 동안 수행해야 했던 중요한 과제 중의 하나였습니다.

이러한 활동과 관련해서 저는 일본에 여러 번 초청을 받았고,

과거의 부채를 청산하고, 이전의 적대국들과 관계를 회복하는 문제에 대해 경험과 의견을 나누었습니다.

물론 제가 이런 문제에 대한 일본인들의 토론에 개입할 자격은 없었습니다. 그저 일본인들의 초청에 응해서 독일의 경험과 생각들을 그대로 전하는 일만 했습니다. 그러나 이것은 제가 한일관계의 발전에 특히 오랜 관심을 가졌기 때문이기도 하였습니다. 강박사님의 덕으로 제가 김대중 전 대통령과도 밀접한 관계를 갖게 되었기 때문에, 두 이웃나라 사이의 발전과 어려움에 대하여 가능한 한 가까이에서 증언하려고 노력했습니다.

그런데 한반도는 아직 그 지속적 위험에서 벗어나지 못하고 있고, 어떤 의미에서는 오히려 세계인들의 가슴에 가장 위험한 곳으로 부각되어 있습니다. 이러한 시기에 강박사님이 한반도문제의 평화적 해결과 동북 아시아의 능동적 협력과 세계평화를 위해 힘써 오신 일들이 얼마나 많은 변화와 발전을 가져왔는가 회상하게 됩니다. 그는 종교간의 대화와 시민사회의 발전과 협력, 사회정의를 위해 끊임없이 노력을 경주해오셨습니다.

저는 특히 강박사님이 젊은 청년들을 교육하여 사회발전과 시민정치에 참여하게 한 중대한 업적을 높이 평가하고 싶습니다. 저는 강박사님께서 하신 일이 한반도와 동북 아시아의 다음 세대들에게 대단히 유익한 결실을 맺어주리라고 확신합니다.

휴머니즘에 입각한 생명중심주의자

고범서 | 대화문화아카데미 이사장, 한림대 한림과학원 석좌교수

나는 1995년 4월에 한국 크리스챤 아카데미(오늘의 대화문화아카데미) 30주년 기념을 맞이하여 『여해 강원용의 삶과 사상』을 저술하여 출판한 바 있다. 그 저서를 저술하면서 나는 나름대로 최선을 다했다. 그러나 지금 생각해보면 그해 5월 초의 30주년 기념일에 맞추어야 했으므로 시간에 쫓기고 있었고 또한 그 당시는 강원용 박사님이란 인물과 사상을 이해하는 데 미숙하고 부족한 점이 없지 않았다.

그후 강박사님을 만나 말씀을 나누고 그의 성품을 직접 접해보면서 이런 것을 그때 써넣었어야 했는데 하고 아쉬워한 일이 가끔 있었다. 다행히 이번에 박사님에 관한 글을 다시 쓸 기회가 생겨 부족하고 아쉽게 느꼈던 점을 조금이나마 보충할 수 있는 기회가 됨을 아주 다행으로 생각한다.

우리가 알고 있는 바와 같이 강박사님의 삶은 가히 파란만장하다고 할 수 있을 정도로 우여곡절이 많고, 그의 사상, 좀더 정확하게 말하자면 그의 기독교 사상의 전개와 발전과정 역시 단순하

지 않다. 강박사님의 기독교 사상은 어떤 시점에서 정지되는 것이 아니라 계속 발전하는 과정에 있으므로 생이 끝나기 전에는 그의 삶과 사상에 대한 이해와 평가를 끝마칠 수가 없다. 강박사님의 활동범위도 그의 개인사 속에 우리 민족과 나라의 20세기 역사가 축소되어 있다는 느낌을 받을 정도로 광범위하고 활동의 파장이 넓다.

강박사님이 살아오신 삶의 역정과 사건들에 관해서는 저서를 통해서 독자들이 생생하고 구체적으로 느낄 수 있을 것이므로 이 글에서 되풀이할 필요는 없을 것이다. 내가 밝히려고 하는 것은 강박사님의 성품과 사고방식 및 가치관의 특성이다.

무릇 사회적 현상이나 어떤 인물을 분석하고 이해함에서 유의해야 할 중요한 사항이 하나 있다. 그것은 표면에 나타난 현상을 단순히 지능적으로 이해하는 데만 그칠 것이 아니라 현상 밑에 숨어 있는 사고방식과 가치관 또는 이념을 이성에 의해서 통찰하는 길이다. 강박사님이 살아오신 삶의 역정과 활동의 근저에는 그의 성품과 사고방식과 가치관이 숨어 있다.

이런 것들을 분명하게 이해하지 않고는 강박사님을 제대로 이해하고 평가하기가 어렵다. 나는 이 글에서 강박사님의 성품과 사고방식의 특성 및 가치관을 분석하고 밝혀보려고 한다.

먼저 강박사님의 성품부터 분석하고 규명하기로 한다. 어떤 인물의 성품을 논한다는 것은 매우 조심스럽고 어려운 일이다. 그래서 나는 『여해 강원용의 삶과 사상』에서 그에 관해서 가볍게 터치만 했을 뿐이다. 이 글에서는 용기를 내어 강박사님의 성품에 대해 나름대로 분석하고 규명해보려고 한다. 강박사님의 성품의 특성을 한마디로 말한다면 그는 역설적(paradoxical) 성격의 소지자다. 이것을 좀더 세분하여 설명하기로 한다.

첫째로, 목사님은 가까이 지내는 모든 분이 익히 알고 있는 바와 같이 매우 다혈질적이고 성격이 급해서 불같이 화를 잘 내는 분이다. 생리적 건강의 측면에서 보면 강목사님이 만일 화를 마음대로 내지 못하고 참았다면 건강을 제대로 유지하지 못하셨을 것이다. 이번 책의 끝부분에서 목사님은 어떤 여성교수의 솔직한 충고를 받고 '까무러칠 정도'로 충격을 받았다고 말씀하셨다.

사실 내가 느끼기에 목사님은 요즘 화를 내지 않으려고 무척 애쓰시고 있으며 또한 기력이 좀 약해져서 화를 제대로 내지 못하고 있는 것 같아서 서글픈 생각이 든다. 목사님이 화내시는 것을 별로 심각하게 섭섭해하거나 언짢게 여기지 않는 친한 사람들에게는 그렇다는 말이다.

그런데 이러한 다혈질과 성급함과는 아주 대조되는 면이 있다. 그것은 목사님이 아주 인정이 깊고, 자상하고, 마음이 약하다는 사실이다. 이같이 다른 면을 보지 못하고 성급하고 화를 잘 내는 면만을 보면 목사님 성품의 절반만을 보는 것이다. 목사님은 가까이 지내는 사람에게 어려운 일이 생기면 발벗고 나서 사방에 전화를 하시는 등 백방으로 노력을 아끼시지 않는다. 나는 이것을 직접 경험했다. 나 외에도 그런 경험을 한 분이 많을 것이다. 그리고 목사님은 정말 마음이 약해 남에게 상처를 주었다고 깨닫게 되면 두고 두고 고민하고 마음 아파하신다.

둘째로, 목사님은 광범하게 활동하는 외향성을 지니고 계시지만 안으로 성찰하고 내성하는 내향성 또한 지니고 계시다. 일반적으로 외부활동을 활발하게 하는 사람은 피상적이며 자만과 위선에 빠지기 쉽다. 목사님은 권모술수와는 거리가 멀고, 제일 경계하는 것이 위선과 도덕적 가장과 허식(pretension)이다.

허식 즉 pretension은 강박사님의 미국 유니언 신학교 수학 당시 스승이었던 라인홀드 니버가 예리하게 지적했고 또한 배격한, 종교인이 빠질 수 있는 가장 위험한 죄다. 예수님이 악덕한 세리와 죄인보다 더 비판했고 배척한 것은 종교인들의 위선이었다. 강박사님은 니버의 pretension이라는 말을 그대로 사용하면서 위선과 허식을 비판하고 배격하신다.

지금의 부시 정권을 목사님이 비판하는 가장 중요한 이유 중의 하나는 반테러의 명분 뒤에 미국의 국가이익 곧 이라크에 대한 석유 이권과 군수산업과의 결탁을 감추고 있는 허식 때문이다. 목사님은 스스로도 도덕적 허식과 위선에 빠지지 않으려고 몹시 노력하고 계시다는 것을 나는 자주 느낄 수 있었다.

셋째로, 목사님은 넓은 지연을 가지고 있지만 깊고 분명한 중심이 있다. 역시 목사님의 유니언 신학교의 스승이었던 폴 틸리히는 인격의 중심을 중시했고 그 중요성을 강조했다. 틸리히에 의하면 인간 인격의 중심은 궁극적으로는 초월적 존재 혹은 하나님과의 관계에서 정신의 힘에 의해 생기고 작용한다는 것이다. 인격의 중심이 분명하고 강하면 강할수록 인간 존재의 힘은 생산적이고 창조적인 힘을 발휘한다는 것이 그의 주장이다.

강박사님의 인격의 중심은 그리스도를 통한 하나님과의 관계이다. 인격의 중심이 이처럼 남달리 분명하고 강했기 때문에 그의 기독교적 사상과 활동은 활발하고 창의적이었다. 목사님의 삶에서 활동의 넓은 외면과 깊고 뚜렷한 기독교적 인격의 중심이 조화를 이루고 있는 것이다.

넷째로, 목사님은 권위적 면모와 민주적 면모가 혼합된 성품을 지니고 계시다. 목사님은 카리스마가 강한 거인의 풍모를 지니고 계시면서도 민주주의적 사고를 하고 합리적으로 일을 처리하신다. 목사님은 일생 동안 설교를 해왔고 천부적 언어구사 능력을 가지고 사람들을 설득하는 일을 주로 해왔다. 목사님은 남의 말을 듣기 보다는 소신을 피력하고 상대방을 설득하려고 하시는 편이다. 심지어 당신의 코드에 맞는 말은 잘 듣지만 코드에 맞지 않는 말에는 별로 관심을 두지 않는다.

그렇지만 목사님의 사고와 일 처리는 민주적이다. 나는 목사님이 크리스챤 아카데미의 원장과 이사장으로 계시는 동안 이 재단의 이사로 20년 이상 있었는데 목사님은 이 재단의 대소의 사무에 대한 결정과 처리를 위해서 귀찮을 정도로 자주 이사회를 소집하여 이사들의 의견을 들었다. 문제가 간단하게 풀리지 않으면 소위원회를 구성하여 연구 · 검토하게 하셨다.

내가 요즘 절실하게 느끼는 것 한 가지는 각종 이사회에서 이사들이 자신들의 직책을 제대로 수행하지 못하고 이사장이 하자는 대로 따라가고 만다는 사실이다. 말하자면 이사들이 이사장의 들러리 역을 하는 데 불과하기 때문에 각종 기관과 기구가 부실하게 운영되고 비효율성에 빠진다는 사실이다. 학식이 높거나 사회적 명망이 높은 사람들의 경우에도 다를 것이 없다. 이와는 달리 목사님은 이사들이 그들의 역할을 충실하게 수행하기를 자극하고 촉구한다.

끝으로, 목사님의 성품의 특성으로서 마지막으로 지적하고 싶은 것은 그는 사회의 다양한 분야에 관해 현실적인 문제들과 관계된 판단과 선택에 계속 관여하셨지만 놀라울 정도로 정직한 분이다. 언젠가 함께 식사를 하면서 목사님의 정치적 자세에 대한 내 소감을 말씀드렸다.

나는 목사님이 정치에 대해서는 비상한 관심이 있지만 권력을 잡는 데는 관심이 없으신 것 같다고 말했다. 그랬더니 목사님은 "중요한 모든 일이 정치에서 해결되기 때문에 그에 관심을 가지고 있는 것은 사실이다. 그러나 권력을 잡는 문제에 관해서 그렇게 느끼는 것은 고박사의 생각이고, 내가 권력 다툼에 뛰어들 수 없는 것은 북에서 온 사람으로서 정치적 기반 없이 백제와 신라의 권력 싸움에 개입해봐야 형무소에서 생애를 마치게 될 것이기 때문에 그것이 무서워서 실제 정치에 개입하지 못한다"고 말씀하셨다. 이때 나는 목사님이 정말 정직한 분이라고 생각했다.

목사님은 이 저서의 끝부분에서 "나는 죽으면 육체는 무덤 속으로 들어가고, 영혼은 천당으로 들어가 파라다이스에서 살다가 예수 재림 때 육체가 부활한다는 이야기를 할 수 없게 된 지 오래다. 그것은 상징이지 현실이 아니다"라고 말씀하신다. 상징 곧 초월적 진리를 시간과 공간의 현실적 재료를 사용해서 표현하는

'심벌'이라는 고등 개념을 사용해 설명했지만 일생 목사로 지내시고 머지않아 구순을 바라보는 분으로서는 너무나 정직한 말이다.

이제 그러면 강박사님의 사고방식과 가치관에 대해서 분석하고 규명하기로 한다. 먼저 사고방식의 특성에 관해서 고찰하기로 한다.

첫째로, 목사님은 양자택일이나 흑백논리를 배척하고 변증법적 사고를 한다. 여기서 변증법적 사고라 함은 현실에서 직면하고 있는 대립된 두 가지 사실 중에서 어느 하나 또는 한 편을 택하는 것이 아니라 그러한 대립이 잉태하고 있는 새로운 가능성을 발견하고 선택하는 사고방식이다. 말하자면 양자택일을 초월하는 사고이다. 이것을 목사님은 스스로 'between and beyond'라고 규정하셨다.

나는 곧 틸리히의 입장이 머리에 떠올랐다. 틸리히는 1936년 『경계선에서』(*On the Boundary*)라는 자서전적 스케치의 소책자를 출판했다. 틸리히가 그 책 첫머리에서 한 말이 목사님의 그 같은 입장을 잘 설명한다고 생각해 소개하면 다음과 같다.

"나의 이념들이 나의 삶에 발전된 방법을 설명하라는 요청을 받았을 때 나는 경계선이라는 개념이 나의 성품과 지적 발전의 전체를 나타내기에 적합한 심벌이라고 생각했다. 나는 거의 모든 시점에서 존재의 선택해야 할 두 가지 가능성들의 사이(between alternative passbilites of existonce)에 서야 했다. 다시 말해서 어느 한편에 안주할 수도 없고 다른 편을 배격할 수도 없는 입장을 취해야 했다. 이 입장과 그로 인한 긴장이 나의 운명과 나의 일을 걱정했다."

무원칙한 기회주의적 '사이'(between)가 아닌 사이는 새로운 가능성의 추구와 선택을 위한 '넘어서'(beyond)와 함께 가야 한다. 이것이 목사님이 입장으로 정한 between and beyond라고 생각된다.

둘째로, 목사님은 기독교적 현실주의(Christian realism)의 사고를 한다. 이 용어는 니버와 그의 동료요 친구였고 유니언 신학교 교수요 총장이었던 존 베넷의 기독교적 윤리사상을 나타내는 말이다. 여기서 기독교적이라는 말은 결정적으로 중요하다. 왜냐하면 '기독교적'이 빠진 현실주의는 궁극적 가치, 지향성이 없는 무원칙적 현실주의가 될 것이기 때문이다. 그리고 목사님의 경우 between이 없는 beyond가 되어버리고 만다.

니버와 베넷은 현실적 선택과 결단에 직면하여 상대적 선택을 하되 모든 가치의 중심인 하나님 혹은 하나님 나라의 이념에 비추어 선택하고 결단한다. 이러한 기독교적 현실주의를 나타내는 핵심이 니버의 근사적 실현(an approximation of the ideal and the Kingdom of God)이다.

변증법적 사고의 입장에서 말하면 기독교적 현실주의는 역사적 현실과 하나님 나라 사이의 역동적인 변증법적 관계에서 하나님 나라를 그대로 완전하게가 아니라 상대적으로 곧 근사적으로 실현하는 것이다. 이렇게 이해할 때 목사님의 사고는 전형적인 기독교적 현실주의다.

사실 목사님은 이 저서의 맺는 말(돌아보고 내다보며)에서 니버의 approximation이 당신의 입장이며, 정과 사, 선과 악, 정의와 불의를 분명하게 양분할 수 없는 현실 속에 살아야 했기 때문에 흑백논리를 배격하고 둘 다 선일 때는 보다 큰 선을, 그리고 둘 다 악일 때는 보다 작은 악(lesser evil)을 택했다고 주장했다. 이것은 전형적인 니버의 approximation적 사고이다.

내가 생각하기에 목사님이 니버의 신학적 사고의 영향을 어느 정도 받은 것은 사실이겠지만, 두 분의 사고가 자연스러운 일치를 보게 되었다고 함이 옳을 것이다. 목사님의 뛰어난 정치적 및 사회적 통찰력은 주어진 상황에서 적절한 approximation을 간파한다.

셋째로, 목사님은 기독교적 상황주의적 또는 컨텍시추얼(contexitual)한 사고를 한다. 목사님의 상황주의적 혹은 컨텍시추얼한 사고는 이미 앞서 말한 바 있는 그의 변증법적 사고 및 기독교적 현실주의 사고와 맥을 같이하는 점이 많다. 그의 상황주의적 사고 역시 기독교적 상황주의적 사고다. 목사님의 상황주의적 사고는 현실이 변화하는 상황에 따라서 어떤 것을 선택하되 무원칙적인 것이 아니라 변화할 수 없는 요소(abiding element)와 상황에 따라서 계속 변화하는 가변의 요소(charging element) 사이의 역동적 관계에서 선택하는 사고이다. 이 경우 변화하지 않는 창조적인 것은 기독교의 사랑법이기 때문에 목사님의 상황주의는 기독교적 상황주의다.

목사님은 이같은 입장을 이 책에서도 밝혔다. 이러한 상황주의적 사고는 목사님의 윤리적 사고가 한 시점에 안주하여 수구적 보수주의에 빠지지 않고 계속 전향적 발전을 하는 살아 있는 윤리적 사고를 하도록 이끌었다.

넷째로, 목사님은 구조적인 개혁적 사고를 한다. 목사님은 한국의 구조적인 개혁적 사고의 선구자요 또한 상징적 존재다. 목사님은 한국 기독교의 지난 백년의 역사에서 사회정의 사상을 도입한 대표적 인물이다. 그의 스승 장공 김재준 목사님과 함께 진보적 기독교 사상을 한국 기독교에 도입했지만, 사회정의 사상의 도입과 그 실현을 위한 운동을 전개한 것은 강목사님의 독자적 공헌에 속한다.

그는 보수주의 기독교 지도자처럼 단지 감상주의적으로 사회정의 실현을 외친 것이 아니라, 사회적 구조의 개혁을 통한 사회정의 실현을 추구했다. 그가 1965년에 창립하여 30년 동안 생을 바쳐서 운영한 한국 크리스챤 아카데미는 사회적 구조개혁을 통한 사회정의 실현운동을 추구한 기구였다.

끝으로, 목사님은 미래지향적 사고를 한다. 목사님은 남다른 비전을 가지고 그 실현을 위해서 용기 있게 모험을 감행하는 미래지향적 사고를 한다. 미국의 철학자 화이트헤드는 종교의 진화 곧 종교적 사상의 진화를 말하면서 그것을 가능케 하는 정신의 모험을 말했다. 내가 생각하기에는 강목사님이야말로 정신의 모험을 하신 분이다.

그는 술과 담배를 죄로 생각하고 그 때문에 술을 즐겨하시는 아버님께 효도를 제대로 하지 못했던 보수 가운데서도 보수였던 목사였다. 그러나 목사님은 니버와 틸리히는 물론이요, 21세기

최첨단의 진보적 기독교 사상가 테야르 드 샤르뎅의 우주진화적 사상과 '에너지로서의 사랑' 사상에 공감하고, 그의 사상과 상통하는 입장에서 그의 신학사상의 대미를 장식하려는 듯한 인상을 짙게 풍긴다. 이러한 정신의 모험은 목사님으로 하여금 닫힌 사고를 배격하고 열린 사고를 하게 하여 종교간의 대화에서 세계적 지도력을 발휘하게 했다.

이제 마지막으로 강목사님의 사고와 사상 전개의 근저에 깔려 있는 가치관에 대해서 살펴보기로 하자. 목사님의 변증법적 사고, 기독교적 현실주의, 상황주의적 윤리는 물론이요 그의 삶 전체를 이끌어온 힘은 바로 그의 가치관이라고 보아야 한다.

첫째로, 목사님은 강한 민족애를 가지고 계시다. 목사님은 18세에 입학한 만주 용정의 은진중학 재학시절부터 야학과 주일학교를 했는데, 그러한 종교적 활동의 목적은 가르치고 깨우침으로써 민족을 계몽하고 잘살게 하는 것이었다. 일본 강점기 말엽에 몇 번 죽을 고비를 넘기고 해방이 되어서 월남해서도 취직해 돈벌 생각은 하지 않고 학생운동을 전개하고 거기에 투신했다. 그 후 목사가 되어서 경동교회에서 시무하면서도 여전히 민족의 계몽과 번영을 위한 학생운동을 계속했다. 30년 동안의 한국 크리스찬 아카데미 운동 역시 그의 이같은 민족애를 나타내는 사회운동이다.

2000년 4월에 강목사님은 한국 크리스찬 아카데미의 재단 이사장을 사임하신 후로는 지금의 '평화포럼'을 창립하고 한반도의 평화적 통일 구현을 위해서 전념하시고 계신다. 최근에는 북핵문제를 전쟁 아닌 평화적 방법으로 해결하기 위해 애쓰고 계신다. 목사님의 전생애는 민족애로 일관하고 있다.

둘째로, 목사님은 기독교 휴머니스트다. 목사님은 소년 시절 톨스토이와 일본의 유명한 빈민전도사 가가와 도요히코의 저서들을 성경과 나란히 놓고 탐독했을 뿐 아니라 그들의 사진을 벽에 걸어놓았을 정도로 무척 흠모했다. 목사님의 기독교 휴머니즘 사상은 이때부터 싹터 일생 동안 삶을 지배했다.

그의 휴머니즘은 인간을 존중하고 인간에게 최고의 가치를 부여하는 사상이다. 따지고 보면 그의 크리스찬 아카데미 운동을 일관하고 있는 정신도 바로 이와 같다. 크리스찬 아카데미가 전개한 '민주화', '인간화', '중간집단 교육', '민주문화공동체' 등 모든 운동의 근저에는 목사님의 기독교 휴머니즘의 정신이 깔려 있다. 목사님은 정치와 경제는 말할 것도 없고, 심지어는 종교까지도 인간을 위한 수단이 되어야 한다는 분명한 신념을 가지고 계시다. 박정희 정권은 권력과 경제를 상위 또는 목적으로 두고 인간을 수단으로 취급했기 때문에 많은 갈등을 빚어냈다고 비판하신다.

끝으로, 목사님은 생명중심주의자다. 목사님은 1980년대 말부터 휴머니즘에 입각한 종래의 인간중심에서 생명중심으로 입장을 바꾸기 시작했다. 물론 인간화의 사고는 그대로 유지하되 그것을 실현하는 길을 인간중심에서 생명중심으로 바꾸었다. 이것은 패러다임의 변화이다.

기술문명의 발달로 지구가 파괴되고 자원이 고갈되어 지구가 파멸될 위기 속에서 종래 인간중심의 패러다임으로는 인류와 지구를 구출하고 유지할 수 없기 때문에 인간을 우주적 생명계 전체의 한 부분으로 보는 생명중심의 새로운 패러다임에 의해서 인간의 생명과 자연계의 생명 전체의 공존을 추구해야 한다는 것이다.

이러한 생명중심은 앞날의 인류와 지구 생명체가 살아남기 위해서 21세기의 정치와 경제, 문화와 종교 및 윤리의 핵심적 사상이 두어야 하는 결정적 중요성을 가지고 있다.

이제 강원용 박사님의 성품과 사고방식 및 가치관에 대한 분석과 규명을 끝마쳐야 할 시점이다. 강목사님은 그의 인생이 지금 모세가 이스라엘 백성을 이끌고 이집트를 탈출하여 40년 간 광야를 헤매다 드디어 느보 산 비스가 봉우리에서 가나안 땅을 내려다보면서도 자신은 들어가지 못하고 후계자 여호수아에게 역사의 배턴을 넘겨주는 것과 같은 시점에 도달했다고 토로한다. 강목사님은 한편으로는 인류의 장래가 어둡고 불안하게 보이지만, 다른 한편으로는 인류의 사고가 지구중심에서 우주중심으로 변하는 아주 새로운 세계가 전개될 것이라고 예상한다.

글을 끝마치면서 나의 부족한 이 글이 한국 기독교의 지난 백년 역사가 배출한 뛰어난 거인 여해 강원용 박사님을 독자들이 바로 이해하는 데 도움이 되기를 바란다.

강목사님과 크리스챤 아카데미와 나

신인령 | 이화여대 총장

목사님을 처음 뵙게 된 것은 1963년 봄이었다. 내가 이화여대 법학과 2학년 때였다. 그 당시 이화여대는 매년 4월의 한 주간 동안 신앙주간(부흥회) 행사가 있었는데 대학별로 진행되는 집회에 강목사님이 우리 대학의 특별강사로 오셨다. 그때 설교를 들으면서 목사님이 내 맘에 꼭 들어서(?) 개인 면담신청을 했고 목사님이 시간을 내주셨다.

처음 만난 장소는 충무로인지 명동인지에 있는 커피하우스라는 찻집이었다. 거기서 당시의 내 딴에는 너무나 심각한 고민이었던 문제와 신앙문제 등을 의논드렸던 것 같다. 그날 면담을 끝내면서 목사님이 하신 말씀이 지금도 잊혀지지 않는다. "나는 네가 맘에 든다. 언제든지 나를 찾아와라" 하시면서 경동교회와 목사님 댁의 전화번호를 적어주셨다(나는 아직까지 우리 학생 누구에게도 이렇게 해주지 못했다!).

그때 이후 나는 수시로 목사님 댁으로 또는 경동교회로 목사님을 뵈러 다녔다. 어떤 때는 목사님이 부르셔서 가고 어떤 때는 내가 급해서 달려갔다. 아침 일찍 가서 뵙고 아침을 먹고 오기도 했다. 사모님도 나를 이뻐해주셨다. 그리고 경동교회 교인이 되고 세례도 받았다.

당시 강목사님은 매주 일요일 오후에 경동교회에서 청년 · 학생들을 위한 연속강좌를 열었다. 그런데 이 강좌에는 비기독교인 청년들이 더 많이 청강하였고, 그 시대 문제의식을 가진 수많은 젊은이들이 청강생이었다. 물론 나도 이 강좌에 열심히 참여한 젊은이 중 하나였다.

특히 내가 대학 4학년이던 1965년 학생운동사건(한일굴욕외교 반대투쟁)으로 친구들과 함께 지명수배되어 일년간 도피생활을 했을 때 목사님께서 많이 돌봐주셨다. 목사님은 내가 숨어 있는 곳을 수소문해 생활비와 격려의 말씀을 보내주셨다. 그것이 얼마나 감사하고 건강을 유지하는 힘이 되는지는 수배생활을 해본 사람이라면 안다! 목사님의 말씀은 언제나 새로운 자각을 갖게 하고 미래에 대한 의욕과 희망을 가지고 어떤 고난도 기쁨으로 직면할 수 있는 용기를 불러일으켜 준다.

목사님과의 본격적인 만남은 내가 강목사님의 부름으로 크리스찬 아카데미에서 일하게 되면서이다. 나는 뒤늦게 대학에 복학하여 졸업하고 이태영 선생님의 권유와 지원을 받으면서 얼마 동안 사법시험을 준비하였다. 2차시험을 얼마 앞두고 크게 병이 나서 앓고 난 후 기력이 회복되지 않아 오랫동안 집에서 누워지냈는데, 목사님이 부르셨다. "집에서 너무 오래 누워 쉬는 것보다 가벼운 일을 하면서 매일 출퇴근하는 규칙적인 생활을 좀 해보면 오히려 회복될지도 모르니 크리스챤 아카데미 자료실에 나와보라"고 권하셨다.

나의 아카데미 생활은 이렇게 해서 시작되었다. 아카데미 자료실에 출근하여 이런저런 자료를 보다가 쉬다가 하면서 좋은 자료가 발견되면 프로그램 스태프들에게 제공하기도 하고 목사님의 집필원고도 정리하면서 건강회복에 힘썼다. 목사님의 수필집과 설교집 몇 권은 이때 내가 정리해드린 것이다. 그러면서 목사님의 사상을 깊이 접하게 되었다. 크리스챤 아카데미에 근무하면서 동시에 이대대학원에 진학하여 석사학위도 받았다.

1973년부터는 아카데미 사회교육 프로그램에 참여하였다. 이 해는 아카데미가 그 다음해부터 실시하게 될 아카데미의 야심찬 사업 '중간집단교육'을 준비하고 있었다. 나는 마침 대학원에서 노동법을 전공하였으므로 중간집단교육의 산업사회(노동)교육 부문을 맡아 전문위원들과 더불어 열심히 일했다.

내 젊은 시절 가운데 가장 열정적이고도 치열하게 일했던 시절이다. 신명을 다해 일하다보니 어느새 심신이 건강해졌고 수많은 친구와 동지를 만났으며 세상을 따뜻하게 보는 능력과 사랑을 배웠다. 고달팠지만 아주 행복한 시절이었다. 이처럼 내가 삶의 뿌리를 내릴 수 있었던 것은 강목사님과 크리스챤 아카데미의 덕분이다.

당시 아카데미의 노동교육의 구체적인 목표 가운데 하나가 어용노조를 극복하고 한국사회의 민주화에 기여할 '민주노조'의 싹을 양성하는 것이었다. 비록 힘겨웠지만 이 교육의 이수자들이 중심적 지도자가 되어 그 엄혹한 유신독재 아래서도 노동운동의 명맥을 유지하여 70년대 민주노조운동을 전개하였고, 오늘날 민주노조운동으로 계승 · 발전되었다.

이 교육에서 우리가 처음으로 '민주노조' 라는 용어를 사용하였지만 오늘날은 이 용어가 널리 사용되어 진정한 의미의 자주적이고 민주적인 노조로서 사회개혁과 민족문제까지 자기 임무로 인식하는 조직을 일컫게 되었다. 아카데미의 2차 교육과정의 주제를 '민주노조의 좌표설정' 이라 하고 유신정권 아래서 아슬아슬하게 교육을 전개하다가 교육담당 간사들이 목사님과 함께 유신 말기(1979년) 남산 중앙정보부에 끌려감으로써 마침내 이 교육과정은 끝났다.

강목사님은 이렇게 될 것을 염려하여 교육의 수위를 높이지 않기를 바라셨지만 젊은 우리들은 교육의 수준(강도)이 성에 안 차서 한 걸음 더 나아가려고 안달하였다. 남산을 거쳐 서울구치소에 들어가 앉아 조용히 생각하니 목사님 말씀대로 좀더 인내를 가지고 조심스럽게 하였더라면 얼마간이라도 교육을 더 지속할 수 있지 않았을까 하고 아쉽기도 하였다.

목사님은 중간집단교육의 각 분야 중 산업사회교육에 특별한 의미를 두고 집요한 관심을 보이며 지원을 하셨다. 항상 노동운동의 중요성과 우리가 하고 있는 일이 얼마나 중요한 것인가를 일깨워 주시면서 "우리 교육 프로그램의 목표는 단지 노동자의 지위향상에 그치는 것이 아니고 통일을 준비하는 것이다"라고 하셨다. 항상 먼 앞날을 내다보는 목사님의 혜안은 참으로 존경스럽다.

에피소드 하나. 아카데미 중간집단교육 초창기 때 나는 산업사회교육뿐만 아니라 여성사회교육에도 관여하였는데, 내가 워낙 외곬수적인 데가 있어서 처음 의식화된 흥분된 감각으로 여성문제에 대한 접근을 너무 급진적으로 했던 것 같다. 이를 염려하신 목사님이 나를 독일로 유학을 보내 이 일에서 손을 떼게 하시려 했던 적이 있다(물론 나를 유학보내시려는 것은 그 목적만은 아니라는 것은 말할 것도 없지만!). 당시 나는 연구자로서가 아니라 사회적 실천운동에 더 비중을 두고 살겠노라 작정을 하고 있었다. 그러므로 아는 것도 충분히 실천하지 못하는 것을 안타까워하고 있었기 때문에 유학에는 전혀 관심이 없었다.

목사님이 나를 불러 간곡히 유학을 권하셨을 때 나의 이런 생각을 말씀드렸더니 금세 "너의 생각이 맞다. 유학 가지 말고 지금처럼 그냥 열심히 일해라"고 흔쾌히 내 편이 되어주셨다. 사실 그것이 계기가 되어 그후 나는 여성문제와 여성운동에는 일정한 거리를 두고 노동문제에만 전념하게 되었다.

참으로 아카데미에서 강목사님을 모시고 일한 세월이 나에게는 가장 빛나고 의미있는 시간이었다. 만일 79년의 아카데미 사건이 없었더라면, 그리고 80년의 5·17이 없었더라면 지금도 나는 아카데미에서 일하며 노동운동을 지원하는 프로그램의 고참 스태프로 살고 있을 것이다. 5·17 계엄확대조치 사태로 아무것도 할 수 없는 상황이 되자 남는 시간에 다시 이화여대에서 공부를 하게 된 것이다.

이때 독일로부터 유학을 초청받아 떠날까 생각을 하기도 했지만 당시 정부가 여권을 내주지 않아 할 수 없이 국내에서 박사학위 과정에 들어갔다. 이때의 학비도 결국은 강목사님의 주선으로 독일에서 보내온 인권기금으로 충당하였으니 대학시절 이래 모든 생활유지에 강목사님의 지도와 보살핌은 한순간도 끊긴 적이 없다.

나는 크리스챤 아카데미에서 일하면서 목사님께 많이 대들기도 했다. 때로는 노엽게도 해드렸다. 그래도 목사님은 다시 나를 아껴주셨다. 목사님은 일과 사람을 진정으로 아끼셨던 것이다. 일은 사람이 한다는 것을 철저히 가르쳐 주셨으며 일하는 사람들을 신뢰해주셨다. 그렇게 하여 일 속에서 사람을 키워 일꾼으로 배출하는 계기를 만들어 나가셨다.

창조적 일은 언제나 젊음을 요구한다. 목사님은 일생 창조적 일의 한가운데에 계셨다. 목사님은 지금도 어떤 젊은이보다 더 젊은 생각을 가지고 계시다. 젊은이들과 더불어 평화와 문화를 위한 일을 도모하기를 주저하지 않으신다. 그래서 너무 좋다.

요즘 목사님은 연로하심에도 불구하고 70년대 아카데미 산업사회교육 이수자들이 중심이 되어 만든 '70민주노조운동동지회'(70민노회라 약칭)에 각별한 애정과 관심을 기울이시며, 이들과의 인연과 만남을 매우 행복해하신다.

나는 매년 이 70민노회 총회모임에 참석하여 여러 노동자 친구들과 더불어 강목사님의 진정어린 말씀을 들으며 70년대 우리 삶의 고뇌와 기쁨을 뒤돌아보고 초심을 잃지 않으려는 마음을 다시 확인하곤 하는 소중한 시간을 누리고 있다.

연보

1917년

7월 3일(음 5월 15일), 함경남도 이원군 남송면 원평리 141번지에서 부 강호연(姜浩然), 모 염효성(廉曉星) 사이의 장남으로 유교가정에서 태어나다. 가족은 증조부 강주익(姜周翼), 조부 창규(昌奎), 조모, 부친(을미년 3월 6일생), 모친(기축년 4월 14일생), 숙부 인성(仁性), 숙모, 누님 증섬(曾暹), 그후에 동생 형용(亨龍), 이룡(利龍), 여동생 춘자(春子), 한집에 거주하다.

1921년 · 4세

증조부로부터 한문을 배우다.

1923년 · 6세

서당에 다니며 한문공부를 계속하다.

1925~31년 · 8~14세

염분보통학교, 차호공립보통학교에 다니다.

1932년 · 15세

기독교에 입교, 세례를 받다.

1932~35년 · 15~18세

농업에 종사하며 부녀자 야학에서 가르치다.

1935년 · 18세

간도 용정 은진중학교에 입학하다.

1938년 졸업하다.

1938년 중학교 재학 중 학생회장을 지내고 농촌계몽에 힘쓰다.

용강동을 비롯한 5개 농촌에 야학교와 교회를 건립하다.

이 기간 가세가 기울어 가족들, 만주국 영고탑으로 이사하다.

1939년 · 22세

일본으로 건너가서 1941년까지 동경도 명치학원 영문학부에 다니다가 다시 용정으로 돌아가다.

1940년 · 23세

12월 27일, 김명주(金明珠) 씨와 결혼하다.

1941년 · 24세

10월 19일, 장녀 혜자(惠子) 태어나다.

1943년까지 용정 중앙교회에서 야학원을 담당하며 용강동교회에서 시무하다.

1942년 · 25세

함북 회령의 함북보육원에서 시무하다.

1943년 · 26세

만주국 동경성 지역 마창툰 개척민부락으로 이주하여 농업과 교육에 종사하다.

1944년 · 27세

아내의 신병 치료차 회령에 가서 다시 함북보육원에서 임시봉직하던 중 12월 13일, 차녀 혜원(惠苑) 태어나다.

12월, 회령경찰서에 사상범 용의자로 구속되어 심문받다가 병보석되다.

1945년 · 28세

8월 9일, 러일전쟁의 개전으로 산중에 도피해 있다가 8월 18일 해방의 소식을 접하다.

8월 하순, 개산툰 치안유지위원회 부위원장 및 선전부장을 하다가 인민재판을 받다.

9월 초, 도피하여 다시 단신으로 9월 20일 월남, 서울에 도착하다.

10월, 선린형제단을 조직하여 피난민대학생 구호사업을 하면서 기독청년연합회 정치부장 일을 보다.

12월 2일, 서울 장충동에 교회(현재의 경동교회)를 설립하다.

12월 31일, 서울운동장에서 열린 신탁통치반대 서울시민궐기대회에서 청년대표로 강연하다.

1946년 · 29세

2월 1일, 임시정부 주최 비상국민회의에 대의원으로 참석하다.

10월, 좌우합작위원회 선전부 차장, 후에 동 위원회 위원이 되다.

1947년 · 30세

4월, 민정장관특명 민정실정조사위원으로 임명되다. 한국기독학생총연맹(KSCF) 조직을 주도하다.

9월 13일, 장남 대인(大仁) 태어나다. 기독학생 신인회 조직하다.

12월, 민족자주연맹 기획업무 담당하다.

1948년 · 31세

한국기독교연합회 청년학생부 간사, KSCF 총무, 한국교회청년연합회 총무일을 보다.

1949년 · 32세

11월, 목사 안수 받다.

1950년 · 33세

6·25사변으로 도농리로 피난해 있다가 9·28수복 후 서울에 돌아오다.

10월, 공보실 위촉으로 종군하여 국군을 따라 월북하다.

1951년 · 34세

1월, 1·4후퇴시 부산으로 피난을 가다.

부산에서 한국기독교연합회 간사, 기독학생총연맹 총무로 활동하다.

1953년 · 36세

5월 12일, 차남 대영(大榮) 태어나다.

8월 3일, 캐나다 매니토바 대학 SCM 초청으로 유학차 출국하다.

9월부터 시작하여 1954년 5월 매니토바 대학 신학부 대학원 졸업하다(B.D. 학위 받다).

1954년 · 37세

8월, 미국 에반스턴에서 모인 제2회 WCC 총회와 일리노이 주 맘모스 대학에서 열린 세계기독학생연맹 이사회에 참석하다.

9월에 시작하여 1956년 5월 뉴욕 유니언 신학교 대학원에서 사회윤리 전공하다(S.T.M. 학위 받다).

1955년 · 38세

1955~57년 여름까지 워싱턴 소재 한인교회 목사로 시무하다.

1956년 · 39세

10월, 뉴욕 뉴스쿨 대학원에서 사회학 박사과정 수학하다.

1957년 · 40세

10월, 귀국하여 경동교회에서 시무하다.

1958년 · 41세

1958년 4월부터 1960년 3월까지 한국신학대학, 감리교신학대학 강사로 시무하다.

한국기독교교회협의회 청년부 위원장, KSCF 이사장직을 맡아 활동하다.

일본에서 열린 세계기독교교육대회에 참석한 후 일본 요시노야마(吉野山)에서 재일본 한국기독청년대회에 주제강사로 참석하다.

11월 7일, 화재로 교회건물 · 사택 전소되다. 가재 · 서류 등 전부 소실되다.

1959년 · 42세

한국기독교사회문제연구회 조직하다(크리스챤 아카데미 전신).

1960년 · 43세

4월, 홍콩에서 열린 국제선교협의회 행사에 참석하다.

11월 4일, 차남 대영(大榮) 사망하다.

1961년 · 44세

10월, 인도 벵갈라에서 모인 WSCF 대회에서 주제강연, 뉴델리에서 모인 WCC 제3차 총회에 대표로 참석, 교회와 사회위원이 되다.

12월, 벵갈라에서 모인 동아시아기독교협의회(EACC) 대회에 참석하다.

1962년 · 45세

한국방송윤리위원회 위원장직을 맡다.

KBS TV 자문위원장을 맡다.

동아시아기독교협의회 동북아지역 담당 간사직을 맡다.

5월, 캐나다 매니토바 대학에서 명예신학박사학위(D.D.)를 받다.

6월, 아일랜드에서 모인 세계기독교교육협의회 총회에 참석하고 이어서 영국에서 열린 WCC '교회와 사회위원회' 세계대회 준비모임에 참석하다.

12월에는 실론의 자프나에서 열린 EACC 실행위원회에 참석하다.

한국 크리스챤 아카데미 원장직에 취임하다.

1963년 · 46세

3월, 일본에서 열린 동아시아교회협의회 지역상황회의에 성서강의를 맡아 참석하다.

4월, 독일정부 초청으로 독일에 가다.

9월, 실론에서 열린 동아시아교회협의회 실행위원회에 참석하다.

10월, 홍콩에서 열린 세계기독교교회협의회 상호교회협조 준비위원회에 참석하다.

1964년 · 47세

2월, 방콕에서 열린 동아시아기독교교회협의회 총회에 참석하다.

5월, 일본에서 열린 아시아대학교수연구협의회에 참석하여 주제 강연을 하다.

7월, 아르헨티나에서 열린 세계기독학생연맹 총회에 참석하다.

12월, 나이지리아에서 열린 세계기독교교회협의회 평신도국 회의에 참석하다.

1965년 · 48세

8, 10, 12월, 콜롬보에서 열린 세계기독교교회협의회 및 동아시아기독교 교회협의회 실행위에 참석하다.

1966년 · 49세

한국종교인협의회 회장직을 맡다.

한국기독교장로회 총회장직에 취임하다.

한국방송윤리위원회 위원장직을 사임하다.

2월, 홍콩에서 열린 동아시아기독교교회협의회에 참석하다.

5월, 시민회관에서 열린 아시아영화제 심사위원장을 맡고, 이 무렵 영화심의위원을 하다.

6월, 홍콩에서 열린 세계교회협의회에 참석하다.

7월, 제네바에서 열린 WCC '교회와 사회위원회' 세계대회에 참석하다.

11월, 홍콩에서 열린 동아시아기독교교회협의회에 참석하다.

1967년 · 50세

7월, 제네바, 독일에서 열린 세계기독교교회협의회 '교회와 사회위원회' 실행위원회에 참석하다.

10, 11월, 종교개혁 450주년 기념행사에 참석하다.

1968년 · 51세

동아시아교회협의회 부회장직에 피선되다.

세계교회협의회 중앙위원직을 맡다.

1월, 방콕에서 열린 동아시아교회협의회 4차 총회에 참석하다.

6월, 세계교회협의회 4차 총회에 참석하다.

10월, 일본에서 열린 동아시아교회협의회 중앙위에 참석하다.

11월, 싱가포르에서 열린 동아시아교회협의회 중앙위에 참석하다.

1969년 · 52세

1월, 인도네시아에서 열린 동아시아기독교교회협의회에 참석하다.

1월, 제네바에서 열린 세계기독교 교회협의회 에큐메니컬 운동부 실행위에 참석하다.

3월, 태국에서 열린 세계기독학생총연합회에 참석하다.

4월, 오스트레일리아에서 열린 아시아지역 평신도 지도자회의 주제강사로 참석하다.

7~8월, 영국 · 미국 · 독일 등지에서 열린 세계기독교교회협의회 중앙위에 참석하다.

9월, 일본에서 열린 동아시아기독교교회협의회에 참석하다.

12월 5일, 사회교육 공로로 '모란장' 훈장을 받다.

1970년 · 53세

국토통일원 고문직을 맡다.

아시아기독교사회운동기관협의회(ACISCA) 회장직을 맡다.

3월, 일본에서 열린 동남아기독자대회에 참석하다.

4월, 쿠알라룸푸르에서 열린 세계기독학생총연합회에 참석하다.

7월, 독일에서 열린 세계기독교교회협의회 에큐메니컬 운동부 실행위에 참석하다.

1971년 · 54세

7, 8월, 에티오피아에서 열린 세계기독교교회협의회 중앙위에 참석하다.

1972년 · 55세

4월, 그리스 크레타 섬에서 열린 세계기독교사회운동집단 협의회에 참석, 의장에 피선되다.

6월, 일본에서 열린 동아시아기독교교회협의회에 참석하다.

8월, 폴란드에서 열린 세계기독교교회협의회에 참석하다.

10월, 사회교육 훈장 '동백장'을 받다.

11월, 싱가포르, 홍콩에서 열린 동아시아기독교교회협의회 실행위원회에 참석하다.

이 시기에 영화심의위원, 아시아영화제 심사위원장 등을 역임하다.

1973년 · 56세

아시아교회협의회(CCA) 회장에 당선되다.

1월, 방콕에서 열린 세계교회협의회 선교협의회에 참석하다.

2월, 일본에서 열린 아시아기독교사회운동 기관협의회에 참석하다.

3월, 타일랜드에서 열린 아시아교회협의회 관계회의에 참석하다.

3월 말, 스위스, 홍콩에서 열린 세계교회협의회 교육위원회에 참석하다.

6월, 싱가포르에서 열린 아시아교회협의회 총회에 참석하다.

7월부터 9월, 스위스, 독일에서 열린 세계교회협의회 중앙위원회에 참석하다.

10월, 방콕에서 열린 아시아교회협의회 실무자회의에 참석하다.

12월, 일본에서 열린 아시아기독교사회운동 기관협의회에 참석하다.

1974년 · 57세

민주회복국민회의 대표위원직을 맡다.

3월, 호주, 홍콩에서 열린 아시아교회협의회 실행위원회에 참석하다.

5월, 영국에서 열린 세계교회협의회에 참석하다.

6월, 독일에서 열린 한독교회협의회에 참석하다.

8월, 영국, 일본에서 열린 세계교회협의회 중앙위원회에 참석하다.

10월, 싱가포르에서 열린 아시아교회협의회 임원회의에 참석하다.

11월, 싱가포르, 홍콩에서 열린 아시아 교회협의회 실무자회의에 참석하다.

1975년 · 58세

세계기독교회의 중앙위원, 실행위원직을 맡다.

3월, 싱가포르에서 열린 아시아교회협의회 실행위원회에 참석하다.

8월, 스코틀랜드에서 열린 유럽 아카데미 연합회에 참석하다.

11월, 케냐에서 열린 세계교회협의회 총회에 참석하다.

1976년 · 59세

2월, 파키스탄에서 열린 아시아교회협의회 실행위원회에 참석하다.

3월, 제네바에서 열린 세계교회협의회 실행위원회에 참석하다.

6월, 일본, 대만, 홍콩에서 열린 아시아교회협의회에 참석하다.

7월, 제네바에서 열린 세계교회협의회 실행위원회에 참석하다.

11월, 싱가포르에서 열린 아시아종교평화회의(ACRP)에 참석하다.

1977년 · 60세

아시아교회협의회 회장직을 사임하다.

1월, 필리핀에서 열린 아시아교회협의회 실행위원회에 참석하다.

2월, 스위스에서 열린 세계교회협의회 실행위원회에 참석하다.

5월, 말레이시아에서 열린 아시아교회협의회 총회에 참석하다.

7월, 제네바에서 열린 세계교회협의회 중앙위원회에 참석하다.

10월, 캐나다에서 열린 세계기독교사회운동단체협의회에 주제강사로 참석하다.

몽양 여운형 30주기 행사 집행위원장을 맡다.

11월, 월간 『대화』 폐간처분을 받다.

1978년 · 61세

2월, 취리히에서 열린 세계교회협의회 실행위원회에 참석하다.

5월, 트리니다드에서 열린 세계교회협의회 타종교와의 대화에 참석하다.

9월, 핀란드에서 열린 세계교회협의회 실행위원회에 참석하다.

11월, 독일에서 열린 한독교회협의회에 참석하다.

12월, 자메이카에서 열린 세계교회협의회 중앙위원회에 참석하다.

1979년 · 62세

9월, 제네바에서 열린 세계교회협의회 실행위원회에 참석하다.

3월, 크리스찬 아카데미 직원 6명이 반공법 위반혐의로 구속되다.

3월 말경에는 본인이 중앙정보부에서 6일 간 구류당하다.

1980년 · 63세

한국 기독교교회협의회 회장직을 맡다.

국정자문위원직을 맡다.

1월, 프랑스에서 열린 세계교회협의회 실행위원회에 참석하다.

4월, 헝가리에서 열린 세계교회협의회 타종교와의 대화에 참석하다.

8월, 스위스, 독일 등에서 열린 세계교회협의회 중앙위원회, 실행위원회에 참석하다.

11월, 싱가포르에서 열린 세계교회협의회 에큐메니컬 연구기관협의회에 참석하다.

1981년 · 64세

1월, 스위스에서 열린 세계교회협의회 실행위원회에 참석하다.

7월, 동독, 서독 등에서 열린 세계교회협의회 총회준비위원회 실행중앙위원회에 참석하다.

10월, 캐나다, 미국 등에서 열린 세계교회협의회 총회준비위원회에 참석하다.

1982년 · 65세

한국기독교 백주년기념사업협의회 대표회장직에 취임하다.

4월, 말레이시아에서 열린 아시아교회협의회 25주년 기념회의에 참석하다.

5월, 스위스, 독일, 미국 등에서 열린 세계교회협의회 총회준비위원회에 참석하다.

6월, 하와이에서 열린 세계교회협의회 종교간의 대화에 참석하다.

7월, 스위스, 독일 등에서 열린 세계교회협의회 실행위 중앙위에 참석하다.

9월, 소련, 스위스, 일본 등에서 열린 세계교회협의회 총회를 위한 행사에 참석하다.

1983년 · 66세

2월, 독일, 미국, 프랑스, 스위스 등에서 열린 세계교회협의회 총회준비 실행위원회에 참석하다.

6월, 독일, 프랑스 등에서 열린 독일교회선교대회에 참석하다.

7월, 캐나다, 미국 등에서 열린 세계교회협의회 6차 총회에 참석하다.

11월, 일본에서 열린 NCC 20주년 기념행사에 참석하다.

1984년 · 67세

4월, 독일(서베를린)에서 열린 제5차 한독교회협의회에 참석하다.

5월, 일본에서 열린 한국선교백주년 관서지방 전도대회에 참석하다.

6월, 미국에서 열린 한국기독교백주년기념사업협의회에 강사로 참석하다.

1985년 · 68세

한국기독교백주년기념사업협의회 대표회장직을 사임하다.

7월, 미국에서 열린 한국기독교백주년 여성분과위원회에 참석하여 3일 간 강연하다.

8월, 중동지역(모로코, 튀니지, 이집트, 터키, 요르단, 바레인)을 시찰하다.

1986년 · 69세

경동교회 담임목사를 은퇴하고 명예목사가 되다.

아시아종교인평화회의(ACRP) 회장직을 맡다.

6월, 북경에서 열린 세계종교인평화회의(WCRP)에 참석하다.

1987년 · 70세

서울올림픽 문화예술행사 추진위원회 의장직을 맡다.

1월, 일본에서 열린 아시아종교인평화회의(ACRP)에 참석하다.

3월, 미국에서 열린 뉴욕 한인 중앙교회에서 강연하다.

5월, 태국(방콕)에서 열린 아시아종교인평화회의(ACRP)에 참석하다.

7월, 스리랑카에서 열린 아시아종교인평화회의에 참석하다.

9월, 북부유럽지역(덴마크, 핀란드, 스웨덴, 노르웨이, 벨기에, 독일)을 시찰하다.

1988년 · 71세

1, 2, 3, 6, 7, 11, 12월, 미국, 일본, 방콕 등에서 열린 아시아종교인평화회의에 참석하다.

서울올림픽 문화예술행사를 추진하고 국제학술회의 위원장을 역임하다.

올림픽에 공헌한 공로로 '청룡장' 훈장을 받다.

한국방송위원회 위원장에 취임하다.

1989년 · 72세

1월, 호주에서 열린 세계종교인평화회의에 참석하다.

3월, 독일, 프랑스, 스위스 등에서 열린 세계종교인평화회의에 참석하다.

7월, 일본에서 열린 아시아종교인평화회의에 참석하다.

9월, 영국, 프랑스, 독일, 네덜란드, 일본 등 유럽 방송관계기관을 시찰하다.

11월, 파키스탄에서 열린 아시아종교인평화회의에 참석하다.

1990년 · 73세

3~4월, 미국, 캐나다 등 북미 방송관계기관을 시찰하다.

6월, 일본(동경)에서 열린 아시아종교인평화회의에 참석하다.

7월, 미국(프린스턴)에서 열린 세계종교인평화회의에 참석하다.

7월, 미국 애틀란타에서 모인 미국방송인대회에 참석하다.

10월, 일본(오사카)에서 열린 아시아종교인평화회의에 참석하다.

11월, 네팔에서 열린 아시아종교인평화회의 총회에서 회장 및 의장으로 재선되다.

1991년 · 74세

2월, 독일에서 바이체커 대통령과 면담하다.

RTL PLUS(독일 방송기관)를 시찰하다.

3월, 방송위원장을 사임하다.

3월, 5월 일본(동경)에서 열린 아시아종교인평화회의에 참석하다.

6월, 이탈리아의 로베레토에서 열린 세계종교인평화회의에 참석하다.

7월, 태국(방콕)에서 열린 아시아종교인평화회의에 참석하다.

1992년 · 75세

3월, 미국에서 열린 세계종교인평화회의 실행위원회에 참석하다.

4월, 태국, 방콕에서 열린 세계종교인평화회의 정책위원회에 참석하다.

7월 말, 일본에서 열린 아시아종교인평화화의에 참석하다.

8월, 중국(베이징, 연길, 용정)을 방문하다.

9월 몽고, 중국을 방문하다.

11월, 일본에서 열린 세계종교인평화회의 중동관계회의에 참석하다.

1993년 · 76세

5월, 스웨덴 등에서 열린 세계종교인평화회의 준비 모임에 참석하다.

6월, 필리핀에서 열린 '93 아시아종교인평화회의 실행위원회 모임에 참석하다.

8월, 미국(시카고)에서 열린 세계종교인대회에 참석하다.

1994년 · 77세

2월, 원불교가 설립한 이리 원광대학교에서 종교간의 화합을 도모하고, 한국종교의 위상을 국제사회에 고양하였다는 공로로 명예철학박사 학위를 받다.

11월, 이탈리아에서 열린 세계종교인평화회의 제6차 총회에 참석하여 '환경은 생명이다' 라는 주제로 연설하였고 공동의장직을 맡다.

'국립중앙박물관 보존을 위한 시민의 모임' 공동대표를 맡아 활동하다.

1995년 · 78세

2월 2~3일, 4월 7~8일, 해방 50년, 크리스챤 아카데미 창립 30주년을 맞이하여 크리스챤 아카데미와 일본 이와나미(岩波)서점 공동 주최로 '해방 50년, 패전 50년—화해와 미래를 위하여' 라는 주제로 심포지엄을 열다.

8월, 이화여대에서 기독교 교육과 여성운동, 인간화를 위한 평화운동에 기여한 공로로 명예 문학박사 학위를 받다.

9월 22~23일, 중국 심양에서 전 조선노동당 국제담당비서 황장엽 씨를 만나다.

10월 8일, 생명 가치의 실현을 위해 가평에 '바람과 물 연구소' 를 열다.

10월 18일, 종교간의 대화운동 30주년을 기념하여 '문명의 전환과 종교의 새로운 비전' 을 주제로 대화모임을 열다.

12월 3일, 경동교회 50주년 기념예배에서 '만물의 근원되시는 그리스도' 를 주제로 설교하다.

1996년 · 79세

4월, 전국장애인한가족협회에서 개최한 '제1회 장애인고용촉진건

기대회' 의 대회장을 맡다.

10월, 아시아종교인평화회의 총회를 끝으로 회장직을 사임하고 명예회장에 추대되다.

1997년 · 80세

4월 17일, 한신상을 수상하다.

7월 19일, 몽양 여운형 선생 50주기 추도식에서 전집출판위원장을 맡고 추도사를 하다.

8월 19일, '북한돕기 100만명 서명운동' 을 하다

8월, 이준 열사 90주기 추모행사를 주관하다.

8월, '최명희와 혼불을 사랑하는 사람들의 모임' 의 위원장이 되다.

8월 31일, 제27회 세계연극제(ITI) 개막되다. 이 대회의 대회장을 맡다.

11월 11일, '북한에 사랑의 옷 보내기 운동' 을 벌이다.

1998년 · 81세

4월 12일, 장애인의 날 행사 대회장이 되다.

5월, 새정부 출범 후 처음 열린 통일고문회의에서 의장으로 선출되다.

6월, 한겨레신문, 문화방송, 시민단체 합동으로 조직한 '실업극복국민운동' 에서 김수환 추기경, 송월주 원장과 함께 공동위원장으로 피선되다.

9월 12일, 예술의 전당 자문위원이 되다.

10월 19일, MANIF 주최 '한국을 움직이는 24인전' 에 선임되어 심영철 교수의 설치미술 작품으로 전시되다.

10월, 모로코에서 세계종교인평화화의 총회준비위원회 개최하다.

12월 14일, 방송법개혁위원회 위원장을 맡다.

1999년 · 82세

4월, 통일고문회의 금강산 방문, 선상 고문회의를 개최하다.

4월, 아카데미 주최 '동북아평화를 위한 국제회의'를 개최하다. 바이체커 전 독일 대통령 주제강연하다.

7월, 경동교회 신도들과 함께 성지순례 후 요르단 암만에서 개최된 세계종교인평화회의 총회 준비위원회에 참석하다.

11월, 요르단 암만에서 개최된 세계종교인평화회의 제7차 총회에 참석하다. 공동의장직에서 은퇴하고 명예회장에 추대되다.

2000년 · 83세

5월 7일, 크리스찬 아카데미 이사장직에서 은퇴하고 명예이사장으로 추대되다.

5월 12일, 일본 동경에서 제17회 니와노 평화상을 수상하다.

8월, 신라호텔에서 평화포럼 설립을 위한 준비모임을 갖다.

10월 3일, 평화포럼 사단법인 구성, 첫 이사회와 창립 행사를 갖다.

11월 10일, 구올림피아호텔에서 여 · 야 정치인, 종교인, 시민단체 대표, 학계대표 50여 명 참석하여 남북평화를 위한 포럼 개최하다.

11월 21일, 구올림피아호텔에서 '남북평화를 위한 NGO의 역할'을 주제로 포럼 개최하다.

2001년 · 84세

5월 3일, 부시 대통령에게 드리는 글 발표, 기자회견 후 미국대사관을 방문하다.

9월 5~7일, '동아시아의 평화와 화해'라는 주제로 아카데미 하우스에서 국제회의 개최하다.

10월 4일, 국제회의 보고서(국 · 영문)를 발간하다.

11월 15일, 구올림피아호텔에서 '남북 평화를 위한 시민단체의 역할'을 주제로 포럼을 개최하다.

11월 30일, '남북평화를 향한 초당적 협력에 관한 포럼'을 구올림피아호텔에서 개최하다.

2002년 · 85세

4월 18일, 한반도 문제 해결을 위한 정책 보고서 검토모임을 갖다.

6월 5일, 제6회 만해 평화상을 수상하다.

7월, 클린인터넷 국민운동본부 자문위원장이 되다.

7월 1~2일, 국제 NGO 지도자 워크숍을 아카데미에서 개최하다.

7월 29일, '정책보고서' (국 · 영문) 발표 기자간담회를 갖다.

7월 30일, '정책보고서' 를 국내외에 발송하다.

10월 24일, 제16대 대선후보 초청강연 및 토론회를 구올림피아호텔에서 개최하다.

2003년 · 86세

1월 3일, 한반도 평화를 위한 주변국가(미 · 중 · 일 · 러 · 유럽)와의 관계를 위한 간담회를 신라호텔에서 개최하다.

1월 28일, 한반도 위기의 평화적 해결을 위한 시민포럼을 개최하다.

2월 26일, 바이체커 전 독일 대통령 초청간담회를 신라호텔에서 개최하다.

저서와 관련자료

1. 저서

단행본

1949	새시대의 건설자	기독교서회
1959	폐허에의 호소	해군본부 군종감실
1963	제3차원의 세계	보진재
1965	5분간의 사색	육민사
1967	벌판에 세운 십자가	현암사
	저 문이 닫히기 전에	현암사
	새벽을 기다리는 사람들	현암사
1971	나날이 새롭게	휘문출판사
	하나의 진실을 갖는 아픔	중앙출판사
1972	그래도 지구는 돈다	육민사
1973	인생과 종교	과학사
1978	제3지대의 증언	문맥출판사
1979	십자가의 증언	범우사
1985	자유케 하는 진리	서문당
1987	강원용과의 대화	평민사

1993 빈들에서(3권) 도서출판 열린문화
1995 기독교윤리강좌 경동교회
1998 믿는 나와 믿음없는 나 웅진출판사

번역서

1960 폴 틸리히 저, 새로운 존재 기독교서회
1968 존 C. 베네트 저, 크리스챤의 정치적 책임 기독교서회

독일어 저서

1975 *ZWISCHEN TIGER UND SCHLANGE* Luth Mission Erlangen

전집

1979 강원용 전집(10권) 서문당
1995 강원용 전집(17권) 경동교회

2. 관련자료

1995 고범서 저 여해 강원용의 삶과 사상 종로서적
1998 39인여성집필 강원용과의 만남 그리고 여성운동 여성신문사
2000 강준만 저 인물과 사상 16 도서출판 개마고원

3. 중요한 칼럼과 관련기사(1959~2003)

1959 새 시대의 윤리-술, 담배 문제 기독교사상
1961 정치 혁명과 인간 혁명 신문 기고
썩고 낡은 모든 것에 불을 지르자 신문 기고

1962 난국을 타개하는 길

1963 현 시점에서 학생들에게 주는 글

새 방송법에 잘못은 없는가

크리스마스 메시지

자유를 위한 싸움

국가 건설의 기초

크리스챤이 본 정치 기상도

1964 젊은 세대의 소멸

신문의 공정성

가족계획과 산아제한

언론 파동을 근본적으로 수습하는 길

파동을 넘긴 언론인에게

현 방송 이대로 좋은가

국정감사에 할 말 있다

여론에 묻는다

신금단 부녀 단상의 이별

방송과 윤리

급변하는 사회에서의 인간관계

한국 대학생과 민족의 진로

1965 4월의 불연속선

동아방송에 바란다

한국의 근대화와 방송 윤리

창조적 엘리트의 윤리

새로운 인간상-과학과 종교

1966 전파관리법 개정시도를 격한다

월남 증파에의 증언

부정부패 요인-나의 진단

후진 사회의 발전과 기업가 정신
양편 사이의 틈 좁혀가야
민권 운동-마르틴 루터 킹을 생각하며
1967 시급한 교육 혁명
링컨-내가 존경하는 정치인상
처방-금력배제 범국민운동을
새 역사의 전열에 서자
인간과 로봇
1968 밝은 정치를 위해
일제 잔재는 청산되었는가
킹 목사를 생각한다
현 시점에 있어서의 지도자의 자세
경제 · 사회 개선에의 제언
인간은 새로워져야 한다
1969 호헌의 길
크리스챤의 정치관심과 사회참여
삼선 개헌 허와 실
70년대의 정신적 기조
한국정치 회록과 반성
여성의 사고, 윤리, 사회적 변화
70년대에 대응하는 젊은 세대의 가치관, 윤리, 종교에 대한 태도
대학생과 종교
새로운 지도자상
1970 선명 야당의 좌표
4·19와 학생운동
사회병리와 기독교의 역할
여성개발의 능력

	인간화와 교회
	새시대의 전위병
1971	세대간의 격차
	유권자는 표 지킬 의무 있다
	투표일 아침에 보내는 나의 제언
	4·27 선거와 지역 감정
	양당에 바란다-신민당에게
	남북대화에 부친다
	근로자는 어디로 갈 것인가
	발전문제에 대한 크리스챤의 관심
1972	한국여성운동의 미래
	새로운 민족지도이념의 모색
	한국 적십자에 바란다
	민족통일을 향한 여성의 자세
1973	동양과 서양 차이-종교적 입장
	지역 개발과 공동체의식
1974	포드 대통령에게
	교회의 사회참여 시비
1975	난국을 헤쳐온 슬기로운 민족-다시 한번 힘을 다할 때
	국외자가 본 문학세계
	서울선언을 해부한다
	가족법에 대한 공청회
	마음의 공해
1976	인간이여 선악과를 따라-가치관의 모색
	과학기술과 인간
	미래사회와 여성
	오늘의 종교 개혁과 교회의 일치운동

1978	인류공동체 속에서의 세계 교회공동체
	새로운 여성운동에의 기대
	YMCA 운동과 역사의식
1979	제2의 종교개혁
	개혁파 갑옷을 벗으라
	민족의 파수꾼
	궤도를 바꾼 성좌
1980	역사의 방향선
	남북회담 오늘의 시각
	새 역사의 문턱에서
	역사의 소리 귀기울여 이 난국 슬기로 극복
1981	동아일보에 바란다
	'제3문명 시대' 가 열리고 있다
	동독에서 겪은 것들
	건강한 새 역사를 위하여
	생명이 보호되어야 한다
1982	통일을 생각한다
	사형제도 찬반
	26회 신문의 날에 말한다
	무관심의 병
	인간의 잔인성
	80년대의 한국경제와 소비자운동의 과제
	제3문명 시대와 종교
	공산권의 크리스챤
1983	인간 관계에 있어서의 예와 아니오
	후진 사회의 발전과 기업가 정신
	충격사건 모두 공범의식 지켜야

추석을 교회 감사절로 지킨다
민심 화합에의 길
깨어라, 민족의 파수꾼이여
1984 전통문화와 민주문화의 조화 모색
새 문명이 동트는 아침을 향하여
분단국가에서의 교회의 역할
제3기의 여성-우리들의 모성문화는 어디로 갔느냐
희망의 신학 몰트만과의 대화-신 · 인간 · 자연 그리고 화해
방송정책에 대한 제언
분단 국가에서의 교회의 역할
지구촌의 평화와 선교의 과제
선교 2세기를 향한 교회 여성의 역할
1985 나는 왜 가족법 폐지를 주장하나
역사는 비판할 수 있되 재판할 수는 없다
여성들이여, 길들여진 인습을 과감히 버리자
1986 알맹이가 빠져 있는 소련교회들
아시아에서의 평화의 가교
지구촌 밝힐 평화의 등불 되길
1987 유서를 써놓고 살아라
1988 '맹가나무 열매 이야기'를 보고-문일지씨에게
강원용과 송월주 스님의 대화
민족화합의 차원에서 본 한국사회의 미래
1989 제3의 창조를 향한 화해의 복음의 증인
1990 한국방송의 방향
90년대의 방송
1992 생명을 위한 정책 전환
새 역사를 향한 사고와 행동의 방향 전환

	도산과 오늘의 한국	
1993	권력으로부터 방송을 구출하라	
	섬기러 오신 예수	
	약속의 땅에 의를 심어 사랑을 거두어라	
	나의 교우기: 나는 스님과 독일여성을 사랑했다	월간중앙 9월호
	북한특집: 내 고향 자연 경관	국민일보
1994.10월호	생활과 음악	월간객석
6. 3	연재칼럼 1: 윤리공백에 흔들리는 사회	경향신문
7.	생명 제일의 윤리운동	경향신문
11. 1	대북정책에 국민 몫과 정부 몫	경향신문
	무엇이 개혁을 잠재우는가	
	방송 이대로는 안된다	
	방송정책 개혁에 대한 제언	
1995. 5. 30	장준하 선생과 나	문화체육부
8. 3	한국발전 창간 3주년 기념: 라인홀드 니버의 생애와 사상	
8. 29	국립중앙박물관철거반대: 죽은 역사를 위해 산 역사를 파괴하는 오만과 독선	월간 조선
9. 20	변선환 박사와 나	감신대 교지
10. 28	사랑의 장애인 체험대회 격려사	
11. 2	종군위안부문제 공연 축하: 거짓말쟁이 영자, 영자	공연예술기획 나이테
1996. 1. 1	원로에게 듣는다: 5월의 한 창조적 에너지 승화불	광주일보
1. 22	생명 중심으로 돌아가자	문화일보
4. 18	수필: 창조적 소수자의 반열에 서라	한국사회문화연구원

1997. 1. 1	(신년메시지) 적자인간이 되지 말자	유교신보
1. 4	(특별기고) 평화가 성취되는 해	중앙일보
1. 9	각계원로 노동법 재개정 촉구	한겨레신문
1. 25	시국대화 관련기사	한겨레신문
2. 6	노동법사태-시국선언 아직 꺼진 불 아니다	뉴스메이커
3. 24	국가위기 이렇게 풀자-각계원로 5인의 처방	동아일보
3. 28	감추어져 있는 부활의 생명	문화일보
3. 29	(오피니언) 부활, 그 생명의 메시지	문화일보
4. 2	(인터뷰) 북한동포 고통 외면하며 부활절 거창하게	내일신문
봄호	(축사) 정보화: 여성운동의 새 물결	여성과 정보
4. 7	(특별인터뷰) 북녘동포지원호소-강원용 목사	한겨레신문
4. 10	민심의 허와 실	경향신문
4. 14	(아침창문을 열며) 분노한 민심을 두려워마라	경향신문
5월호	(특별대담) 강원용, 지명관: 내가 만난 황장엽	신동아
5. 26	(아침창문을 열며) 암울한 남북현실 민초들이 희망을	경향신문
5. 29	(오피니언) 강원용-솔직한 사과만이 대도무문	문화일보
6. 25	(지금 독서중) 강원용 목사: 살아계신 부처님……	문화일보
7. 5	대선후보들에게 전하는 말	경향신문
7. 8	몽양 서거 50주년 학술세미나	중앙일보

7. 8	(아침창문을 열며) 21세기를 이끌 지도자상	경향신문
7. 16	(아침을 열며) 동포애가 전쟁 막는다	한국일보
7. 20	몽양 여운형 선생 50주기 추모식	동아, 중앙
7. 31	전 · 노 사면 대화합 정치 펼쳐야	뉴스메이커
8. 19	(아침창문을 열며) 과연 해방은 되었는가	경향신문
9. 10	내가 만난 이희호 여사	한국일보
9. 13	우울한 추석	문화일보
9. 14	세계연극제 개막식 축사	
10. 7	(아침창문을 열며) TV 정치시대의 허와 실	경향신문
10. 8	송월주 조계종 총무원장 화갑문집봉정식 축사	
10. 25	독립운동가 김약연 선생 55주기 추도회	한국일보
11. 4	북한동포 사랑의 옷 보내기 후원의 밤	한국, 국민
11. 6	통일 위한 대북정책 세미나	국민일보
11. 11	(아침창문을 열며) 보다 큰 선과 보다 작은 악	경향신문
11. 24	(특별기고) 대통령 후보들에게 바라는 것	문화일보
12. 16	(인터뷰) LA에 온 강원용 목사가 말하는 오늘의 한국	한국일보미주판
12 20	(특별기고) 김대중 당선자에게	동아일보
12. 21	패러다임을 바꾸자	경향신문
12. 24	(원로들의 당부) 정경유착고리차단 문화비전 제시해야	문화일보
1998. 1. 1	신년특별기획	그리스도신문
1. 7	(축사) 시민단체신년하례회	
1. 9	(강연) 여의도클럽 정기총회-신년하례회	
2월호	(인터뷰) 나는 빈들에서 외치는 소리요	WIN

1.30 강원용 목사 위기의 한국경제에 쓴소리 일요신문
2.2 권력이동에 신심(信心)도 이동? 경향신문
2.16 마리아 칼라스와 윤석화 마스터클래스 팸플릿
2.19 (의견) 태풍권에 들어선 한국호 문화일보
3.17 평화통일에의 정책접근에 대한 제언 문화일보
3월호 (스페셜인터뷰) 강원용 행복이 가득한 집
3.14 (축사) 한국옥수수재단 창립 총회
3.18 (의견) 남북화해를 위한 제언 문화일보
4.3 (축사) 환경운동연합 창립5주년
6.2 (특별인터뷰) 원로로부터 듣는다-강원용 목사 제민일보
6.4 국난극복을 위한 대국민호소문 발표기자회견 경향, 중앙
6.26 (축사) 우리민족서로돕기운동 2주년 기념식 한국일보
9.15 (국난극복의 지혜를 듣는다) 강원용 목사 서울신문
9.18 열린 종교 큰 뜻에 감복-대산 김대거 종사 영전에 중앙일보
11.2 (금강산관광 개막을 앞두고) 53년 빙벽 뚫는 작은 계기 됐으면 동아일보
12.1 과거 청산하고 새출발하자 문화일보
12.12 방송위원회 완전히 독립해야 한다 한국일보
12.13 『혼불』로 한국문학 빛내고 혼의 나라로 한국일보
12.15 이희호 여사 서간집 출판기념회 한국, 경향
12.21 방송정치적 독립은 타협의 대상 아니다 경향신문
겨울호 시론-여성정책에 대한 소고 여성특위소식지
1999.1.9 시민개혁포럼 출범 한국, 동아
2.12 종교계 세 원로 노숙가족 위로 한겨레신문

2. 27 인터뷰-강원용 방송개혁위원회 위원장 경향신문
2. 28 기자수첩-방송과 권력 조선일보
3. 30 특별기고-강원용 '국민의 방송으로 거듭났으면' 동아일보
4. 12 (장애인의 날 기획특집) 인터뷰-강원용 장애인신문
4. 22 특별대담-강원용, 바이츠제커 전 독일대통령 한겨레신문
4. 24 새 방송법안 정치적 이용 말라 동아, 중앙
5. 3 (희망의 정치 우리 힘으로) 특별기고-강원용 한겨레신문
6월호 한국방송의 샘터가 되주길 방송과시청자
6. 3 (오피니언) 바닥민심의 소리를 들어라 문화일보
6. 30 현 남북관계에 대한 각계원로 및 시민사회단체 공동기자회견
7. 8 여권운동지원모임 강원용 준비위원장 중앙일보
9. 14 (집중인터뷰) 공영방송의 이익집단 도구화 안될 말 문화일보
9월호 (원로와의 대화) 희망을 포기하려거든 원칙을 버려라 오늘의 한국
10. 8 내가 본 20세기-해방 직후 지도자들 대립 비극 낳아 한겨레신문
11. 4 (인터뷰) 김대중, 이회창 씨부터 달라져야 한다 시사저널
11. 9 남북 종교지도자 만난다 국민일보
11. 10 (원로들의 시국걱정) 새천년 길목…… 국민에 희망주는…… 문화일보
12. 3 중국동포지위향상 촉진 각계인사 기자회견

문화일보

12. 31 (오피니언) 카이로스를 위하여 문화일보

12월호 문화시대의 일류 국가 뜻모아소리모아

2000. 1. 1 (특별기고) 새 역사의 과제 중앙일보

1. 4 (특별기고) 새 천년은 회개로부터 국민일보

1. 5 새 천년 NGO 시대 열자 국민일보

1. 5 시민사회단체 공동 신년하례회 한겨레신문

1. 10 시민운동 제발 기득권세력 닮지 마라 시민의신문

1. 14 (오피니언) 시민연대에 바란다 문화일보

1. 27 '화해와 평화' 온겨레손잡기운동 설명회 동아일보

2. 23 유권자 각성 1천만 서명운동 한겨레신문

2. 23 총선 지역주의 타파 경향신문

3. 2 시민대표 33인 '유권자 독립선언' 동아일보

3. 29 새천년 한민족교회지도자대회 국민일보

3월호 (인물포커스) 크리스찬아카데미 이사장 강원용 목사 여의도클럽

4. 13 (인터뷰) 민족공동체 이익이 최우선 문화일보

4. 14 (21세기평화재단 남북포럼) 여야 손잡아야 통일 당긴다 동아일보

4. 15 (새정치의 길: 원로는 말한다) 여야 성숙한 협력 나서라 문화일보

봄호 (자랑스런 수상인들) 강원용 목사 니와노평화상 수상 한독협회

6. 5 (월요인터뷰) 지도층 성추문보다 공적 도덕성이 문제 중앙일보

6월호 (한국을 빛낸 인물, 19) 한국사회운동 텃밭 일군…… 생각쟁이

6. 17　(21세기평화재단 남북포럼) 이젠 내부의 손을 맞잡자
동아일보

11. 4　긴급진단: 총체적 부패 고리 차단 이렇게……
각계의 시각　경향신문

12. 2　국정쇄신 이렇게: 여당 총재직 떠나 통일 큰틀 닦아야
세계일보

2001. 1. 16　(엔지오) 2001년 화두는 개혁제도 입법화　한겨레신문

3. 20　김대통령 총재직 버리고 차기대권 조율 말아야
동아일보

3. 20　(오피니언) 세계를 보는 정치 왜 못하나 문화일보

4월호　(특별인터뷰) 강원용 목사의 시국인식과 통일론
월간중앙

5. 8　부시 대통령께 드리는 각계인사 건의서 발표기자회견
각 일간지

6월호　(특별인터뷰) 강경론자에게 한반도 맡길 수 없다
참여연대

9. 3　(특별인터뷰) 남북문제 민족차원서 접근해야
한국일보

9. 3　(인터뷰) 그런 일로 임장관 해임시키면……　오마이뉴스

11. 21　(인터뷰) 강원용 목사에게 들어본 남북관계 진단
중앙일보

11월호 (나라 걱정하는 원로들의 쓴소리)
역사의 대전환기를 맞이하여　리뷰(발전연구원)

겨울호 (심포지엄) 그리스도교와 이슬람교의 대화　신학사상

12. 27　부시여, 북미관계 풀려면 주변국과 대화부터 하라
한겨레신문

2002. 1. 1　(신년좌담) 페어플레이 2002　동아일보

1. 12 (인터뷰) 미, 북 테러보복 희생양 삼을 수도 한겨레신문

신년호 (경실련이 만난 사람) 평화를 심는 원로 강원용 목사
월간 경실련

3월호 (권두인터뷰) 부시는 교만 버리고 DJ는 기죽지 말라
신동아

3월호 발행인이 만난 아름다운 사람: 여해 강원용 목사
월간 객석

4. 24 30억 환경재단 출범: 환경지킴이 민간이 나섰다
조선일보

6월호 (표지인물) 남북평화 정착 위해 여생을 바치겠다
대한화보

6월호 (대담) 6·15선언 2주년, 역사적 사건을
만들 수있는 좋은 기회 살림

6. 11 만해상 수상자: 불교 울타리 넘어 국내 최고 권위 굳혀
불교신문

8. 1 대북 쌀지원, 나는 이렇게 본다 내일신문

8. 14 최영희가 만난 사람 1: 강원용 목사 내일신문

8. 15 (21세기평화재단 포럼) 원로3인 좌담:
21세기 새로운 광복…… 동아일보

12. 20 당선자에게 바란다: 평화협정으로 전쟁 막아라
내일신문

12. 20 (16대 대선기획시론) 이제 다시 시작이다:
화합이 가장 먼저다 동아일보

12월호 (인터뷰) 대통령선거 원로에게 듣는다 개혁시대

2003. 1월호 (특별기고) 이제는 국민통합이다 월간중앙

1월호 청담스님탄신백주년을 맞아: 스님은 속이 탁 트인 어른
여성불교

이 책에 나오는 주요인물

가가와 도요히코(賀川豊彦, 1888. 7. 10~1960. 4. 23**)**

일본의 노동운동과 민권운동의 지도자. 빈민구제에 힘썼으며 기독교 사회운동가이자 작가이기도 하다. 미국에서 신학을 공부하고 일본으로 돌아와 노동운동 및 빈민굴 생활을 했다. 일본 노동조합 총동맹의 결성을 돕는 등 노동운동에 관여했다는 이유로 1921년과 22년, 두 차례에 걸쳐 투옥되기도 했으며 석방된 뒤에는 일본과 외국의 주요도시에서 대대적인 복음 선교운동을 지도하기 시작했다. 평화주의자로서 1928년 전국반전동맹을 결성했으며 1940년 일본의 중국 침략에 대해 중국측에 사과했다는 이유로 체포되었다. 이듬해 전쟁을 막기 위해 다른 사람들과 함께 미국으로 건너갔다가 제2차 세계대전 뒤 일본으로 돌아와 여성참정권 쟁취운동을 지도했다.

1921년과 22년 감옥에 있을 때 처음으로 발표한 소설 『사선을 넘어』 『태양을 쏘며』는 베스트셀러가 되기도 하였다. 『새벽이 오기 전에』 등의 소설을 비롯해 사회학연구서, 종교서, 알베르트 슈바이처 저작의 번역물 등 150권 이상의 저서 · 역서가 있다.

강문규(姜汶奎, 1931~ **)**

1956년 경북대 사회과를 졸업하고, 미국 유니언 신학대학원에서 신학과 종교학을 전공, 후에 인도 루터교 신학대에서 명예박사 학위를 받았다. 1972년 세계학생기독교연맹 UN-NGO 상임대표를, 74년부터 95년까지 한국 YMCA전국연맹 사무총장을 역임했다. 현재 세계 YMCA연맹 프로그램 자문위원, 방송개혁국민회의 상임공동대표, 아시아 · 태평양 평화재단 자문위원, 녹색연합 상임대표, 우리민족서로돕기운동 공동대표, 한국시민단체협의회 공동대표 등을 맡고 있으며, 『제3세계의 기독교, 시민참여의 시대』 등의 저서가 있다.

강신명(姜信明, 1909~85)

1934년 숭실전문학교에서 영어를 전공한 뒤 1938년 평양신학을 졸업, 목사 안수를 받고, 1949년 서울 중구 저동에 있는 영락교회의 목사가 되었다. 후에 미국 스털링대학에서 명예신학박사 학위를 받았다. 연세대학교 재단이사장, 대한예수교장로회 총회장, 삼애학원 이사장 등을 역임했다. 1953년 미국 프린스턴신학대학원을 수료하고, 1955~79년 새문안교회 목사로 일했다. 국민훈장 모란장을 받았고, 『영혼의 닻』 등의 저서를 남겼다.

고범서(高範瑞, 1926~)

평남 출신. 국립사범대학 졸업, 미국 유니언신학교, 컬럼비아대 석사, 미국 밴더빌트대 철학박사. 귀국 후 숭전대학(현 숭실대) 문리대학장, 총장 등을 역임했다. 현재 한림대학 한림과학원 석좌교수이며 재단법인 대화문화아카데미 이사장. 『개인윤리와 사회윤리』 『대화의 신학』 『포스트모던시대의 사회윤리』 등 다수의 저서가 있다.

고정희(高靜熙, 1948. 1. 17~91. 6. 9)

전남 해남 출생. 한국신학대학을 졸업한 뒤 1975년 시인 박남수의 추천으로 『현대문학』에 시를 발표하며 문단에 데뷔했다. 1995년에는 크리스찬 아카데미 20주년 기념 총서의 편집을 맡은 바 있다. 지리산 등반 도중 실족사하였다. 시집으로 『누가 홀로 술틀을 밟고 있는가』(1979), 『초혼제』(1983), 『지리산의 봄』(1987) 등이 있고 1983년 대한민국문학상을 받았다.

글라이스틴(William H. Gleysteen Jr., 1926~)

1980년 광주민주화운동 당시의 주한미국대사. 한국전쟁 중에 덜레스 국무장관 밑에서 근무했고, 1958~62년 주일미국대사관 참사관으로 활동했다. 1974년 동아시아 · 태평양담당 국무차관보, 1976~77년 G.R. 포드 대통령 밑에서 국가안보회의(NSC)의 극동담당 참모를 역임했다. 그후 J.E. 카터 대통령의 동아시아 · 태평양담당 국무차관보로 취임한 홀브루크의 요청으로 미국무부에 들어간 뒤 1978년 7월 주한미국대사로 부임, 1981년 8월까지 직무를 수행했다.

이처럼 그는 1970년대 말에서 1980년대 초까지 우리나라의 정치적 · 사회적 격동기에 한국을 포함한 동아시아를 담당한 극동문제 전문가로서 중요한 역할을 수행했다. 1980년 당시에 미국대사로 있으면서 김대중을 만나 강경자세를 버리고 시국을 안정시키라는 최후통첩을 한 바 있다.

김경재(金敬宰, 1940. 3. 6~)

전남 광주시 남동에서 출생. 한국신학대학, 미국 스캐립드 신학대학에서 신학을 전공했다. 네덜란드에서 신학박사 학위를 받고 돌아와 한국신학대학 교수로 있으면서 영성신학, 종교와 대화 등에 관심을 기울였다. 은진교회, 경동교회 목사를 역임했으며, 현재 크리스챤 아카데미 원장이다.

김관석(1922~2002)

함남 함흥에서 태어났으며 함흥 영생중학교에 입학해 교회에서 세례를 받았다. 어머니의 권유로 일본의 한 신학교에 입학했으며 해방 후 월남했다. 부산 피난시절 기독교서회에서 일하던 중 미국교회협의회의 장학금을 받아 미국에서 2년간 유학생활을 하기도 했다. 귀국한 뒤 군사독재정권과의 싸움에 몸을 담았다. 5·16 군사쿠데타가 일어나자 자신이 편집장으로 있던 월간 『기독교사상』 권두언에 군사혁명을 반대하는 글을 썼다가 삭제당하기도 했다. 1968년 KNCC 총무로 피선된 뒤 박정희 대통령의 3선 개헌을 반대하면서 독재정권과 각을 세웠다.

CBS 사장(80~88년), 에큐메니컬 정론지 새누리신문 사장(90~96년)을 역임했다. 2000년 정부로부터 국민훈장을 받았다.

김구(金九, 1876~49)

황해 해주 출생. 호는 백범. 1896년 명성황후 시해복수로 일 육군중위를 살해하여 투옥되었다. 1898년 탈옥해 활동하다가 1911년 105인사건으로 피체. 출옥 후 1919년 3·1운동 후 중국으로 망명. 한국독립당 조직. 1944년 임시정부 주석으로 독립운동하다가 해방 후 귀국, 한독당 민족진영의 영도자로 활동하다가 안두희 육군소위의 저격으로 사망. 저서 『백범일지』 외.

김규식(金奎植, 1881~1950. 12. 10)

호 우사(尤史). 미국에 유학하여 철학박사 학위를 받았다. 1919년 대한민국임시정부 외무총장으로 파리평화회의에 전권대사로 참석하였다. 1923년 모교인 미국 로노크대학에서 법학박사 학위를 받고 1935년 중국 난징에 민주혁명당을 창당하는 한편, 베이징 · 난징 · 쓰촨 등지 대학에서 강의를 맡았다.

1944년 대한민국임시정부 부주석이 되었고, 8·15광복 후 귀국하여 좌우합작위원회, 민족자주연맹 등 중간노선의 지도자로 활동하면서 입법의원 의장이 되고, 1948년 남한의 단독 총선거에 반대하고 통일정부를 수립하기 위하여 노력하였다. 이를 위하여 김구와 함께 북한에 가서 남북협상을 시도하였으나 실패하고 정치활동에서 은퇴하였다. 1950년 6·25전쟁 때 납북되어 사망했다. 저서로 시집 『양자강』 등이 남아 있다.

김대중(金大中, 1924. 1. 6~)

전남 신안 출생. 목포상고를 졸업하고 1948~50년 목포일보 사장을 지냈다. 정계에 입문해 제6·7·8대 국회의원을 지냈다. 1971년 대통령 선거에 출마했으나 낙선하고 군사정부에 의해 여러 차례 투옥되고 사형언도까지 받았다. 1998년 대통령에 당선되었으며, 2000년 6월 15일 남북정상회담을 성취시켰다. 노벨 평화상을 수상하고 2003년 2월 25일 대통령직에서 퇴임했다. 부인 이희호.

김동환(金東煥)

주미공사, 공화당 사무총장과 원내총무 등을 역임한 후 롯데 호텔, 유니온 개스 사장 등을 지냈다. 1980년 53세로 사망했다.

김말봉(金末峰, 1901. 4. 3~62. 2. 9)

본명은 말봉(末鳳). 남녀의 애정문제를 주제로 한 통속소설을 주로 썼으며, 여성의 심리묘사가 뛰어났다. 1918년 정신여학교를 졸업하고 황해도 명신학교에서 1년간 교원으로 근무, 1920년 일본으로 건너가 고등학교를 거쳐 교토에 있는 도지샤대학에서 영문학을 공부했다. 1932년 『중앙일보』 신춘문예에 '보옥'(步玉)이란 이름으로 응모했던 단편 「망명녀」가 당선되어 문단에 나왔다.

스스로 통속소설을 쓰겠다고 주장했으며, 순수문학에만 집착하는 문단에 "순수귀신을 버리라"라고 주문했다. 첫 남편과 사별한 뒤 재혼, 부산에 살면서 소설을 썼다. 해방 후 서울로 올라와 공창폐지운동(公娼廢止運動)을 펼치면서 박애원을 경영하고, 6·25전쟁 때는 피난지 부산에서 여러 문인에게 경제적 도움을 주기도 했다. 『찔레꽃』, 장편 『화려한 지옥』(1952), 『생명』(1957) 등의 작품집이 있다.

김붕준(金朋濬, 1888. 8. 22~납북)

1919년 서울에서 3·1독립만세운동을 주도하고 중국 상하이로 망명한 뒤 대한민국임시정부 수립에 참여하여 임시정부의 군무부장·의정원의원·임시국무원비서장 등을 역임하였다. 1928년에는 상하이에 거주하고 있던 한국인으로 구성된 대한인교민단의 5대 단장으로 취임하였다. 1935년 한국국민당을 창당하고 임시정부를 지원하였다. 1939년 대한민국임시정부 의정원의장에 선출되어 활동하였고, 1940년에는 한국국민당·조선혁명당·한국독립당 등 3당을 통합한 뒤 한국독립당이라는 신당을 창당하여 집행위원회 위원에 피선되어 활동하였다. 1943년 대한민국 임시정부 법무부장에 임명되었다.

1945년 광복을 맞아 김구·김규식·이시영 등과 함께 환국하였으며, 건국에 전념하다가 1950년 납북되었다. 정부에서는 1989년에 건국훈장 대통령장을 수여하였다.

김상만(金相万, 1910. 1. 19~94. 1. 26)

호는 석촌(惜村)·일민(一民). 인촌 김성수의 장남이다. 1933년 일본 주오대학(中央大學) 예과를 거쳐 1936년 영국 런던대학에서 수학했다. 1940년 일본 와세다대학 법학부를 졸업했으며 1969년 연세대학교, 1972년 중화학술원, 1985년 와세다대학에서 명예법학박사 학위를 받았다.

1961~65년 동아일보사 전무 겸 발행인 등을 지냈다. 1963년 4월 동아방송을 개국했으며, 1965년 '신동아필화사건'으로 발행인 자리에서

물러났다. 1971~77년 동아일보사 대표이사 사장 겸 발행인, 1977~81년 동아일보사 대표이사 회장을 역임하고 이후 동아일보사의 명예회장이 되었다. 1974년 2월 대영제국 명예 커맨드 훈장(CBE), 1975년 4월 국제신문발행인협회(FIEJ) 자유의 금(金)펜상, 1981년 대영제국 명예 기사(KBE) 작위, 1982년 4월 대한민국국민훈장 무궁화장, 중화민국문화훈장, 미국 미주리주립대학의 언론공로상을 받았다.

김상열(金相烈, 1941~98. 10. 26**)**

중앙대학교 연극영화과를 졸업하고 1966년 극단 '가교'와 인연을 맺었다. 이곳에서 연출활동을 시작한 그는 1971년 『탈의 소리』를 통해 희곡작가로 데뷔했다. 극단 '오늘' 대표, 한국연극연출가협회 부회장, 한국뮤지컬협회 부회장, 한국연극협회 이사 등을 역임했다. 백상예술대상 연극 부문 작품상과 연출상(1974)을 비롯해 대한민국연극제 작품상 및 연출상(1978), 백상예술대상 TV부문 극본상(1986), 서울연극제 작품상 및 연출상(1990), 서울연극제 희곡상(1993), 대통령 표창(1998) 등을 수상했으며 사후 한국 뮤지컬대상 특별상(1999)을 받았다. 저서에 희곡집 『희미한 옛사랑의 그림자』, 에세이집 『광대와 시인』 등이 있다.

김상협(金相浹, 1920. 4. 20~95. 2. 21**)**

1940년 일본 야마구치고등학교를 거쳐 1942년 도쿄대학 법학부 정치과를 졸업했다. 1962년 문교부장관이 되어 교직을 떠났다가 다시 1963~70년 고려대 정경대학 교수를 지냈다. 1967년 동아일보사 이사, 대한민국 학술원 회원, 1970~75년과 1977~82년 고려대학교 총장을 역임했다. 1982~83년 국무총리, 1984년 국정자문위원, 1985~91년 한국적십자사 총재를 지냈다. 저서로 『기독교민주주의』 『사회민주주의』 『교도민주주의』 등이 있다.

김수근(金壽根, 1931. 2. 20~86. 6. 14)

세례명 김바오로. 1950년 경기중학교를 졸업하고 서울대학교 건축공학과에 들어갔으나 2학년 때 중퇴했다. 그뒤 일본에 가서 도쿄예술대학 건축학과를 마치고 도쿄대학 대학원에서 박사과정을 수료했다. 1961년 김수근건축연구소를 열어 본격적으로 활동을 시작했다. 국내 건축계로서도 초창기인 1960년대에 워커힐 힐탑 바(1961), 자유센타(1963), 정동빌딩(1965), 한국과학기술연구소 본관(1967), 한국일보 사옥(1969)을 잇달아 설계하여 작가로서 위치를 굳혔다. 부여박물관(1967) 등에서는 현대에 살아 있는 전통을 구현하려 했으며, 1980년 경동교회를 설계할 때는 종교건축의 독특한 양식을 보여주었다.

그의 문화평론가로서의 면모는 저서 『좋은 길은 좁을수록 좋고 나쁜 길은 넓을수록 좋다』(1989)에 잘 드러나 있고, 국제적으로도 활동해 세계건축가연맹 이사, 미국건축가협회 명예회원을 지냈다. 범태평양건축상(1971), 보관문화훈장(1976), 이탈리아 문화공로훈장(1979), 은탑산업훈장(1986)을 받았다.

김수환(金壽煥, 1922. 5. 8~)

세례명 스테파노. 1941년 서울 동성상업학교를 졸업하고, 그해 일본 조치대학(上智大學) 문학부 철학과에 진학했다. 1944년 1월 제2차 세계대전으로 학업을 중단했고, 8·15해방과 함께 귀국했다. 1947년 가톨릭대학의 전신인 서울 성신대학(聖神大學)에 입학해 신학을 전공하고 1951년에 졸업, 사제로 서품되었다. 1956년 10월 독일에 유학하여 뮌스터대학교 대학원에서 사회학을 전공하였다. 1968년 5월 29일 서울대교구장으로 승품되어 제2차 바티칸 공의회 이후 교회 쇄신의 기류 속에서 노기남 대주교의 뒤를 이었다.

1969년 4월 25일 교황 파울루스 6세에 의하여 당시 전세계 추기경 가운데 최연소 추기경으로 서임되었다. 저서로 『사회정의』 『평화를 위한 기도』 등 여러 신앙수상록이 있다.

김연준(金連俊, 1914~)

1939년 연희전문학교 문과를 졸업하고 1960년 연세대에서 명예법학박사 학위를 받았다. 1972년 캐나다 윈저대에서 명예법학박사 학위를, 1973년 미 서던일리노이대에서 명예문학박사 학위를, 1985년 미 노스캐롤라이나 주 쇼우대에서 명예문학박사 학위를, 1988년 프랑스 루앙대에서 명예음악박사 학위를, 1988년 미 미주리캔자스주립대에서 명예음악박사 학위 등을 받았다. 한양고등학교, 한양대학을 설립해 총장을 역임하였고 현재는 이사장으로 있다. 1000곡 이상의 작곡으로 유럽에서는 한국의 슈베르트로 호칭받고 있다.

김영삼(金永三, 1927~)

경남 거제에서 출생하여 1952년 서울대학 철학과를 졸업하였다. 1954년 26세의 최연소자로 제3대 민의원의원에 당선된 후 제5·6·7·8·9·10·13대 의원에 당선되었다. 1980년 이후 전두환 정부에 의해 2년 동안 가택연금되어 정치활동을 못하였고, 5공화국 아래서 김대중과 함께 민주화운동의 구심적 역할을 하였다. 1987년 통일민주당을 창당, 총재가 되고 그해 12월 13대 대통령선거에 출마하였으나 낙선하였다. 1990년 민정당 총재 노태우, 신민주공화당 총재 김종필과 통합, 민자당을 창당하고 대표최고위원이 되었다.

1992년 12월 제14대 대통령선거에서 당선, 1993년 2월 취임함으로써 문민정부를 출범시켰다. 1994년 마틴루터킹센터가 수여하는 세계적인 인권운동 평화상인 비폭력평화상을 받았으며, 1995년 뉴욕에서 열린 국제연합 50주년 기념총회에서 연설한 바 있다.

김영정(1929~)

함흥 출생으로 1950년 이화여대 영문과를 졸업하고, 1965년 캐나다 토론토대학에서 사학·문학석사 학위를 받았으며, 미국 인디애나 대학원에서 역사·철학박사 학위를 받았다. 1954년 이화여대 인문대 사학과 교수로 부임했고, 1979년 대한여학사협회 회장, 1983년 한국여성개발원 초대원장을 역임했으며 1985년 제12대 전국구의원을 지냈다. 고등학교 재학시 신인회의 제1세대 주요 멤버로 활동했으며, 정무장관을 지낸 바 있다. 저서로 『변화와 도전』『한국여성의 현실과 정책』 등이 있다.

김옥길(**金玉吉**, 1921. 3. 10~90. 8. 25)

1943년 이화전문학교 문과를 거쳐 1952년 미국 웨슬리언대학교를 졸업하고, 1958년 미국 템플대학 대학원에서 공부했다. 1961년 이화여자대학교에서 명예문학박사 학위를 받았다. 1952년 이화여자대학교 부교수를 시작으로 평생을 이화여자대학교와 관련되어 지냈다. 1961~79년 이화여자대학교 총장, 1964년 기독교학교연합회 이사장, 1965~79년 한국 크리스챤 아카데미 이사, 1966~79년 한국가정법률상담소 이사 등을 지냈다. 1979~90년 이화여대 명예총장 및 이사장, 1987~90년 재단법인 김활란장학회 이사장, 1988~90년 대한적십자사 중앙위원 등을 역임했다.

1970년 대한민국 국민훈장 모란장과 1982년 인촌문화상을 받았고, 1976년 필리핀에서 마리아 클라라상과 1983년 뉴욕의 유니언신학대학교로부터 공로상을 받았다. 저서로 『예수의 생애와 교훈』 등이 있다.

김용기(**金容基**, 1912. 9. 5~89. 8. 1)

일제치하에서 17년 동안 몽양 여운형 선생을 모셨으며, 1940년 경기도 양주군에 봉안 이상촌을 건설했다. 1942년 고구마 12개월 저장법을 개발했고 1954년 광주에 가나안농장을 설립했다. 1962년 가나안농군학교를 설립했으며, 1965년부터 가나안교회 대표장로를 맡았다. 1978년 필리핀 세이비어대학에서 명예인문학박사 학위를 받았다. 향토 · 문화공로상, 막사이사이상(사회공익 부문), 새마을훈장 협동장, 인촌문화상 등을 수상했다. 『참 살길 여기 있다』『가나안으로 가는 길』 등 여러 권의 저서가 있다.

김재규(金載圭, 1926. 3. 6~80. 5. 24)

5·16군사쿠데타 이후 호남비료 사장으로 임명되었고, 6·3사태 때에는 준장으로 계엄군을 지휘하기도 했으며, 그후 보안사령관 · 3군단장을 역임하고 전역했다. 1973년 3월 유신정우회 국회의원이 되었고, 이어 1976년 12월 제8대 중앙정보부장이 되었다. 중앙정보부장으로 재직 중인 1979년 10월 26일 밤, 궁정동 만찬회 석상에서 당시 대통령 박정희와 경호실장 차지철 등을 권총으로 사살, 이른바 '10·26사태'를 일으키고 체포되었다. 1980년 1월 육군고등군법회의에서 내란목적살인 및 내란미수죄로 사형선고를 받고 5월 24일 교수형에 처해졌다.

김재순(金在淳, 1923. 11. 30~)

1951년 서울대학교 상과대학 경제학부를 졸업했고, 1954년 민생당(民生黨) 선전차장, 국제문제연구소 총무, 1960년 제5대 민의원, 1960~61년 외무부 · 재무부 정무차관을 역임했다. 제6·7·8대 국회의원으로 선출되었고, 1965년 민주공화당 원내부총무 · 국회상공위원회 위원장, 1965~73년 기능올림픽 한국위원회 회장, 1968년 민주공화당 대변인, 1969년 국회 재경위원회 위원장, 1969~88년 샘터사 이사장 겸 발행인, 1971년 민주공화당 원내총무 등을 역임했다. 1976년 월간 『엄마랑 아기랑』 발행인, 1985년 파랑새어린이극장 운영, 1988년 민주화합추진위원, 민주정의당 상임고문을 역임했다. 제13대 국회의원으로 당선되어 국회의장에 선출되었다. 1989년 대한적십자사 중앙위원, 1990년 민주자유당 화천 · 철원 지구당 위원장을 맡아왔고 제14대 국회의원으로도 당선되었다.

김재준(金在俊, 1901~90)

호는 장공(長空). 일본 아오야마신학부를 졸업한 후 미국 프린스턴신학교에 입학하였다. 구약학으로 학위를 받은 후 귀국하여 1933년 평양 숭인상업학교에서 성서를 가르쳤다. 1936년 간도 용정 은진중학교 성서교사를 지냈으며, 송창근 목사가 설립을 주도한 조선신학원 교수로 추대되었다. 1947년부터 장로회 내 보수파와 미국 선교사들이 그의 '신정통주의 신학'을 이단시하여 결국 1952년 장로회 총회에서 제명되었다. 이를 계기로 1953년 기독교장로회가 조직되었다. 이후에도 계속 한국신학대학의 교수와 학장을 맡아 일했다.

1970년대부터는 사회문제에 적극 관심을 보여 민주화운동에 헌신하였다. 1969년 3선개헌반대 범국민투쟁위원장, 1972년 국제앰네스티 한국위원회 이사장, 1973년 민주수호국민협의회 공동의장이 되었다. 또, 1975년 북미주 한국인권수호협의회장, 1978년 북미주 민주주의와 민족통일을 위한 국민연합위원장, 1982년 한국민주통일촉진국민연합 고문 등을 지냈다. 저서로 『범용기』 『낙수』 『계시와 증언』 『광야에 외치는 소리』 등이 있다.

김정례(金正禮, 1927. 11. 12~)

1947년 전남의 담양여자고등학교를 수료한 뒤 그해 9월에 조선민족청년단 중앙훈련소를 수료하고 조선민족청년단 여성부 부장을 역임했다. 1969년에 한국여성유권자연맹을 창설하고 1980년까지 중앙본부위원장을 역임했다. 1980년 국가보위 입법회의 의원을 역임하고 1981년 제11대 국회의원으로 당선되었으며, 보건사회부장관을 역임했다. 1997

년에 한나라당에 입당하였으며 지금은 한나라당 상임고문으로 있다. 여성운동공로상, 청조근정훈장, 체육훈장 청룡장, 국민훈장 목련장 등을 수상했다.

김정문(金正文, 1927~)

1953년 부산 동아대학 문학부를 졸업하고, 6·25전쟁 중 부산에서 강원용 목사를 만나 학생운동, 사회운동에 적극 참여하게 되면서 크리스찬 아카데미 이사로서 사회교육 분야를 후원하였다. 그는 여러 사업을 벌이다가 1975년 일본 『주부의 벗』사에서 발행한 『알로에 건강법』을 읽고 알로에를 알게 된다. 1980년 주식회사 '한국 알로에의 집'을 열면서 여러 차례 알로에 건강법에 대한 강연회를 개최했다. 1984년 김정문알로에연구소를 설립한 이후 현재까지 지속해오고 있다.

고려대학교 정책대학원 최고위정책과정을 수료했고, 새정치국민회의 경제대책위원회 운영위원을 역임한 바 있다.

김창준(金昌俊, 1889~1956)

1919년 3·1운동 때 기독교 대표로 서명한 민족대표 33인 중 한 사람이다. 1925년 5월 동지 37명을 이끌고 함경북도 영성주재소를 습격하여 일본경찰 4명을 죽인 일로 체포되어 신의주 지방법원에서 무기형을 선고받고 평양형무소에서 복역하였다. 해방 후에 월북하여 기독교 민주동맹위원장으로 일하기도 했다.

김철수(金哲洙, 1933. 7. 10~)

1956년 서울대학교 법과와 1961년 서독 뮌헨대학을 졸업했고, 1967년 미국 하버드대학 법대 대학원을 수료했다. 1971년에는 서울대에서 법학박사학위를 취득했다. 1962~72년 서울대 강사 · 조교수 · 부교수를 역임했고, 1967~75년에는 중앙일보 논설위원, 1972년 서울대 법대 교수, 1987년 서울대 법대 법학연구소장, 1988년 공법학회장 등에 임명되었다. 1979년 11월 아카데미에서 헌법시안을 만들 때 헌법학자 및 정치학자로 참여한 바 있다.

저서로는 『현대헌법론』『비교헌법론』『헌법학』등 다수가 있다. 1992년 8월 대한변호사협회로부터 한국법률문화상(24회)을 받았다.

김현자(金賢子, 1928. 3. 23~)

1945년 이리여고를 졸업하고 1949년 이화여대 영문학과를 졸업했다. 1948년부터 신인회 · KSCF 등에서 학생운동에 참여하였다. 1951~53년 미국 컬럼비아대 교육대학원을 수료했다. 대한YWCA연합회 이사, 1970~80년 YWCA연맹 부회장 등을 역임하고, 1980년 11월에는 민정당 15인 창당준비위원회 위원으로 참여했으며, 1981년에는 제11대 국회위원에 당선되어 12대 국회위원까지 지냈다. 그후 지금까지 여성정치운동의 지도자로 활동하고 있다. 1996년 대통령표창, 1998년 여성지위향상상, 제1회 김활란 여성지도자상 등을 수상했다. 저서로 『풍요한 삶』『열린 세계를 향하여』『강원용과의 만남 그리고 여성운동』(공저) 등이 있다.

김형태(金炯台, 1929. 2. 27~)

1951년 서울신학대를 졸업하고 1957년 미국 샌프란시스코신학대학원 기독교교육학 석사, 1966년 미국 피츠버그대 철학박사 학위를 받았다. 1954년 3월 목사 안수를 받고, 1957년 대구장로신학교 교수를 거쳐 1961~67년 연세대 조교수 겸 교목, 1967~90년 예수교장로회 연동교회 목사를 지냈다. 1971년부터 지금까지 조선일보의 비상임감사를 맡고 있고, 1976년부터 지금까지 미국 샌프란시스코신학대 목회학박사원 협동교수로 있다. 1983~91년 세계교회협의회 중앙위원으로 일했다. 저서로 『기독교 교육의 기초』『연동교회 90년사』 등이 있다.

김혜경(**金惠炅,** 1931. 6. 21~)

1950년 전북여고를 졸업하고 1956년 서울대 대학원에서 성악음악학 석사 학위를 받았다. 1962년 독일 쾰른고등음악학교에서 성악을 공부했다. 1995년 11월 국립극장에서 첫 독창회를 가진 이래 여러 차례에 걸쳐 독창회를 가졌다. 1969년부터 96년까지 서울대 음악대 성악과 교수를 지냈다. 저서로 『독일어발음』(성악가를 위한) 등이 있다.

김호식(1934~)

1958년 연세대학 신학과를 졸업한 뒤, 경동교회 전도사로 봉직하다가 목사 안수를 받았다. 1972년 일본 도지샤대학 대학원과 1975년 미국 이든신학교 대학원에서 목회학박사 학위를 받았다. 1974년부터 86년까지 향린교회 당회장을, 1991년까지는 경동교회 당회장을, 2000년까지는 예닮교회에서 당회장을 각각 지냈다. 목회생활 40년 간 연세대와 한신대에서 강사로도 활동했다.

김활란(**金活蘭,** 1899~1970. 2. 10)

기해년(己亥年)에 태어나서 처음엔 '기득'(己得)이라고 불렸으며 '활란'(活蘭)이라는 이름은 세례명인 헬렌을 한자어로 표기한 것이다. 호는 우월(又月). 기독교적 가풍에서 독실한 신앙인으로 자랐다. 1918년 이화학당 대학과를 졸업하고 모교에서 근무하였으며, 이화학당 재직 중 3·1운동을 맞았다.

1924년 6월 미국 오하이오 웨슬리언대학에서 문학사학위를 받고, 그 해 10월 보스턴대학 대학원 철학과에서 석사학위를 받았다. 1925년 여름 호놀룰루에서 열린 제1차 태평양문제연구회의에, 1927년 역시 호놀룰루에서 열린 제2차 태평양문제연구회의에 참석하였고, 1928년 미국 캔자스 시에서 열린 감리교 총회에 평신도 대표로 참석하는 등 종교·사회 분야에서 중요한 역할을 담당하기 시작했다. 1930년 미국 컬럼비아대학교 대학원에 입학하여 1931년 10월 우리나라 여성으로는 처음으로 철학박사학위를 받았다.

1939년 4월에는 이화여자전문학교와 이화보육학교의 교장이 되었다. 1961년 9월 김옥길에게 총장직을 물려주고 명예총장과 이사장직을 맡았다. 그가 관련을 맺었던 단체는 50여 개에 달했는데, 대한민국여학사협회, 한국복음화운동, 세계기독교선교협의회, 크리스찬 아카데미 이사 · 고문 등을 역임하였다.

1963년 교육 부문 대한민국상, 필리핀에서 주는 막사이사이상(공익 부문), 미국 감리교회에서 주는 다락방상을 수상하였다. 1964년 5월 미국 웨스팅 하우스의 타임캡슐에 넣을 자료편찬의 교육 부문 위원으로 위촉되었다. 1965년 9월 대한민국 순회대사로 임명되어 죽을 때까지 활동했으며 평생을 독신으로 지냈다. 1970년 대한민국일등수교훈장이 추서되었다.

나영수(羅永秀, 1938~)

서울대학교 음악대학 성악과를 졸업하고, 국립합창단 상임지휘자와 한국합창총연합회 이사장 등을 역임하였으며, 현재 한양대 음대 성악과 교수와 한국합창지휘자협회 이사장직을 맡고 있다.

노신영(盧信永, 1930. 2. 28~)

1953년 고시 행정과에 합격하여 관계(官界)에 입문했다. 1954년 서울대학교 법과대학을 졸업하고, 1955년 미국 켄터키주립대학교 대학원을 졸업하였다. 1955년 외무부에 들어가, 1963년 주 타이 대사관 참사관, 주 이태리 대사관 참사관, 1968년 주 로스앤젤레스 총영사, 1972년 주 뉴델리 총영사, 1973년 주 인도대사, 1974년 외무부 차관, 1976년 주 제네바 대표부 대사 등을 지냈고 1980년 외무부장관이 되기까지 약 25년 간을 외무부에서 근무하였다. 1982년 국가안전기획부장, 1985년 국무총리를 지냈으며, 1987년 국정자문위원이 되었다. 수교훈장 흥인장 · 광화장, 국민훈장 무궁화장 등을 받았다.

노태우(盧泰愚, 1932~)

대구 달성에서 출생하여 1968년 육군대학을 졸업하였다. 1985년 제12대 국회의원 선거에서 민정당 전국구의원으로 선출되어 민정당 대표위원에 임명되었다. 1987년 6월 민정당의 대통령 후보로 선출되어 6·29 선언을 발표하였고 그해 12월 제13대 대통령으로 당선되어 1988년 제6공화국 대통령에 취임하였다. 그해 6월과 이듬해 4월에 러시아 대통령 M. 고르바초프와의 정상회담으로 한 · 러 국교회복에 새 전기를 마련하고, 중국과 국교를 수립함으로써 북방외교의 기틀을 마련하였다. 무궁화대훈장, 을지무공훈장 등을 받았다.

라인홀드 니버(Reinhold Niebuhr, 1892. 6. 21~1971. 6. 1)

젊은 나이에 독일에서 미국으로 이민한 구스타프 니버와 리디아 니버의 아들로 태어났다. 라인홀드 니버는 어린 나이에 아버지를 이어 목사가 되기로 결심하였다. 일리노이 주에 있는 자기 교단 소속 엘름허스트 대학(1910)과 미주리 주 세인트루이스에 있는 에덴신학교(1913)를 졸업하였으며, 마지막으로 예일대학교에서 신학을 공부해 신학사(1914)와 문학석사(1915) 학위를 받았다. 1915년에는 '복음주의 시노드'의 목사가 되었다.

디트로이트에서 목사로 일할 때 미국 산업사회의 문제점들을 폭로하고 한동안 사회당에 몸담아 활동했다. 그후 미국 신학계뿐만 아니라 정치 · 사회 분야에 큰 영향을 끼치며 전세계에 크게 부각된 신학자로 활약했다. 그의 저서 『도덕적 인간과 비도덕적 사회』 『빛의 자녀와 어둠의 자녀들』은 학문적으로도 뛰어나고 특히, 기포드 강의인 『인간의 본성과 운명』(*The Nature and Destiny of Man*)은 르네상스의 통찰력과 종교

개혁 신학을 종합하려는 의도에서 쓰였다.

뤼브케(Heinrich Lübke, 1894. 10. 14~1972. 4. 6)

1959년부터 69년에 이르기까지 서독의 대통령. 나치 집권기간(1933~45) 동안에는 정치에 관여하지 않았다. 제2차 세계대전이 끝난 뒤 정치에 참여했다. 1947~52년까지는 노르트라인베스트팔렌 주정부의 식량 · 농업 · 임업장관으로 재직했다. 1949~50년과 1953~59년 연방 하원에서 기독교민주당을 대표했고 1953년 아데나워 내각에 연방 식량 · 농업 · 임업장관으로 입각했다. 1959년 7월 대통령에 당선되었고 1964년 재선되었다. 대통령의 권한이 헌법상 제한되어 있었지만 위엄있고 신중한 태도로 상당한 인기를 누렸으며 특히 아데나워 총리 재임 말년에는 국내 정치문제에 실제로 개입했다. 1967년 국빈 자격으로 한국에 왔을 때, 아카데미 하우스를 공식 방문하기도 했다. 1969년 초 모든 공직에서 물러났다.

문익환(文益煥, 1918. 6. 1~94. 1. 18)

1947년 한국신학대학(지금의 한신대학교)을 거쳐 1955년 미국 프린스턴신학대학을 졸업했다. 1966년에 미국 유니언신학교에서 1년간 연구생활을 했다. 1955~68년 한신대학교 교수, 한빛교회 목사, 1968~76년 신구교성서 공동번역 구약책임자를 지냈다. 1976년 민주구국선언 후 투옥되었다가 이듬해 풀려났다. 1978년 민주주의국민연합 중앙상임위원장, 전태일기념사업위원장 등으로 있으면서 유신헌법의 비민주성에 대한 성명발표로 다시 투옥되었다가 1979년에 석방되었다.

1989년 3월에는 통일의 길을 연다는 기치를 내걸고 북한을 방문해 김일성과의 두 차례 회담 끝에 통일 3단계방안 원칙에 합의하는 한편, 1993년에는 통일맞이 7천만 겨레모임운동을 제창하는 등 민주화 운동과 통일운동에 전념하다가 심장마비로 사망하였다. 저서로 『통일은 어떻게 가능한가』, 옥중서신 『꿈이 오는 새벽녘』, 시집 『꿈을 비는 마음』 등이 있다.

뮐러(Eberhart Müller)

독일인 목사. 제2차 세계대전 후 독일에서 아카데미(Evargelische Akademie)를 창설, 전 유럽의 아카데미 운동을 주도했다. 1960년 이후 한국 크리스챤 아카데미의 후원자로 여러 차례 한국을 방문했다.

마거릿 미드(Margaret Mead, 1901. 12. 16~78. 11. 15)

필라델피아 출생. 1929년 컬럼비아대학에서 박사학위를 취득하고, 1925~39년 사모아 섬 · 애드미럴티 제도(諸島) · 뉴기니 · 발리 섬 등의 원주민을 조사하였다. 특히 여러 부족의 청소년기 성(性)행동에 관한 조사결과를 보고하였다. 미국 자연사박물관 인종부문 관리자로 있으면서, 1954년 이후 컬럼비아대학 인류학 조교수를 겸하였다. R. 베네딕트와 함께 미국 문화인류학에 심리학적 방법을 도입, 발전시켰다. 특히 인격형성 과정에서의 문화영향을 중시한 입장에서 연구를 추진하고, 각국 국민성에 관한 비교연구 업적을 남겼다. 1960년 미국 인류학회장을 맡았다.

뉴욕박물관장으로 일하던 시절 세계교회협의회를 통해 강원용 목사와 가까워졌으며, 이화대학 50주년 기념강연을 위해 한국을 방문하기도 했다. 그의 저서는 미국 각 대학에서 문화인류학 · 사회심리학 · 사회학 등의 전공교과서로 사용된다. 저서로 『사모아의 성년(成年)』(1928), 『남성과 여성』(1949) 등이 있다.

민병권(閔丙權, 1918. 9. 27~92. 2. 17)

1953년 미국 육군부관학교와 56년 미국 참모대를 졸업하고 1960년 국방대학원을 수료하였다. 1963년 육군 중장으로 예편되고 공화당 당무위원으로 있으면서 제6대 국회위원에 당선되었다. 이후 국회국방위원장으로 있으면서 제7·8·9대 국회위원이 되었고, 교통부 장관을 지냈다.

리하르트 폰 바이체커(Weitzeker, 1920~)

귀족 가문인 폰 바이체커 가에서 출생하였다. 조부는 주지사, 부친은 외무차관, 형 카를 바이체커 역시 노벨물리학상을 받은 세계적인 물리학자다. 바이체커는 1938년부터 45년까지 군에서 복무한 뒤, 옥스퍼드대학교 · 괴팅겐대학교를 졸업하였다. 이후 변호사로 활약하다가, 1954년 독일기독교민주동맹(CDU)에 입당하면서 정치활동을 시작하였다. 1969년 연방의회 의원에 당선되고, 1979~81년 연방의회 부의장, 1981~84년에는 베를린 시장을 역임하였다.

1984년 7월 대통령에 선출되었고, 1989년 5월 재선에 성공해 당시 서독 총리 콜과 함께 1990년 10월 3일의 역사적인 독일통일을 이끌어 내는 데 주도적 역할을 담당하였다. 1994년 대통령 임기를 마치고 물러난 뒤에는 독일 군구조개혁위원회 위원장을 맡아 독일군의 위기시 대응능력을 향상시키기 위한 신속대응군 체제확립에 힘썼다. 현재도 유엔, EU 관계에서 계속 활동하고 있다.

박건웅(**朴健雄**, 1906~납북)

평안북도 의주에서 출생하였다. 1926년 10월 중국 황푸군관학교 제4기 보병과를 졸업하고 중국군에서 복무하였다. 1932년 10월 상하이의 한국대일전선통일동맹 결성에 의열단 대표로 참석해 한국독립당 · 조선혁명당 등 각 단체 대표들과 함께 준비위원으로 선정되어 조직구성에 참여하였다. 좌우합작위원회 선전부장을 역임했으며, 그해 12월 개원한 남조선과도입법의원의 입법의원이 되었고, 산업노동위원회 위원장을 역임하였다. 1950년 6·25전쟁 때 납북되었으며, 1990년 건국훈장 독립장이 추서되었다.

박경서(朴景緖, 1939. 8. 10~)

서울대 사회학과를 졸업하고, 독일 괴팅겐대 대학원에서 박사학위를 받고 크리스챤 아카데미 부원장과 세계교회협의회 아시아 국장, 동북아 평화연구소 소장 등을 역임했다. 2001년부터 외교통상부 인권대사와 국가인권위원회 상임위원으로 있다. 네팔 정부가 주는 인권상을 수상했으며, 저서로 『산업민주주의』『독일 노동운동사』 등이 있다.

박권상(朴權相, 1929. 10. 25~)

1948년 전주북중학교, 1952년 서울대학교 영문학과를 졸업하고, 1958년 미국 노스웨스턴대학교에서 신문학석사 학위를 받았으며, 1965년 니만펠로로 하버드대학교에서 수학했다. 1952년 합동통신 기자로 출발하여 1958년 세계통신 정치부장 · 출판부장, 1960년 한국일보 논설위원을 거쳐 1962년 동아일보 논설위원을 역임했다. 1969년 동아일보 편집국장 대리, 1971년부터 편집국장, 같은 해에는 신문편집인협회 운영위원장에 선임되었다. 1973년 동아일보 주영(駐英) 특파원, 1977년 동 논설위원 겸 안보통일문제연구소 소장, 1980년 논설주간 겸 동 연구소 상임운영위원을 거쳐 같은 해 8월 제5공화국의 언론인 강제해직사건으로 해임되었다. 1998년부터 KBS 사장과 한국방송협회 회장으로 활동했다.

저서로는 『영국을 생각한다』『윗물이 맑은 사회를』 등이 있으며, 1969년 독립신문상, 1988년 제1회 중앙대학교 언론문화상, 1990년 인촌 언론문화상 등을 수상했다.

박기순(朴基順, 1923. 12. 27~)

간도 용정에서 명신여학교를 졸업하고 서울대 교육학과를 졸업했다. 1962년부터 동아대 교수를 지냈다. 1945년 선린형제단 주요 멤버 중 한 사람으로 여자청년단을 비롯하여 많은 여성운동을 했다.

박노해(朴基平, 1958~)

전남 함평에서 출생하여 선린상고를 졸업하였다. 섬유 · 금속 · 정비 노동자로 일했으며, 경기도 안양에서 서울 개포동까지 운행하는 버스를 몰기도 했다. 유신 말기인 1978년부터 노동운동에 뛰어들었고, 사회주의 혁명을 목적으로 한 남한사회주의노동자동맹 조직에서 활동하다가, 1991년 3월 10일 안기부에 의해 검거되었다. 반국가단체 수괴로 무기징역을 선고받았으며, 1998년 8월 15일 정부수립 50주년 경축 대통령 특별사면으로 석방되어 (사)나눔문화를 설립하였다.

1983년 『시와 경제』 제2집에 「시다의 꿈」 등을 발표하면서 작품 활동을 시작하여 1984년 첫시집 『노동의 새벽』을 간행. 그밖에도 산문집 『우리들의 사랑 우리들의 분노』 『사람만이 희망이다』 『오늘은 다르게』 등을 간행하였으며, 2003년 이라크에서 반전운동에 참여한 바 있다.

박세직(朴世直, 1933. 9. 18~)

경북 구미에서 출생하여, 부산사범학교(1952)를 거쳐 육군사관학교(1956)를 졸업하였다. 육사 졸업 후에는 서울대학교 문리과대학 영문과를 졸업하였으며(1959), 서울대학교 행정대학원 및 경영대학원을 수료하였다. 그후 미국에 유학하여 1991년 남가주대학교 대학원에서 교육학 박사학위를 취득하였으며 컬럼비아대학교 등 4개 대학에서 명예박사학위를 받았다.

1961년 육군사관학교 교수, 1971년 보병 제3사단장, 1980년 수도경비사령관 등을 역임한 후 1981년 예편하였다. 1985년 2월에 총무처 장관을 지냈고, 1986년 1월에 제4대 체육부 장관이 되면서 체육과 인연을 맺어 1988년 서울올림픽 및 1986년 아시아경기대회 조직위원장을 맡아 아시안게임과 서울올림픽을 성공적으로 치러내는 주역이 되었다. 1990년 12월에는 서울특별시장에 임명되었다. 1992년 5월 제14대 국회의원에 당선된 이후 현재까지 국회와 체육관련 업무를 수행하고 있다.

화랑무공훈장, 보국훈장 천수장, 프랑스 최고훈장, 벨기에 최고훈장, 청조근정훈장, 국제장애자올림픽위원회 금장, IOC 금장, 체육훈장 청룡장, 세계스포츠기자연맹 금장 이외에도 다수의 훈장을 받았으며, 저서로 『하늘과 땅 동서가 하나로』 『서울올림픽 우리들의 이야기』 등이 있다.

박순천(朴順天, 1898~1983)

본명은 명련(命連)이며 동래에서 출생하였다. 1919년 마산의 의신여학교 교사로 있을 때 3·1운동에 참가하여 지도적 활동을 하다가 체포되었다. 1921년 8월 출감하였으며, 1947년부터 독립촉성애국부인회 회장을 겸하다가 1950년부터 제2·4·5·6·7대 국회의원에 당선되어 한국 여성정치인의 제1인자가 되었다. 20년 가까운 정치인 생활에서 민주당 총재, 민중당 최고위원, 신민당 고문 등 시종 야당지도자로서 일관하였다.

박영숙(朴英淑, 1932. 5. 28~)

1955년 이화여자대학교 영문과를 졸업하고, 1958년 필리핀 파이스트대학 대학원 정치학과에서 수학했다. 1963년 대한 YMCA연합회 총무를 지냈고, 1974년 크리스챤 아카데미의 중간집단 교육에 참가하여 여성운동 지도자로서 맹활약했다. 1984년 한국기독교교회협의회 여성위원장, 1985년 아시아기독교협의회 여성분과위원장, 1987~88년 평화민주당 부총재, 1988년 평화민주당 총재권한대행, 제13대 국회의원(평화민주당), 1990년 녹색의 전화 대표 등을 지냈다.

박인덕(朴仁德, 1986~198?)

1896년 평남 진남포 출생. 1916년 이화학당 대학과를 졸업했다. 여성단체가 독립촉성애국부인회로 결집되었을 때 그곳에서 활동하다가, 미군정청에 의해 제1회 국제부인대회에 남한대표로 미국에 파견되었고 미국에서 반탁여론을 조성하는 데 앞장섰다. 이후 미국에서 저술과 강연에 힘써 *September Monkey* 등 자서전적인 책을 썼다. 이 책은 각국어로 번역되어 수만 권이 판매되었고, 그 인세와 강연료 등을 기금으로 1961년 이후 인덕실업전문대학 등을 설립하여 인덕학원 이사장이 되었다.

박준규(朴浚圭, 1925. 9. 12~)

8·15해방 후 한국민주당 간부를 지낸 박소익의 아들로 태어나 일제강점기 시대 일본에서 의학을 공부하다가 해방 후 정계투신을 위해 경성대학교 정치학과에 편입했다. 1950년대 초 미국의 브라운대학과 컬럼비아대학교에서 수학하고, 1954년 서울대학교 정치학과 교수로 재직하기도 했다.

1948년 조병옥의 비공식수행원으로 정계에 입문, 제3·4대 민의원선거에서는 낙선했으나 1961년 조병옥의 후광으로 제5대 국회의원선거에서 당선되었다. 이후 민주공화당에 참여하여 1970년대에 정책위원회 의장을 맡았다. 1988년 제13대 국회에 진출해 1990년 국회의장에 선출되었다. 1996년 제15대 국회의원 선거에 자유민주연합(자민련) 후보로 당선, 9선 의원이 되었다.

박준병(朴俊炳, 1933~)

육사와 서울대 사학과를 졸업하고 육사교수를 역임했다. 이후 육본 인사참모부장과 국군보안사령관을 역임하였다. 제12·13·14대 국회위원에 당선되고 민정당 국정조정위원장, 국회보사위원장 등을 역임하였다. 12·12사건의 핵심인물로 분류돼 구속됐으나 반란중요임무종사 혐의에 대해 대법원에서 무죄확정 판결을 받았다. 5·18특별법 제정 때인 1995년 10월 민자당을 탈당, 자민련에 입당했다.

박헌영(朴憲永, 1900~55. 12. 5)

충남 예산 출생. 1919년 경성고보(현 경기고등학교)를 졸업하고 그후 상하이로 건너가 고려공산청년동맹 책임비서가 되었다. 1921년 4월 국내공산당 조직을 위하여 귀국하다가 일본경찰에 체포되어 징역 1년 6개월을 선고받고 복역하였다. 1946년 12월 남조선신민당 · 조선인민당을 조선공산당에 흡수, 남조선노동당을 조직하였다. 1946년 9월부터 미군정의 지명수배를 받자 북한으로 도피하였다. 1948년 9월 남조선노동당 당수의 자격을 지닌 채 북한의 내각 부총리 겸 외무장관이 되었다. 1953년 전선이 고착되고 휴전이 임박해지면서 김일성에 의해 이승엽 등이 체포되고, 1955년 12월 박헌영에 대한 군사재판이 열려 사형에 처해졌다.

박형규(朴炯圭, 1923. 12. 7~)

1950년 부산대학교 철학과를 중퇴하고 1950년부터 미육군에 근무하다가 목사가 되기로 결심, 1959년 일본 도쿄신학대학을 졸업한 후 1963년 미국 유니언신학대학원에서 석사학위를 받았다. 그후 일본 주재 맥아더 사령부에서 일하다가 이후 공덕교회 · 초동교회 부목사를 거쳐 1967년 한국기독학생회 총무를 지냈다. 1968년 기독교서회 발행 『기독교사상』 주간, 1970년 기독교방송 상무이사를 지냈다.

1972년 서울제일교회 담임목사로 취임하여 92년 8월까지 20년간 시무를 하면서 1971~74년에는 수도권특수지역선교위원회 위원장으로서 빈민선교운동에 힘썼다. 1981년 한국기독교장로회 총회장, 1982년 기독교사회문제연구원 이사장을 지냈고, 1982년 한국기독교교회협의회(KNCC) 인권위원장을 지냈다. 2001년 제2의 건국 범국민추진위원회 공동위원장과 민주화운동기념사업회 초대 이사장을 맡아 일해오고 있다.

기독교의 사회참여를 강조하였으며 1973년 반유신체제 시위인 남산부활절사건, 1974년 전국민주청년학생총연맹사건(민청학련사건)과 기독교장로회 청년 전주시위사건 등에 연루되어 구속되기도 했다. 저서로

『해방의 길목에서』『해방을 위한 순례』가 있다.

백낙준(白樂濬, 1895. 3. 9~1985. 1. 13)

호는 용재(庸齊). 1922년 미국 파크대학교를 거쳐 1925년 프린스턴대학교 대학원에서 역사학과 신학을 공부한 뒤, 1925년 예일대학교 대학원에서 종교사 연구를 시작해 1927년 철학박사학위를 받았고, 같은 해 캔자스 시티교회에서 목사 안수를 받았다. 1929년 연희전문학교 교수를 지냈다. 이후 연세대학 총장을 거쳐 명예총장이 되었다. 6·25전쟁 당시에는 문교부 장관을 지냈다. 1983~85년 학술원 원로회원(종교사학 분야)을 지내면서 학계 · 사회 · 교회 · 국제관계 전반에 걸쳐 다양하게 활동했고 크리스챤 아카데미 창립학회의 고문을 맡기도 했다. 대한민국 국민훈장 무궁화장과 인촌문화상 등을 수상했으며, 저서로『한국교육과 민족현실』,『한국개신교사』(1832~1910) 등이 있다.

백선기(白善基, 1917~)

미국 컬럼비아대 대학원 수료. 뉴욕 재미한인학생회장. 음악가 김복희와 결혼. 귀국 후 기업에 종사했으며 현재 컬럼비아대학 동문회장이다.

빌리 브란트(Willy Brandt, 1913~92)

본명 Herbert Ernst Karl Frahm. 16세 때에 사회민주당(SPD)에 입당하여 사회주의 운동에 참가하였으며, 1933년 나치스 정권이 성립하자 노르웨이로 망명하였다. 그후 나치가 노르웨이를 점령함에 따라 다시 스웨덴으로 이주, 그곳에서 신문기자가 되어 반나치 운동가로서 활약하였다. 1948년 독일 국적을 회복하고, 1949년 사회민주당 소속의 서베를린 시의회의원으로서 정계에 진출하여, 1957년 서베를린 시장에 취임하였다. 1964년 사회민주당 당수가 되었다.

1969년 총선거 후 자유민주당(FDP)과의 연립내각 성립에 성공하여 수상이 되었다. 이후 독소조약 체결 등 소련 · 폴란드 · 동독을 중심으로 '동방외교'를 추진, 동서의 긴장 완화를 위해 노력한 공로로 1971년 노벨 평화상을 수상하였다. 그리고 동독을 국가로 인정, 양국의 안정에 기여하였으나, 1974년 동독 스파이사건으로 사임하였다.

서남동(徐南同, 1918. 2. 15~84. 7. 19)

1936년 전라북도 전주 신흥중학교, 1941년 일본 도지샤대학 신학부를 졸업했다. 1943~52년에 목회활동을 하다가 한국신학대학 교수로 초빙되었다. 1957년 캐나다 이매뉴얼신학대학에서 신학석사를 취득한 후, 1961년 연세대학교 신학과 교수로 부임했다. 1960년대 본회퍼의 세속화신학을 비롯한 현대신학의 조류를 국내에 소개하는 데 주력했다. 1970년대에 들어서 국내 신학자들과 함께 발표한 '한국 그리스도인 선언'을 계기로 활발한 사회참여에 나섰다.

1975년 유신정권 아래서 학원사태로 해직된 후, 1976년 함석헌 · 김대중 · 문익환 등과 함께 '3·1민주구국선언'에 서명하여 긴급조치 9호 위반으로 구속되었다. 이러한 사회참여의 과정에서 안병무 · 서광선 · 현영학 · 김용복 등과 함께 민중신학을 발표하여 한국적 신학의 기틀을 마련하는 데 힘썼다. 저서로 『전환시대의 신학』 『민중신학의 탐구』 등이 있다.

서영훈(徐英勳, 1923. 5. 26~)

서울신문학원 졸업, 국제대학 3년 수료, 대한적십자사 청소년국장 및 청소년 부장, 남북적십자사회담 대표, 대한적십자사 사무총장, 한국청소년단체협의회장, 흥사단 이사장 및 공의회장, 한국방송공사 사장, 시민단체협의회 공동대표, 세계선린회 이사장, 도산기념사업회 상임부회장, 도산사상연구회장, 대통령 통일고문, 신사회공동선운동연합 이사장 및 상임회장, 나라를 걱정하는 모임 대표, 공명선거 협의회 고문,

우리민족서로돕기운동 공동대표, 통일고문회의 고문, 제2건국위원회 공동위원장 및 상임위원장, 민주당 대표, 대한적십자사 총재 등을 역임했다.

국민훈장 동백장, 적십자 인도장, 국민훈장 무궁화장 등을 수상했으며, 저서로 『청소년 지도의 바른길』『변혁의 시대 어떻게 살 것인가』 등이 있다.

선우휘(鮮于煇, 1922. 1. 3~86. 6. 12)

1943년 경성사범학교 본과를 졸업했다. 1946년 2월 월남하여 조선일보 사회부 기자, 인천중학 교사로 근무했다. 1949년 4월 육군 소위로 입대했고, 1950년 전방군단 유격대장으로 6·25전쟁에 참전했다. 이후 정훈장교로 육군본부 정훈감실 정훈차감을 역임하는 등 9년 간의 현역생활을 마치고 1957년 대령으로 예편했다. 이듬해 한국일보 논설위원으로 입사한 뒤 1963년 조선일보 편집국장을 지냈고, 1964년에는 언론위원회법을 둘러싸고 빚어진 언론파동이 일어나자 현직 편집국장으로서는 처음으로 구속되었다. 1986년 조선일보사를 정년퇴임하고, 한국방송공사(KBS) 6·25특집극 「살아 있는 전장」 녹화촬영 중 뇌일혈로 숨졌다.

1955년 단편 「귀신」을 발표하여 문단에 등단한 후 『불꽃』『사도행전』 등의 작품을 남겨 1987년에 조선일보사에서 『선우휘 문학전집』 5권을 펴냈다. 1956년 『불꽃』으로 동인문학상을 받았다.

손진책(1947~)

서울 대광고를 졸업하고, 1969년 서라벌예대 연극과에서 수학했다. 1970년대 크리스챤 아카데미의 중간집단 교육에 참여하기도 했다. 1986년 극단 '미추'를 창단하고, 1988년 서울올림픽 전야제 '한강축제'와 2000년 세계연극인 축제의 예술감독을 맡았다. 2002년 월드컵 개막식에서는 연출자로 선정되기도 했다. MBC 마당놀이를 20년 간 연출하고 1975년에는 백상예술대상을 수상했다.

송남헌(宋南憲, 1914. 4. 11~2001. 2. 20)

경상북도 문경에서 태어났다. 1934년 대구사범학교를 졸업한 뒤 서울 재동초등학교 교사 겸 아동문학가로 활동하며 항일 독립운동을 펼치다가 1943년 대한민국 임시정부의 활동 상황과 광복군의 전과를 주위에 전했다는, 경성방송국 라디오 단파방송 사건으로 옥고를 치렀다. 8·15광복 뒤에는 김규식의 비서실장을 맡아 좌우합작과 남북협상에 적극 참여하였다.

1961년에는 군사정부에 의해 혁신정당 활동을 한 혐의로 좌익으로 몰려 1963년까지 옥고를 치렀으며, 출옥한 뒤에는 통일운동을 사회운동으로 확산하는 데 힘을 기울이는 한편 한국사료연구소 대표, 우사연구회 회장 등을 지내며 현대사 연구가로 여생을 보냈다. 저서로 광복 정국의 체험을 바탕으로 저술한 『해방 3년사』와 『김규식 박사 전집』(5권) 등이 있다.

송월주(宋月珠, 1935. 4. 16~)

1960년 조계종 총무원장시 군사혁명에 의해 이른바 법난사건으로 수난을 당했다. 그후 조계종 총무원장으로 김수환 추기경, 강원용 목사와 함께 중요한 정치, 노사, 갈등 해소와 사회정의, 사회복지에 관련된 일에 관여하였다.

송진우(宋鎭禹, 1889~1945)

전남 담양 출생. 호는 고하(古下). 1919년 3·1운동 때 민족대표 48인 가운데 1인. 독립운동으로 약 1년간 복역. 일제의 압력으로 동아일보 사장직을 사직했다가 해방 후 복직하고 한국민주당 수석총무로 활동. 1945년 12월 31일 한현우에게 피격당했다.

송창근(宋昌根, 1898. 10. 5~1950. 8)

호 만우(晩雨). 함북 경흥 출생. 크리스천 가정에서 태어나, 15세 때 만주로 가 독립군 양성기관인 명동중학을 다니다가 1915년에 귀향, 상경하여 피어선성경학원(피어선신학대학의 전신) 재학 중인 1919년 3·1운동을 맞았다. 그해 9월 강우규 의사의 사이토 총독 암살 미수사건에 연루된 혐의로 혹독한 고문을 받고 풀려난 뒤 도일(渡日)하여 도요대학을 거쳐 아오야마학원 신학부를 졸업했다. 다시 도미(渡美), 프린스턴 신학교를거쳐, 펜실베이니아의 웨스턴신학교를 졸업하고, 1931년 콜로라도의 덴버대학에서 박사학위를 받았다.

귀국하여 목사가 되어 평양 산정현교회에서 담임목사로 시무하다가, 1936년 부산으로 내려가 성빈학사(聖貧學舍)를 설립, 가난한 학생들을 뒷바라지하는 사회 · 장학사업을 하였다. 1937년 흥사단의 수양동우회 사건 때 연루되어 2년 간의 옥고를 치렀다. 1939년 가석방으로 풀려나자 무기휴교를 당한 평양신학교 대신 조선신학교를 설립하고자 고향 후배인 김재준 목사를 불러서 그 일을 추진시키고 자신은 경북 김천으로 가 8·15광복 때까지 시골교회에 숨어 목회활동을 하였다. 8·15광복 후 조선신학교 교장에 취임, 여러 난제들을 타개해 나갔으나, 6·25전쟁 때 납북되었다.

그는 형식주의적 · 바리사이적 · 율법주의적 신앙 및 신학을 비판하는 입장을 취하고, 내면적 · 감격적 · 개혁적 신앙을 주창하여, 직접 부산항의 윤락가에 뛰어들어 고아들을 모아 돌보면서 성 프란체스코의 청빈을 실천하였다. 김정준 · 정대위 · 조선출 목사 등은 그의 영향을 받은 인물들이다.

신익희(申翼熙, 1892. 6. 9~1956. 5. 5)

호는 해공(海公). 1918년 최린 · 송진우 등과 독립운동의 방향을 논의, 1919년 3·1운동 당시에는 해외와의 연락 임무를 맡았다. 그해 상하이로 망명하여 임시정부 수립과 동시에 내무차장 · 내무부장으로 있으면서 광복과 더불어 귀국했다. 김구 등 임시정부 계통과는 노선을 달리하여 정치공작대 · 정치위원회 등을 조직하여 이승만에게 접근했다. 국민대학 초대학장 등을 겸하다가 그해 남조선과도입법의원 대의원에 피선되었다.

1948년 제헌국회의원에 당선되어 부의장이 되었다가 의장 이승만이 대통령이 되자 의장에 피선, 정부수립 후 이승만과 멀어지기 시작하다가 김성수의 제의를 받아들여 1949년 민주국민당을 결성하고 위원장에 취임하였다. 1950년 제2대 국회의원에 당선, 다시 국회의장에 피선되고 1955년 민주국민당을 민주당으로 확대 · 발전시켜 대표최고위원이 되었다. 1956년 민주당 공천으로 대통령에 입후보, 자유당의 이승만과 맞서 호남지방으로 유세를 가던 중 열차 안에서 뇌일혈로 급사했다. 1962년 건국훈장 대한민국장이 추서되었다.

신인령(辛仁羚, 1943~)

강원도 강릉에서 출생하여 1967년 이화여대 법학과를 졸업하였다. 크리스찬 아카데미 직원으로 79년 반공법 위반사건으로 수감되었다. 1985년에 이화여대 대학원에서 법학박사 학위를 받았다. 한국가정법률상담소 평생회원, 이화여대 법학과 교수, 노동부 고용정책심의위원, 한국산업노동학회 이사, 중앙노동위원회 공익조정위원, 법무부 변호사징계위원회 위원, 통일부 통일정책평가위원, 한국노동법학회 회장 등을 역임하고 제12대 이화여대 총장을 맡고 있다.

신현확(申鉉碻, 1920. 10. 29~)

1943년 경성제국대학 법문학부를 졸업하고, 고등문관시험 행정과에 합격해 관계(官界)에 입문했다. 1959~60년 부흥부장관을 지냈으며 1978년 부총리 겸 경제기획원 장관이 되었고, 이듬해에는 국무총리로 임명되었으나 12·12사태로 인해 물러났다. 1980년 5·17비상계엄전국확대조치 이후 헌법개정심의위원장을 맡았고 1981년 국정자문위원이 되었으며, 제9·10대 국회의원 선거에서 민주공화당 후보로 출마하여 당선되었다.

안병무(安炳茂, 1922. 6. 23~96. 10. 19)

평남 안주에서 태어나 용정 은진중학, 서울대 사회학과를 졸업했다. 월간 『야성』『현존』을 발행했으며, 향린교회 설립을 주도했다. 1970~88년까지 한신대학교에서 후학들을 양성했으며 1992년부터 한국신학연구소 이사장직을 맡아 일했다. 민중신학의 체계를 정립하고 민주화인권운동에 적극 가담하여 여러 차례 투옥되었다. 저서로 『역사와 증언』『해방자 예수』『역사 앞에 민중과 더불어』 등이 있다.

안재홍(安在鴻, 1891~1950 피랍)

경기도 평택 출신. 호는 민세(民世). 일본 와세다대학을 졸업했다. 시대일보 이사 겸 논설위원, 한성일보 사장 등 언론계에 종사했다. 국내에 머물면서 일제의 탄압으로 여러 차례 투옥되기도 했으며 해방 후 중도우파 지도자로 민족화합을 위해 여운형, 김규식 등과 함께 정치운동을 했으며 미군정에서 민정장관을 지냈다. 『신민족주의와 신민주주의』『한민족의 기본진로』『조선상고사감』 등의 저서가 있다.

양일동(梁一東, 1912~80)

호는 현곡(玄谷). 광주학생사건 이후 1930년 이후 중국으로 건너가 1933년 베이징 민궈고등학교를 졸업했다. 1935년 치안유지법 위반으로 검거되어 3년 간 복역했다. 1948년 8·15해방 후 제3~5대 민의원을 지냈다. 1970년 신민당 정무위원이 되었고, 1971년 제8대 국회의원에 당선되었으며, 1973년 민주통일당을 창당하여 대표최고위원이 되었다.

1974년 국토통일원 고문, 1977년 민주통일당 총재 등을 역임했다. 1979년 제10대 국회의원 선거에 당선되어 5선의원이 되었다.

엄항섭(嚴恒燮, 1898~?)

경기 여주에서 출생했다. 1919년 중국 상하이로 망명하여 임시정부의 법무부참사 등에 임명되어 활동하였다. 1922년 항저우의 지장대학을 졸업하고, 임시의정원 의원 · 임시정부 비서국원으로 활약하였다. 1924년 상하이 청년동맹회를 조직하여 집행위원에 선출되었으며, 1926년 임시의정원 헌법기초위원에 선임되었다. 1931년 애국단 조직에 참여하여 윤봉길의 훙커우공원 의거를 지원하였고, 1937년 한국광복운동단체연합회를 결성하여 항일전선을 구축하였다.

1940년 한국독립당 창당에 참여하여 집행위원이 되었고, 1941년 임시의정원 의원으로 외무위원회 위원장에 선출되었으며, 한중문화협회 한국측 이사로도 활동하였다. 1945년 11월 임시정부 국무위원 자격으로 귀국하였다. 그후 김구의 측근으로 한국독립당 선전부장을 맡아 정치활동을 하였으며, 김구의 독립노선을 지지, 1948년 평양의 남북협상과 남북15요인회담에 참가하였다. 6·25전쟁 때 납북되었으며, 1989년 건국훈장 독립장이 추서되었다.

여석기(呂石基, 1922. 3. 6~)

1944년 도쿄대학 영문과를 중퇴했으며, 1946년 서울대학교 영문학과를 졸업했다. 1956년 미국 미주리주립대학 대학원에서 영문학을 수학했으며, 1979년 경북대학교에서 명예문학박사학위를 받았다. 1947~53년 경북대 교수, 1953~87년 고려대학교 교수, 1968년 고려대 부설 미국문화연구소장, 1969년 영어영문학회 회장, 1982년 셰익스피어 학회장, 1983년 고려대 대학원장, 1988년 한국문예진흥원장 등을 지냈다. 대한민국 국민훈장 모란장, 동랑연극상을 수상했으며, 저서로 『희극론』

(1964), 『20세기 문학론』(1966) 등이 있다.

여운형(呂運亨, 1886~1947**)**

호는 몽양(夢陽)으로 경기도 양평에서 출생하여 한학을 공부한 후 1907년 광동학교를 세우고, 강릉에 초당의숙을 세워 민족의식을 고취하였다. 국권이 피탈되고 학교가 폐쇄되자 평양신학교에 입학하였다. 후에 독립의 필요성을 절감하고 1913년 중국으로 건너가 난징 진링대학에서 영문학을 전공하였다. 1918년 신한청년당을 발기하여 김규식을 파리평화회의에 대표로 파견하였다. 1920년 고려공산당에 가입, 1921년 모스크바에서 열린 원동피압박민족대회에 참석, 한국의 사정을 세계에 호소하였다.

1933년 조선중앙일보사 사장에 취임하였는데 1936년 신문이 일제에 의하여 정간되자 사임한 후 1944년 비밀결사인 조선건국동맹을 조직하였다. 8·15광복을 맞아 안재홍 등과 건국준비위원회를 조직, 9월 조선인민공화국과 민주주의민족전선 의장단에 피선, 좌익계 지도자로 알려졌다. 근로인민당을 조직하였으나 극좌 · 극우 양측으로부터 소외당한 채 좌우합작운동을 추진하던 중 한지근에 의하여 1947년 7월 19일에 암살되었다.

여운홍(呂運弘, 1891~1973**)**

여운형의 동생. 1918년 미국 우스터대학을 졸업하고, 1919년 상하이 임시정부에 가담하여 의정원 의원이 되었다. 그해 파리평화회의에 한국 대표로 참석하였다. 1922~25년 보성전문학교 영문학 교수를 지내고 1946년 사회민주당을 창당해 당수가 되었다.

오재경(吳在璟, 1919. 6. 2~ **)**

1941년 일본 릿교대학 경제과를 졸업하고, 1977년 계명대학교에서 명예문학박사 학위를 받았다. 1959년 대한여행사 이사장, 1960년 구황실 재산 사무총국장을 거쳐, 1961년 문화공보부 장관을 역임했다. 1963~65년 태평양지역 관광협회장, 1964~65년 한국관광공사 총재, 1966년 아카데미 하우스 건축위원장과 이사를 역임하였다. 1968~88년 지역사회학교후원회 이사장, 1970년 국제광고협회 한국회장, 1971년 언론인기금 이사장, 1973년 실명예방협회(失明豫防協會) 이사장, 1978년 국제 로터리 클럽 375지구 총재, 1982~87년 장애자재활협회 부회장, 1983~85년 동아일보사 사장을 역임했다. 1974년부터 재단법인 언어교육 이사장, 1989년부터 한국종이접기협회 회장으로 있으며, 많은 사회봉사활동을 해왔다. 저서로 『수상 22년』 『죽포문집』(竹圃文集) 등이 있다.

오재식(吳在植, 1933~)

서울대 문리대학 종교학과를 졸업한 뒤 미국 예일대학 신학부 대학원을 졸업했다. 대한YMCA연맹 학생부 간사, 아시아교회협의회 도시산업선교부장, 한국기독교회협의회 선교훈련원장, 세계교회협의회 개발국장, 크리스챤 아카데미 사회교육원 원장, 월드비젼코리아 회장 등을 역임했다. 2000년 정일형자유민주상을 수상했다.

원세훈(元世勳, 1887~1959)

호는 춘곡(春谷)이며, 함남 정평에서 출생하였다. 1906년 상경하여 대동법률전문학교에 입학하고, 1911년 비밀결사 독립단을 조직, 활동하다가 동만주로 망명하였다. 1917년 이동휘 · 고창일 등과 전로한족회 중앙총회를 조직, 상임위원 및 재정부장에 취임하였다. 이어 1919년 중앙총회를 대한국민의회로 개칭하고, 그해 2월 블라디보스토크에서 자치독립을 선언하는 시위를 벌였다. 1923년 상하이에서 개최된 국민대표회의에 참석하여 국민위원회를 조직하였다. 1927년 신채호 등의 구출운동을 전개하다가 일본경찰에 붙잡혀 신의주형무소에서 2년 간 복역하고 서울로 돌아왔다.

1945년 8·15광복 후에는 고려민주당, 조선민족당, 한국민주당, 조선농민당을 창당하는 한편, 좌우합작위원, 민족자주연맹에 참가하였으며 1948년 김규식과 함께 남북협상에 참여하기도 했다. 1950년 제2대 국회의원 선거에서 당선되었으나, 6·25전쟁 때 납북되었다. 1989년 건국훈장 독립장이 추서되었다.

유진산(柳珍山, 1905. 10. 18~74. 4. 28)

호는 옥계(玉溪). 와세다대학 정경학부에서 3년 간 수학하다가 중퇴했다. 1942년 충칭 임시정부의 연락원으로 활동하다가 일본경찰에 체포되어 본국으로 강제 송환되었다. 1951년 민주국민당 총무부장을 지내고, 1958년 제4대 민의원 선거에 민주당 후보로 재선되었으며, 11월 원내총무가 되었다. 1961년 2월 민주당 구파가 신민당을 창당하자 같은 당의 간사를 맡았다. 1963년 민정당의 중앙상무위원 겸 기획위원회 의장으로 선임되었다. 1967년 제7대 국회의원에 당선되어 신민당 수석부총재를 지냈으며 1970년 신민당 총재가 되었다. 1971, 1973년 제8·9대 국회의원에 계속 당선되어 6선 의원이 되었으며, 1974년 결장암으로 죽었다.

유한철(劉漢徹, 1918~80)

황해도 평산에서 출생했다. 1938년 세브란스 의학전문학교를 졸업하고 잠시 의료계에 종사했다. 6·25전쟁 중에 영화계에 첫발을 디뎠으며, 1957년 시나리오 『잃어버린 청춘』을 시작으로 『낭만열차』 이후 많은 시나리오를 발표하는 한편, 영화평론 · 음악평론 · 무용평론 · 체육평론 · 시사평론 등 다양한 집필작업을 겸했으며, 1965년 시나리오 작가협회 부회장을 역임했다. 한국올림픽위원회 상임위원을 역임했다. 1976년 예술원 회원이 되었다. 저서에 『대한체육회사』 등이 있다.

윤극영(尹克榮, 1903. 9. 6~90)

한국 최초의 어린이 문화단체인 색동회를 조직하고 동요를 작곡하면서 어린이운동을 이끌었다. 1924년 동요 「반달」을 작곡하고, 한국 최초의 노래단체인 '달리아회'를 조직·지도했다. 1926년 「반달」이라는 제목으로 동요집과 레코드 집을 펴냈다. 그해 북간도로 이사한 뒤에도 동요 작곡을 계속했다. 1940년에 협화회라는 친일단체의 회장직을 맡으면서 친일운동을 한 경력이 있다. 제1회 소파상 수상(1956), 고마우신 선생님(서울교육대학 제정)에 추대되고, 대한민국 국민훈장 목련장을 받았다.

윤길중(尹吉重, 1916. 8. 14~2001. 10. 11)

호는 청곡(靑谷). 일본대학 전문부 법과 재학 중이던 1938년에 변호사시험에 합격하고 이듬해 졸업과 동시에 고등문과 사법·행정 양과에 동시에 합격했다. 1941년 강진·무안 군수를 지냈고, 1946년 국민대학교 초대학장이 되었다. 1948년 남조선과도입법의원에서 대한민국 헌법 제정에 종사했고, 1949년 법제조사국장이 되었다. 1950년 무소속으로 원주에서 제2대 국회의원에 당선된 후 국회법제사법위원회 위원장이 되었다.

1950년대 중반 이후 진보적인 정당에서 의정활동을 했다. 1956년 조봉암이 이끌던 진보당에서 간사장을 지냈으며, 진보당사건 등으로 장기간 투옥되기도 했다. 1960년 사회대중당의 간사장이 되었고, 제5대 민의원선거에서 통일사회당 후보로 출마하여 당선된 후 통일사회당 총무가 되었다. 1961년 5·16군사혁명 이후 통일사회당사건으로 1968년까지 투옥되었다. 1975년 변호사 개업을 하고 정계에서 일단 은퇴했다.

1980년 제5공화국의 출범 이후 국가보위비상대책위원회 입법회의

의원이 되었고, 1980년 제11대 국회의원 선거에서 당선된 후 민주정의당 중앙집행위원이 되었다. 1983년 국회 부의장직에 선출되었으며, 1985년 제12대 국회의원 선거에서 당선되었다. 1990년 3당합당으로 민주자유당에 입당, 상임고문을 지냈으나 1992년 10월 13일 탈당했다. 서예와 묵화도 우수해 여러 차례에 걸쳐 전시회를 열었으며, 중풍으로 여러 해 고생하다가 2001년 사망했다.

윤동주(尹東柱, 1917. 12. 20~45. 2. 16)

북간도 출생. 용정에서 중학교를 졸업하고 연희전문을 거쳐 도일, 도지샤대학 영문과 재학 중 1943년 여름방학을 맞아 귀국하다 사상범으로 일경에 피체, 1944년 6월 2년형을 선고받고 이듬해 규슈 후쿠오카 형무소에서 옥사했다. 용정에서 중학교에 다닐 때 연길에서 발행되던 『가톨릭소년』에 여러 편의 동시를 발표했고 1941년 연희전문을 졸업하고 도일하기 앞서 19편의 시를 묶은 자선시집(自選詩集)을 발간하려 했으나 뜻을 이루지 못했다가 자필로 3부를 남긴 것이 사후에 햇빛을 보게 되어 1948년에 유고 30편을 모아 『하늘과 바람과 별과 시』로 간행되었다.

윤보선(尹潽善, 1897. 8. 26~1990. 7. 18)

호는 해위(海葦). 충청남도 아산 출생. 1948년 대한민국 정부가 수립되자 서울시장이 되고 곧이어 1949년 상공부 장관이 되었다. 6·25 중에는 대한적십자사 총재 등의 일을 맡았다. 1953년에 실시된 제3대 국회의원에 출마하여 당선되었고, 당시 이승만 독재체제에서 야당의 위치에 있던 민주당 중앙위원회 의장에 선임되고 그 다음해 민주당 최고의원에 선출되었다.

1960년 4·19혁명으로 이승만 정부가 물러나고 민주당이 집권하자 신구파의 협상에 의하여 대통령으로 선출되었다. 군사혁명 이후 1962년 3

월 23일 국가재건노력을 호소하는 성명서를 발표하고 곧 하야하였다. 1963년 민정이양을 앞두고 실시된 대통령선거에 민정당 후보자로 출마하여 근소한 차이로 패배하였다. 1980년대 초부터는 비교적 은둔적인 생활로 들어갔다.

윤형중 신부(尹亨重, 1903~79)

세례명 마태오. 1930년 사제서품을 받았다. 1933년 가톨릭청년사 사장에 임명되었고 이후 경향잡지 · 경향신문 사장 등을 역임했다. 1962년 『동아춘추』 12월호에 정의파손에 대한 보복, 개인의 원수를 국가 차원에서 위탁받게 된 점, 살인범의 사형으로 인한 살인죄의 예방 등의 이유를 들어 사형제도를 존속시켜야 한다고 주장한 바 있다. 저서에 자서전과 『나의 교우록』 등이 있다.

이강백(李康白, 1947. 12. 1~)

전라북도 전주에서 태어나 1971년 『동아일보』 신춘문예 희곡 부문에 「다섯」이 당선됨으로써 등단하였다. 1982년부터 90년까지 크리스챤 아카데미 문화부장을 지냈고, 1990년부터 97년까지는 동아연극상 심사위원을 맡았다. 한편 한양대학교 연극영화과 강사, 중앙대학교 대학원 강사, 한국예술종합학교 연극원 강사와 한국예술종합학교 연극원 극작과 객원교수를 지냈으며 현재 서울예술대학 교수다. 1983년 한국희곡문학상, 1985년 베네수엘라 제3세계 희곡경연대회 특별상, 1986년 대한민국문학상을 수상했으며 1996년에는 「영월행 일기」로 제4회 대산문학상 희곡 부문 수상, 1998년에는 「느낌, 극락 같은」으로 제5회 우경문화예술상을 수상하였다.

우화와 비유로 충만한 비사실주의 작품을 주로 써서 '알레고리의 작가'라는 별명이 붙었으며, 작품세계는 인간의 실존적 고뇌를 정교한 논리로 구성한 것이 특색이다. 등단 이후 거의 해마다 창작희곡을 내놓았는데, 그 가운데 11편이 서울연극제 무대에 올랐다.

이건호(李建鎬, 1917. 7. 21~)

1941년 일본 동북제국대학 법학과를 졸업하고 1961년 고려대 대학원에서 법학박사 학위를 받았다. 1945년 조선변호사시험에 합격하였으며 보성전문학교 교수가 되었다. 이후 1961년까지 고려대 법대 전임강사, 조교수, 부교수, 교수 등을 두루 거쳤다. 민족일보사건으로 투옥되기도 했다. 1966년부터 70년까지 방송윤리위원회의 위원장직을 맡았고, 1979년부터 81년까지 이화여대의 대학원장을 맡았다. 대통령 표창과 국민훈장 동백장 등을 수상했으며, 저서로 『형법강의』 『국제법개설』 등이 있다.

이돈명(李敦明, 1922. 8. 21~)

1948년 조선대 정치과를 졸업하고, 2000년에는 모교에서 명예법학박사 학위를 받았다. 1952년 제3회 사법과 고시에 합격하고 1954년 대전지법 판사를 거쳐 1960년 서울지법 판사가 되었다. 1973년 서울변호사회 부회장직을 맡고 나서부터 인권변호에 열중해 김지하 국가보안법 위반사건, 윤보선 · 김대중 등 내란음모사건, 크리스찬 아카데미 국가보안법사건, 김재규 등 내란음모사건 등의 변호를 맡았다. 1978년부터 88년까지 천주교정의평화위인권위원장, 사무국장, 회장 등을 역임했다. 1988년부터 91년까지 조선대 총장, 1992년 천주교정의구현전국연합 초대회장 등을 역임했다. 2001년부터 지금까지 민족화해협력범국민협의회 대표상임의장, 법무법인 덕수 변호사, 2002년부터 상지학원 이사장으로 일하고 있다.

이동욱(李東旭, 1917. 8. 3~)

1941년 일본 와세다대학 정경학부를 졸업하고, 1947년 동아일보 기자로 입사했다. 1949년 동아일보 조사부장, 1951년 논설위원을 거쳐 1965년 이사가 되었다. 1968~71년에는 동아일보 이사 겸 주필 · 편집인으로 있었고, 국제신문협회(IPI) 회원을 지냈다. 1975년 동아일보 주필 겸 부사장을 거쳐, 1977년 사장, 1981~83년 회장을 지냈다. 1988년에는 평화토론회 간사를 맡기도 했다. 저서로 『미국 자본주의론』이 있다.

이동원(李東元, 1926~)

함남 북청 출신. 연희전문(연세대학) 시절 학생운동에 투신했다. 미국 켄트주립대 대학원, 영국 옥스퍼드대학 정치학 박사이다. 귀국 후 국제학술원을 창설하고 주 태국, 주 스위스 대사를 역임했다. 제10대 국회의원, 외무부장관 등을 역임하고 현재 동원대재단 이사장이다. 저서에 『한일조약체결비화』(日文), 에세이집 『행동하는 자에게 불가능한 꿈은 없다』가 있다. 서독 최고훈장, 아르헨티나 최고훈장, 이란 최고훈장, 국민훈장 무궁화장을 수상했다.

이범준(李範俊, 1933. 6. 29~)

경기여고를 졸업하고 1952년 이화여대 법과를 수료했다. 이후 미국 켄터키주립대 정치학과를 졸업하고, 미국 아메리칸대 대학원에서 국제정치학 석사와 박사학위를 받았다. 1966년부터 73년까지 이화여대 법정대 정치외교학과 교수 및 학과장을 역임하였다.

1973년 제9대 국회의원에 당선되고, 1974년 국제의원연맹(IPU) 대표(동경,런던), 1984년부터 88년까지 성신여대 사회과학대학장, 1988년부터 93년까지 외무부 외교정책자문위원회 위원, 1990년 성신여대 사회과학연구소 소장, 1990년부터 94년까지 한국여성개발원 자문위원 등을 역임하고, 1998년부터 제2건국 범국민추진위원회 상임위원과 평화통일정책자문위원회 위원으로 일했다.

현재는 외무부장관을 지낸 남편 박정수 박사의 암치료를 위해 모든 사회활동을 중단하고 있다. 저서로 『말라야공산게릴라전연구』 『공산권 체제론』(공저) 『엄마가 없는 너의 천국엔』 등이 있다.

이병린(李丙璘, 1911~86)

1940년 조선변호사 시험에 합격함으로써 법조계에 입문, 1942년 변호사업을 시작했다. 1957년 서울변호사회 부회장을 지내고, 1963년 중앙선거관리위원회 부위원장, 1964년 서울변호사회장, 대한변호사협회장 등을 역임하고, 1973년 엠네스티 한국지부 명예회장에 추대되었다. 그는 특히 인권수호를 위한 변호사로 널리 알려져 있다. 저서에 『법 속에서, 인간 속에서』가 있다.

이삼열(李三悅, 1941. 6. 20~)

1959년 서울사대부고를 졸업하고, 서울대 문리대 철학과, 서울대대학원 철학 석사과정을 마쳤다. 이후 1968년부터 76년까지 서독 괴팅겐 게오르크 아우구스트대 대학원에서 공부하고 철학박사 학위를 받았다. 1967년부터 이듬해까지 크리스챤 아카데미 간사로 일하고, 1991년에 세계교회협의회 실행위원, 1993년 통일원 정책자문위원, 1993년 민주평화통일자문위원회 상임위원, 1994년 유네스코 한국위원회 사회과학위원 등으로 일했다. 1982년부터 지금까지 숭실대 철학과 교수로 있으며, 참여민주사회시민연대 자문위원으로 있다. 저서로 『기독교와 사회이념』 『국가론의 정치철학적 반성』 『사회발전과 철학』 등이 있다.

이상철(1922~)

용정 은진중학교 출신으로 한국신학대학을 졸업하고 한얼고등학교 교사, 경동교회 · 성남교회 목사를 지냈다. 캐나다 토론토 임마누엘대학에서 신학을 전공하고 토론토 한인연합장로교회 목사로 일했다. 캐나다 연합교회 총회장, 캐나다의 인디안족 명예추장, 토론토대학 총장을 역임했다. 해외동포에게 주는 KBS상을 수상했다.

이세중(李世中, 1935. 2. 13~)

1953년 경기고를 졸업하고 1957년 서울대 법대 행정학과를 졸업했다. 1998년에 광운대에서 명예법학박사 학위를, 2001년 인제대에서 명예법학박사 학위를 받았다. 1956년 제8회 고등고시 행정 · 사법과에 합격하고 법조인이 되었다. 1960년부터 63년까지 춘천지법 강릉지원, 서울지법 판사를 거치고, 지금은 현대합동법률사무소 변호사로 일하고 있다. 1979년부터 84년까지 공연윤리위원회 위원, 1988년 방송위원회 심의위원, 1993년부터 99년까지 환경운동연합 공동대표를 역임했고, 기장 창현교회 장로로 있다. 1998년부터 지금까지 서울시 정책자문위원, KBS 이사, 제2건국 범국민추진위원회 위원 등으로 일하고 있다. 1995년 국민훈장 무궁화장을 수상했다.

이승만(李承晩, 1875~1965)

배재학당에서 수학하고 서재필의 지도 아래 설립된 협성회와 독립협회 등의 간부로 활약하였다. 1898년 정부전복을 획책하였다는 혐의로 독립협회 간부들과 함께 투옥되었다가 1904년 민영환의 주선으로 7년 만에 석방되었다. 미국에 망명해 1934년 오스트리아 출신의 프란체스카와 결혼한 후 1945년 광복이 되자 그해 10월 귀국, 1946년 6월 남한 단독정부 수립계획을 발표했다. 1948년 제헌국회의원에 무투표 당선되고 그해 8월 15일 대한민국 초대 대통령에 취임하였다. 1952년 부산에서 자유당을 창당하고 계엄령을 선포, 헌법을 대통령 직선제로 개정하고 대통령에 재당선되었다.

1958년 12월 차기 대통령선거에 대비하여 국가보안법 등 관계법령을 개정하고 특정재벌에 대한 특혜 등으로 국민의 지탄을 받기도 하였다. 1960년 3월 15일 부정선거를 감행하여 대통령에 4선되었으나 4·19혁명으로 사임, 하와이에 망명해 살다가 그곳에서 사망했다. 저서로 『독립정신』 등이 있다.

이시영(李始榮, 1869~1953)

호는 성재(省齋), 서울에서 출생하였다. 1885년 사마시에 급제하고 1891년 증광문과에 병과로 급제, 우승지에 올랐다가 궁내부 수석참의를 역임하였다. 1910년 일본에 국권을 빼앗기자 만주로 망명, 류허현에서 신흥강습소를 설립, 독립군 양성에 힘썼다. 1919년 4월 상하이에 임시정부가 수립되자 법무총장 · 재무총장을 역임하였다. 1945년 8·15광복과 더불어 임시정부와 함께 귀국하였다.

그후 대한독립촉성회 위원장으로 활약하다가 1948년 정부가 수립되자 초대 부통령에 당선되었으나 대통령 이승만의 비민주적 통치에 반대하여 1951년 부통령직을 사임했다. 1952년 제2대 대통령선거에 민주국민당 후보로 입후보하였으나 낙선하였다. 1962년 건국훈장 대한민국장이 추서되었다.

이신행(李信行, 1942~)

연세대 정치외교학과를 졸업하고 연세대 대학원에서 정치외교학 석사를, 미국 뉴욕대에서 정치학박사 학위를 받았다. 부산대 조교수를 거쳐 현재 연세대 사회과학대 정치외교학과 교수로 있다. 저서에 『한국의 사회운동과 정치변동』 『시민사회운동』(공저) 『토론없는 시대의 토론』(편저) 등이 있다.

이양구(李洋球, 1916. 10. 14~89. 10. 18)

1938년 함흥대양공사를 만들어 운영하면서 사업을 시작하고, 1947년부터 53년까지 동양식량공사, 삼양물산공사 부대표를 역임했다. 그후 동양시멘트, 동양제과 등을 창업하여 사장과 회장으로 일하다가 중풍으로 별세했다. 1970년에 석탑산업훈장을, 1987년에는 은탑산업훈장을 받았다.

이어령(李御寧, 1934. 1. 15~)

1934년 충청남도 아산에서 태어났다. 서울대학교 문리과대학 국문과에 들어가 1956년 대학을 졸업한 뒤 이 대학 대학원 국문과에서 문학석사 과정을 마쳤다. 1955년 서울대학교 교내지 『문리대학보』에 「이상론」(李箱論)을 발표하여 평론가로서의 가능성을 보였고, 1956년 한국일보에 「우상의 파괴」를 발표하여 문단에 파문을 일으켰다. 같은 해 『문학예술』에 「현대시의 환위와 한계」와 「비유법논고」가 추천되어 정식으로 등단하였다. 등단 뒤 「화전민 지역」 등의 평론을 통해 한국문학의 불모지적 상황에서 새로운 터전을 닦아야 할 것을 주장하고, 이데올로기와 독재체제의 금제(禁制)에 맞서 문학이 저항적 기능을 수행해야 한다는 것을 역설하여 '저항의 문학'을 기치로 한 전후세대의 이론적 기수로 등장하였다.

이 시기에 김동리와 '작품의 실존성'에 관해 논쟁을 벌이기도 하고, 조연현과 '전통논쟁'도 벌였으며 경향신문에 다니던 1963년에는 「흙 속에 저 바람 속에」라는 연작 에세이를 발표하여 선풍적인 인기를 끌었다. 당대의 비평가 김춘수 등과 함께 현대평론가협회 동인으로 활약하면서 이화여자대학교 교수를 지냈으며, 『문학사상』 주간과 문화부 장관을 역임했다. 일본에서도 유명해진 『축소지향의 일본인』과 『흙 속에 저 바람 속에』 등 많은 저서가 있다.

이영일(李榮一, 1939~)

1939년 함평에서 출생. 서울대학교 문리대 정치학과에 입학한 이영일은 당시 서울대학교의 4·19 학생운동을 앞장서 이끈 3인주동자의 한 사람이다. 1961년 남북한 학생회담을 최초로 제안하고 이를 실천에 옮기려다 투옥되어 5·16혁명재판에서 7년형을 선고받고 1년여를 복역하다 풀려났다. 퇴학당한 2년 후 복학하여 졸업을 하게 된다. 또한 '굴욕적 한일회담 반대'운동에 관련되어 내란음모 혐의로 구속되었으나 이때는 무죄로 풀려났다.

1971년 통일원 상임연구위원으로 시작하여 34세의 나이에 통일원의 수석국장인 정치외교 정책담당관(2급)으로 약진한다. 북한정치 연구관, 교육홍보국장, 교육홍보실장을 거쳐 역대 최연소로 차관보급인 통일원 연수원장을 지냈다. 1994년 북한의 핵문제와 관련 북한측 대표의 '남한 불바다' 발언으로 한반도가 일촉즉발의 전쟁위기에 놓였던 1994년 5월 「따뜻한 햇볕으로 북한을 녹이자」라는 제목의 논문을 전남일보에 기고, 국내에서 최초로 햇볕정책을 공론화했다.

이후 북한어린이를 돕기 위한 모금운동에 헌신하면서 2001년 5월 14일부터 20일까지 한민족복지재단북한방문단 단장 자격으로 평양을 방문했다. 또한 한민족복지재단에서 아프가니스탄 어린이의료지원단장의 책임을 맡아 2002년 3월 8일부터 15일까지 아프가니스탄 북부 마지르 이샤리프 지방을 방문하기도 했다.

이용설(李容卨, 1895. 10. 12~1993. 3. 8)

1919년 세브란스 의학전문학교를 졸업하고, 1923년 북경 협화대학교 의학부를 수료한 후 미국으로 건너가 1926년 노스웨스턴의과대학을 졸업하고 귀국했다. 1929~60년에 세브란스 의학전문학교 교수로 일했다. 1937년 경성제국대학교에서 의학박사학위를 받았으며, 미군정 아래서는 보건사회부 장관을 맡기도 했다. 1948년 세브란스의과대학 학장으로 취임했고, 1955년 세브란스 병원장이 되었다. 이후 교육, 의료, 사회운동 분야에서 많은 활약을 했다. 1987년부터 도산기념사업회 고문으로 활동했으며, 수당(秀堂)과학상을 수상했다.

이우재(李佑宰, 1936~)

충남 예산 출신으로 건국대학에서 경제학을 전공했다. 농촌운동에 투신해 크리스챤 아카데미 농촌지도자교육(중간집단)을 담당하다 79년 반공법 위반혐의로 구속, 10년형을 받았다. 석방된 후 민중당 창당 상임대표, 신한국당 부총재를 지냈으며 현재 한나라당 국회의원이다.

이우정(李愚貞, 1923~2002)

한국신학대학을 졸업하고 캐나다 토론토대 · 임마누엘대학에서 신학을 전공했다. 한국신학대학 교수, 한국교회여성연합회 회장, 민주당 여성위원회 위원장, 제14대 국회의원, 새천년민주당 최고위원 등을 역임했다. 민주화인권운동 지도자로 '평화를 만드는 여성' 대표이다. 저서로 『한국기독교여성 백년의 발자취』『여성신학의 이해』 등이 있다. 한신상, 아시아인권기금상, 국민훈장 모란장을 수상했다.

이인호(李仁浩, 1936. 5. 19~)

혜화국민학교를 졸업한 1949년 남녀공학이던 서울사대부속중 · 고등학교에 1등으로 입학했다. 1956년 웰즐리대학으로 유학을 떠나 러시아 역사를 전공하면서 웰즐리에 이어 하버드대학에서 석 · 박사학위를 받았다. 하버드대학에서 박사학위를 받은 한국인 여학생은 그가 최초였다. 미국의 브라운대학에서 교수생활을 하다가 1972년 귀국한 후 고려대 · 서울대 교수를 역임했다. 그 동안 왕성한 저술활동을 펼쳐 『지식인과 역사의식』『러시아 지성사 연구』을 펴냈다.

한국슬라브학회 초대회장(1984), 서울대 러시아연구소 초대소장(1989), 한국방송공사 이사(1988), 교육개혁위원회 위원(1994) 등 대외적 활동도 활발하게 전개했다. 1995년 핀란드 대사직을 수락하면서 대한민국 정부수립 53년 만에 첫 여성대사가 되기도 했다. 지금은 러시아 대사, 국제교류재단의 이사장을 맡고 있다.

이정희(李丁姬, 1947. 3. 4~)

1965년 숭의여고를 졸업하고 1970년 이화여대 무용학과를 졸업했다. 1975년 이화여대 대학원에서 무용학 석사학위를 받고 미국으로 건너가 1980년까지 뉴욕 마사 그레이엄 무용학교와 머스 커닝햄 무용학교를 수료했다. 중앙대 예술대 무용학과 교수로 있으며, 한국현대춤연구회 회장과 이정희현대무용단 대표로 일하고 있다. 1980년 제2회 대한민국무용제에서 '살푸리'를 공연한 이후 살푸리 8까지를 공연했다. 이 작품들로 제2회 대한민국무용제 안무상, 제3회 대한민국무용제 개인상 등을 수상했다. 1989년에 비엔나국제안무경연대회 안무상, 1992년에 92 최우수예술가상, 1998년에 98 무용예술상 작품상 등을 수상했다. 저서로 『호세리몽 테크닉』 등이 있다.

이종률(李鍾律, 1941. 9. 26~)

1960년 전주고를 졸업하고 1964년 서울대 문리대 정치학과를, 1966년에 서울대 대학원을 수료했다. 이후 1970년 미국 하와이주립대 대학원에서 정치학석사 학위를 받고, 1974년 미국 예일대대학원에서 정치학박사 학위를 받았다. 서울대학 재학 중 민족비교연구회를 조직하여 활동하다가 민비사건으로 투옥되기도 했다.

1964년부터 69년까지 동아일보 기자로 일했으며, 1977년부터 78년까지 외무부 외교안보연구원 부교수 겸 연구부 부장을, 1980년부터 81년까지 국가보위 입법회의 의원(외교, 국방위원)을, 1981년부터 83년까지 민정당 부대변인 겸 사무총장 보좌역을 맡아 일했다. 1985년에는 제12대 국회위원에 당선되었고 1997년부터 지금까지 재단법인 통일시대연구소 이사장으로 재직하고 있다. 저서로 『민주주의 논리』 『아직도 정치를 모르나요』 등이 있다.

이종찬(李鍾贊, 1936~)

1936년 중국 상하이에서 출생했다. 1960년 육사를 16기로 졸업하고, 1972년 서울대학교 행정대학원에서 석사학위를 받았다. 1980년 국가안전기획부 기획조정실장을 역임하고, 제11·12·13·14대 국회의원에 당선되었다. 1995년 새정치국민회의 부총재직을 맡았고, 1997년에는 대통령직 인수위원회 위원장을, 1998년에는 국가정보원장을 역임하였다. 저서로 『민족의 종을 울리며, 민주의 탑을 쌓으며』 『개혁과 온건주의』 등이 있다.

이중한(李重漢, 1938. 8. 15~)

1957년 경기고를, 1962년 성균관대 국문학과를 졸업하고 이후 언론계에서 일해왔다. 1965년부터 67년까지 월간 자유공론 편집장, 1970년까지 월간 세대 편집장, 1971년 월간 독서신문 편집부 부장, 1973년 서울신문 서울평론 부장, 1975년 서울신문 문화부 부장, 1981년 계간 예술과 비평 주간, 1985년 한국간행물윤리위원, 1987년 저작권심의조정위원, 1996년 서울신문 사장실 사사편찬위원회 위원장 등으로 일해왔으며, 1997년 국민훈장 모란장을 받았다. 저서로 『문화촉매운동론』 『도서목록개발기초연구』 등이 있다.

이창석(李昌錫)

1939년 평양사범을 졸업하고 1952년 고시 행정과에 합격하여 같은 해 문교부 초등교육과장이 되었다. 1963년에는 교통부 차관을, 1966년에는 해동화재의 회장을 역임하고 1980년부터 89년까지 에너지연구소 상임고문을 지냈다.

이철승(李哲承, 1922~)

1946년 보성전문학교 학생시절에 한국민주당을 중심으로 한 우파 민족진영의 전위부대였던 전국반탁학생연맹을 조직하여 좌익조직과의 대결에 앞장섰고, 반탁운동에 적극적으로 가담했다. 1954년 제3대 민의원 선거에서 무소속으로 당선되어 정치에 입문했다. 1958~61년 제4·5대 민의원, 제8·9·10·12대 국회의원을 지냈다. 1970년대에 '중도통합론'을 주장하기도 했던 그는 야당의원으로 활동하면서 1973~76년 국회부의장, 1975년 국제연합(UN)총회 한국대표, 1976년 신민당 대표 최고위원을 역임했다. 자유총연맹총재, 서울평화상 이사장 등을 지내고 국민훈장 무궁화장을 받았다. 저서로 『절망에의 도전』 등이 있다.

이태영(李兌榮, 1914. 9. 18~98. 12. 17)

한국 최초의 여성변호사. 한국가정법률상담소를 세우고 여성운동에 앞장서왔다. 평양정의고등보통학교를 졸업하고 1936년 이화여전을 졸업한 뒤 평양여자고등학교에서 교사생활을 하던 중 정일형 박사와 결혼하였다. 1946년 32세 되던 해 여성으로는 최초로 서울대학교 법학과에 입학하였고, 6년 뒤인 1952년에는 사법고시에 합격한 첫 여성이 되었다.

1966년 8월 가정법률상담소(사단법인)를 세우고 여성뿐 아니라 인권옹호와 민주화 운동의 지도자로 일해왔다. 1975년 UN 여성의 해를 맞이하여 크리스챤 아카데미 주최로 모인 '가족법개정운동'의 위원장을 맡아 성차별 철폐를 위해 일했다. 1974년 11월 민주회복 국민선언, 1976년 3·1민주선언 등 민주화운동과 인권운동에도 적극 참여하여 실천적 지식인으로서의 면모를 보여주기도 하였다.

여성해방운동과 민주화운동 등에 헌신한 공로로 막사이사이상, 유네스코 인권교육상, 국민훈장 무궁화장, 제1회 법을 통한 세계평화상, 제3회 세계법률구조상, 세계감리교 평화상 등을 받았다. 1963~71년에는 이화여자대학교에서 교편을 잡아 법정대 교수 겸 학장으로 일하다가 1971년 김대중 대통령 후보를 당선시키기 위해 사임했다. 주요 저서로는 『가정법률상담실기』 『여성을 위한 법률상식』 『가족법개정운동 37

년사』 등이 있다.

이학봉(李鶴捧, 1938. 5. 15~)

1957년 경남고를, 1962년 육사를 18기로 졸업했다. 1980년부터 86년까지 청와대비서실 민정수석비서관, 1986년부터 88년까지 안기부 제2차장 등을 역임했다. 1988년에는 제13대 국회위원으로 당선되어 국회 건설위원회 위원으로 일했다.

이한기(李漢基, 1917. 9. 5~95. 2. 2)

1943년 도쿄대학 법학부를 졸업하고, 1956년 미국 컬럼비아대학교에서 수학했으며, 1969년 서울대학교에서 법학박사학위를 받았다. 1952~80년 서울대 법대 교수, 법대 학장, 사법대학원장으로 있었고, 1974년 도쿄대학 객원교수를 지냈다. 1977년 학술원 회원이 되었으며, 1980년 감사원장, 1987년 국무총리를 역임했다. 국민훈장 동백장, 청조근정훈장, 일훈일등욱일대수장(日勳一等旭日大綬章)을 수상했으며, 저서로 『국제법학』『아세아 정세변동과 우리나라』『우리나라의 영토』 등이 있다.

이홍구(李洪九, 1934~)

1953년 경기고등학교를 졸업하고 1954년 서울대학교 법과대학을 중퇴했다. 도미하여 1959년 미국 에머리대학교를 졸업하고, 1968년 미국 예일대학교 대학원에서 정치학박사 학위를 받았다. 1964년부터 67년까지 미국 케이스 웨스턴리서브대학교 조교수를, 1968년부터 88년까지 서울대학교 사회과학대학 조교수, 부교수를 거쳐 교수를 역임했다.

1988년부터 90년까지 통일원 장관을, 1990년부터 91년까지 대통령 특별보좌역을 역임하고, 1991년부터 93년까지 주영국 대사직을 지냈다. 이후 국무총리, 민주평화통일자문회의 수석부의장, 서울21세기위원회 위원장, 2002년 월드컵축구 유치위원회 위원장, 신한국당 대표의원 등을 지냈다. 1999년 주미 한국대사를 역임했다. 1980년 국민훈장 모란장과 적십자 봉사장 금장을 수여했다. 주요저서로 『정치학개론』 『마르크시즘 100년』 등이 있다.

이화수(李華洙, 1936~)

연세대 정치학과를 졸업하고 도미, 미국 오리건대에서 정치학석사와 박사학위를 받았다. 1996년 아주대 사회과학대 정치외교학과 교수가 되었다. 크리스챤 아카데미 원장을 역임하고 한국신학대 대학원을 졸업했다. 현재 시민개혁포럼 공동대표와 21세기수원만들기협의회 공동의장으로 일하고 있다.

이후락(李厚洛, 1924. 2. 23~)

울산농업고등학교를 졸업하고 1955년 국학대학 법과를 졸업했다. 5·16군사정변 이후 국가재건최고회의 공보실장, 1963~69년 대통령 비서실장, 1970~73년 중앙정보부장을 지내면서 3선개헌, 1971년 대통령선거, 박동선 공작사건, 김대중 납치사건 등에 관련된 것으로 알려지고 있다. 그후 1979년 제10대 국회의원을 지냈으나, 10·26사태 후 전두환을 중심으로 한 신군부세력의 집권과 더불어 경기도 이천에서 도자기 제작을 하며 사실상 정계에서 은퇴했다.

이희호(李姬鎬, 1922~)

1940년 이화여고를 졸업하고, 1944년 이화여자전문학교 문과를, 1950년 서울대 사범대 교육학과를 졸업했다. 후에 도미하여 1958년 미국 스카릿대 대학원에서 사회학석사를, 1987년에는 미국 노스이스턴대에서 명예인문학박사 학위를 받았다. 1964년부터 82년까지 대한YWCA 연합회 총무를 역임했다. 김대중 전 대통령과 결혼, 영부인 재임중 '사랑의 친구들' 을 조직하여 운영하고 있다. 1984년 인권상을, 무궁화대훈장 등을 받았다.

임영신(任永信, 1899~1977)

호는 승당(承堂), 충청남도 금산에서 출생하였다. 1930년 미국 서던 캘리포니아대학교를 졸업하고 이듬해 같은 대학 대학원을 수료하였다. 1945년에는 대한여자국민당을 창당하여 당수가 되었다. 1946년에는 중앙여자대학을 설립, 학장에 취임하였고, 1948년 상공부 장관에 발탁되었으며, 1949년 안동 보궐선거에서 제헌 국회의원에 당선, 1950년 제2대 국회의원에 재선되었다.

1953년 중앙대학교 총장에 취임하고, 1961년 대한여자청년단장이 되었으며, 1963년에는 한국부인회를 결성하여 회장에 취임하였다. 1965년 대한교육연합회장, 1971년 대한교원공제회 초대이사장을 지내고, 그후 중앙대학교 명예총장, 중앙문화학원 이사장을 역임했다. 문화훈장 대한민국장, 미국 아이젠하워상, 청조근정훈장 등을 수상했으며, 저서로 *My Forty Years Fight for Korea* 등이 있다.

장덕수(張德秀, 1895~1947)

호는 설산(雪山). 1912년 가을 와세다대학 고등예과에 편입해 이듬해 수료하고 정경학부에 입학했다. 1918년 여운형 · 조동우 · 김규식 등과 함께 신한청년당을 조직하고 파리강화회의에 김규식을 파견해 독립청원을 제출하는 한편, 국내와 일본 · 노령 등지에 동맹원을 파견해 독립운동의 실행 방안을 논의할 것 등을 결정했다. 1920년 4월 동아일보 창간과 더불어 초대 주필이 되어 활동했다.

1923년에 미 국유학길에 올라 오리건대학교 신문학과와 컬럼비아대학교 경제학과를 마치고 런던대학교에서는 노동문제를 연구했다. 1945년 8·15해방과 더불어 김성수 · 송진우 · 김병로 등과 한국민주당을 창당하고 외교부장 · 정치부장 등으로 활약했다. 1947년 9월 김성수와 함께 웨드마이어 특사에게 단독정부 수립이 불가피함을 강조했다. 1947년 12월 종로경찰서 경사 박광옥에 의해 암살되었다.

장면(張勉, 1899. 8. 28~1966. 6. 4.)

호는 운석(雲石). 1925년 미국 맨해튼 가톨릭대학 문과를 졸업했다. 1948년 맨해튼 가톨릭대학과 1949년 영국 포덤대학, 1957년 미국 시턴홀대학교에서 각각 법학박사 학위를 받았다. 1948년 제헌국회의원이 되고 1951년에는 제2대 국무총리로 임명되었으나 이듬해 사임했다. 1956년 부통령에 출마하여 당선되었고, 같은 해 9월 민주당 전당대회에서 저격을 당했으나 경상에 그쳤다. 1959년 민주당 대표최고위원에 피선되었고, 1960년 조병옥의 러닝 메이트로 부통령에 입후보했지만 낙선했다.

같은 해 4·19혁명으로 자유당정권이 무너지자 제5대 민의원을 거쳐 내각책임제하의 제2공화국 국무총리로 선출되었으나 1961년 5·16군사정변이 일어나자 총리 취임 9개월 만에 정계에서 물러났다. 그후 종교생활에 전념하다가 1966년 간염으로 죽었다. 1951년 로마 교황청 훈장을 받았으며, 번역서로 『교부들의 신앙』이 있다.

장상환(蔣尙煥, 1951~)

서울대 경제학과를 졸업하고 연세대 대학원에서 경제학석사와 박사학위를 받았다. 1977년부터 79년까지 크리스챤 아카데미 간사, 1988년부터 91년까지 경상대 경제학과 전임강사, 1990년부터 93년까지 한국농어촌사회연구소 소장 등을 역임하였으며, 1995년부터 지금까지 경상대 사회과학대 경제통상학부 경제학전공 부교수와 민주노동당 강령위원으로 일하고 있다. 저서로 『한국사회의 이해』(공저) 『제국주의와 한국사회』 등이 있다.

장세동(張世東, 1936~)

성동공업고등학교를 졸업하고 육군사관학교를 16기로 졸업했다. 1967년 수도경비사령부 30경비대대 작전장교를 시작으로 1977년 동 30경비단장, 1980년 3공수특전여단장, 1981년부터 85년까지 대통령 경호실장 등을 역임했다. 1985년부터 87년까지 국가안전기획부장을 역임하고 2002년 제16대 대통령 후보에 무소속으로 출마했다. 청조근정훈장, 보국훈장 통일장, 을지 · 충무 · 화랑무공훈장 등을 수상했다.

장준하(張俊河, 1918. 8. 27~75. 8. 17)

기독교 목사인 장석인의 아들. 1944년 6월 일본군 학도병으로 중국전선에 배치되었다가 중국군에 편입된 후 바로 김준엽 등과 함께 충칭으로 가서 1945년 1월 광복군에 가담해 광복군 대위가 되었고, 1945년 11월 대한민국임시정부 요인의 수행원으로 입국, 김구의 비서 등을 역임했다. 1953년 4월 월간 『사상계』를 창간하여 지속적으로 자유 · 민주 · 통일 · 반독재 투쟁에 헌신했다. 1962년 8월 막사이사이 언론문학부문상을 수상했다. 범민주세력의 통합에 힘썼으나 경기도 포천군 소재 약사봉에서 의문사하였다. 저서로 『돌베개』 등이 있다.

전태일(全泰壹, 1948. 8. 26~70. 11. 13)

열악한 노동조건에 항거, 분신자살한 평화시장 재단사 출신의 노동자이다. 1964년 17세의 나이로 평화시장 피복공장 미싱사보조로 취직했다. 평화시장 노동자들은 노동청에 평화시장 피복제품상 종업원 근로개선 진정서를 제출, 선처를 약속받았다. 그러나 시정을 약속한 기한인 1970년 11월 7일에도 아무런 소식이 없자, 11월 13일 피켓 시위를 벌이기로 했다. 그러나 경찰에 의해 강제해산을 당하게 되자 전태일은 채 "근로기준법을 준수하라", "우리는 기계가 아니다"라고 절규하며 분신을 감행, 병원으로 옮겨졌으나 숨을 거두었다. 이 사건을 계기로 11월

27일 청계피복노동조합이 결성되었다.

전택보(全澤珤, 1901~80)

호 설봉(雪峰). 함경남도 문천 출생. 1955~80년 한·덴마크협회장, 1955~69년 대성목재공업(주) 회장 등을 지냈다. 1959~72년 덴마크 명예총영사, 1960년 과도정부 상공부장관, 1960~80년 이화여자대학교 이사, 1962년부터는 크리스챤 아카데미 이사를 지냈다. 1976~80년 국제연합 한국협회장, 1979~80년 한국어린이재단 이사장 등을 역임하면서 경제·외교·사회 분야에 업적을 남겼다. 동탑산업훈장·덴마크 십자훈장 등을 수상하였다.

정대위(鄭大爲, 1917. 10. 31~)

1935년 평양숭실학교를 거쳐 1941년 일본 도지샤대학 문학부 신학과를 졸업했다. 그후 캐나다 토론토대학교 대학원에서 신학을 공부했고 1959년 미국 예일대학교에서 철학박사학위를 받았다. 1946~56년 한국신학대학 교수 및 서울 초동교회 목사, 1959~61년 건국대학교 문리대학장, 1961~68년 건국대학교 총장, 1968년 독일 함부르크대학교 초청교수, 1968~69년 캐나다 토론토 한인연합교회 목사, 1969~83년 캐나다 오칼턴대학 교수, 1983~87년 한신대학교 학장을 역임했다. 저서로 『기독교와 역사』(1949), 『그리스도교와 동양인의 세계』(1986) 등이 있다.

정원식(鄭元植, 1928. 8. 5~)

황해도 재령에서 출생하였다. 1953년 사범대학 교육과를 졸업하고 육군에 입대하여 1955년 대위로 예편하였다. 1962년 서울대학교 사범대학 조교수를 거쳐 1974년 정교수가 되었다. 1966년에는 미국 조지피버디대학교에서 철학박사 학위를 취득했으며, 1973년부터 79년까지 크리스챤 아카데미 교육과정 제작위원장을 지냈다. 1979~83년 서울대학교 사범대학장으로 재직하였다.

1984년 교육학회 회장, 1985년 도서잡지-주간신문 윤리위원회 회장, 1985년 방송심의위원회 회장 등을 역임하고, 1988년 문교부 장관에 기용되었다가 1991년 제24대 국무총리에 임명되었다. 남북고위급회담 한국측 수석대표로 평양을 방문하여 북한 주석 김일성과도 면담했다. 세종연구소 이사장으로 있다가 1997년 대한적십자사 총재가 되었다. 저서로 『인간과 교육』 『교육환경론』 등이 있고, 문화 발전에 기여한 공로로 대한민국 국민훈장 무궁화장을 수상하였다.

정일권(丁一權, 1917. 11. 21~94. 1. 18)

1940년 일본 육군사관학교를 졸업하였다. 8·15광복 후 국군창설에 참여하였으며, 1950년 3군총사령관, 1954년 육군참모총장을 거쳐 1956년 합동참모본부총장에 취임하였다. 1957년 육군대장으로 예편된 후 주 터키 대사, 주 프랑스 대사, 주미 대사 등을 거쳤고, 1961~62년 유엔총회 한국대표, 5·16군사정변 직후인 1963년 외무부 장관, 1964~70년 국무총리를 역임하였다.

1973년 제9대 국회의원에 당선되어 임기 동안 국회의장을 역임하였다. 그해 국제의원연맹(IPU), 아시아의원연맹(APU) 한국지부 회장에 선임되었으며, 1979년 제10대 국회의원에 재선되었다. 1989~91년 한국자유총연맹 총재로 활동하였다. 금성 및 은성 태극무공훈장, 일등수교훈장 등을 받았다.

정일형(鄭一亨, 1904~82)

1927년 연희전문 문과를 졸업하고, 1935년 미국 드루대학교 대학원에서 철학박사 학위, 1960년 법학박사 학위를 받았다. 1937년부터 연희전문과 감리교신학교에서 교수로 활약하였고, 8·15광복 후 과도정부 인사행정처장 · 물자행정처장에 기용되었다. 1948년 유엔총회 한국대표단 고문이 되었으며, 구미(歐美)파견 특사단 부사(副使)로 활약하고, 1949년 유엔한국협회장에 취임하였다. 1950년 제2대 국회의원에 당선된 이후 1971년 제8대 국회의원까지 계속 당선되어 7선의원이 되었다.

1960년 외무부 장관을 지냈고, 1966년 신한당 고문, 1967년 신민당 부총재에 취임하였다. 1973년 제9대 국회의원에 당선되어 1974년 신민당 고문에 추대되고, 1975년 통일연구협의회 회장에 취임하였다. 필리핀문화훈장을 받았다. 저서로 『UN과 한국』『국제연합독본』『오직 한길로』 등이 있다. 1990년 건국훈장 애국장이 추서되었다.

정창열(鄭昌烈, 1937~)

1963년 서울대 문리대 역사학과를 졸업하고, 1968년 서울대 대학원에서 한국사학 문학석사를, 1991년 연세대 대학원에서 한국사학 문학박사 학위를 받았다. 1969년부터 한양대 인문과학대 사학과 전임강사와 조교수를 거쳐 부교수를 역임하고, 현재 한양대 인문과학대 역사철학부 역사학전공 교수로 있다. 1993년 『한국사』(한길사 간행) 책임편집위원을, 한국사연구회 회장 등을 역임했다. 저서로 『한국민족운동연구』(공편) 등이 있다.

정창화(鄭昌和, 1940~)

경북 의성에서 태어나 1962년 연세대 정법대 정외과를 졸업했다. 1967년부터 78년까지 공화당 청년국장, 훈련국장 등을 역임하고, 1980년 민정당 창당준비위원과 민정당 중앙정치연수원 훈련국장으로 일했다. 그 이후 민정당과 민자당, 신한국당, 한나라당에서 출마하여 제11·12·13·15·16대 국회위원에 당선되었다.

조경희(趙敬姬, 1918~)

첫 여성정무제2장관이자 예술의 전당 첫 여성 이사장. 성공회 조광원 신부의 딸로 태어나 이화여전 영문과를 졸업하고, 조선일보에 입사한 이래 여러 신문에서 여기자로 활약했다. 1959년 여기자 클럽회장, 1963년 펜클럽 중앙위원, 1971년 한국 수필가협회 회장을 역임했으며, 1984년 예총회장, 1989년 예술의 전당 이사장을 지냈다. 1994년 서울여대에서 명예문학박사 학위를 받았다. 저서로 『음치의 자장가』 『웃음이 어울리는 시대』 등이 있다.

조동필(趙東弼, 1919. 4. 18~2001. 10. 25)

일본 메이지대학 정치경제학부를 거쳐, 1966년 전남대학교에서 경제학박사 학위를 받았다. 1947년부터 대학 강단에 몸담아 동국대학교 등에서 경제학 교수로 활동했다. 1972년 메이지대학 초청교수, 대한일보 논설위원 등을 지냈다. 1983년 고려대학교 명예교수가 되었고, 1997년부터 2년 간 평택공과대학(현 경문대학) 학장을 역임하기까지 평생을 경제학 연구에 힘썼다. 저서로 『협동조합론』 『농업정책론』 등이 있다.

조민하(趙民夏, 1920~)

경북 상주에서 출생하여 1943년 일본 간사이가쿠인대를 졸업하고, 1952년 호주 맬번대 대학원을 수료했다. 1958년 미국 컬럼비아대 대학원에서 석사학위를 받았다. 1952년부터 62년까지 부산대 교수와 교학처 처장을, 1962년부터 66년까지 유네스코 한국위원회 사무총장을, 1967년부터 82년까지 함판공업협회장을, 1971년부터 77년까지 서울시 교육위원을 역임했다.

조병옥(趙炳玉, 1894. 2. 15~1960. 2. 10.)

1914년 연희전문학교, 1918년 미국 펜실베이니아 주 킹스턴 시의 와

이오밍고등학교를 거쳐 1923년 컬럼비아대학원을 졸업했다. 1925년 같은 대학 대학원에서 「한국의 토지제도」라는 연구논문으로 철학박사 학위를 받았다. 1927년 신간회 창립위원과 재정총무를 역임했고, 1929년 광주학생운동의 배후조종자로 지목되어 3년형을 선고받고 복역했다. 1945년 8·15해방이 되자 김성수 · 송진우 · 장덕수 등과 함께 한국민주당을 창당하고, 미군정 경무부장으로 재직하면서 치안유지와 좌익분자 색출에 진력했다. 1950년 6·25전쟁 당시 내무부장관으로 재직하면서 대구 방위전선에서 진두지휘를 담당했다.

1955년 신익희 · 장면 등과 함께 민주당을 창당하고 당의 최고위원, 1956년 대표최고위원으로 선출되었다. 1958년 제4대 민의원에 당선되었고, 1960년 민주당의 공천을 받아 대통령후보로 출마했으나 신병 치료차 도미, 월터리드 육군병원에서 수술받고 가료 중 사망했다. 1962년 대한민국 건국공로훈장 단장(單章)이 추서되었다. 저서로 『민주주의와 나』 『나의 회고록』 등이 있다.

조봉암(曺奉岩, 1898~1959**)**

호 죽산(竹山). 인천 강화 출생. 1925년 조선공산당 조직에 참여하고, 고려공산청년회의 간부가 되었다. ML당을 조직하여 활동하다가 일본경찰에 검거되어 신의주형무소에서 7년 간 복역하였다. 1946년 박헌영에게 충고하는 공개서한을 발표하고 공산당을 탈당하였다. 1948년 제헌의원 · 초대 농림부장관이 되고, 1950년 제2대 국회의원에 재선되어 국회 부의장에 선출되었다. 1952년 제2대 대통령에 출마하여 차점으로 낙선, 1956년 다시 제3대 대통령에 출마하였으나 낙선되었다. 그 해 진보당을 창당, 위원장이 되어 정당활동을 하다가 1958년 1월 국가보안법 위반으로 체포되어 대법원에서 사형선고를 받고 처형되었다.

조소앙(趙素昂, 1887~1958)

1904년 성균관을 수료하였다. 1910년 한일합병 때 '한일합병성토문'을 전달하고 비상대회를 소집하려던 것이 발각되어 연금당했다. 1912년 메이지대학을 졸업하고 귀국, 교편을 잡다가 1927년 김구 · 안창호 · 이시영 등과 함께 한국유일독립당촉성회를 창립하고 상임위원에 선출되었다. 1937년 8월 재건한국독립당은 김구파의 한국국민당과 조선혁명당 창당에 가담하여 활동하였다.

8·15해방 후 귀국하여 1946년 비상국민회의를 조직하고 의장에 선출되었으며 1947년 2월에는 비상국민회의 제2차 전국대의원대회에서 국민의회로 개편되자 그 의장에 선출되었다. 이후 6·25사변으로 1950년 9월 납북되었다. 저서로는 『한국문원』 『소앙집』 등이 있고, 1989년 건국훈장 대한민국장이 추서되었다.

조승혁(趙承赫, 1935~)

인천 강화에서 출생해 1954년 인천고등학교를 졸업하고 1958년 감리교신학대를 졸업했다. 1984년에는 성균관대 대학원에서 경영학박사 학위를 받았다. 1960년부터 지금까지 기독교대한감리회 목사로 일하고 있다. 기독교 도시선교 특히 노동자들을 위한 선교의 창시자이자 주역의 한 사람으로 일해오면서 현재 제3기 노사정위원회 공익위원으로 일하고 있다. 저서로 『도시산업선교의 인식』 『한국교회와 민중선교의 인식』 『일본의 복수노조의 경험과 신노사관계의 과제』 등이 있다.

조영남(趙英男, 1945~)

황해에서 출생해 서울대 음대를 졸업하고 도미하여 플로리다 트리니티신학대학교를 졸업했다. 1969년 '딜라일라' 라는 곡으로 데뷔하였으며, 이후 1991년 뉴욕 카네기홀에서 콘서트를 갖고, 1994년 뉴욕 HAE-NAH-KENT갤러리에서 초대전을 가졌다. 1996년에는 서울 이목화랑에서 초대전을, 1997년에는 한국화랑미술제 이목화랑 초대전을, 1998년에는 갤러리상 초대전을 가졌다.

조용술(趙容述, 1920～)

전북 익산에서 출생하여 1952년 한신대를 졸업하고 1965년에 한신대 대학원에서 석사학위를 받았다. 1965년 기독교대한복음교회 이리교회 목사, 1982년부터 84년까지 기독교교회협의회 회장을 역임하고, 1987년에는 CBS 재단이사를 역임했다. 1994년부터 지금까지 자주평화통일민족회의 상임고문, 1998년부터 지금까지 민주개혁국민연합의 상임고문으로 일하고 있다. 저서로 『분단의 아픔 속에서』 등이 있다.

조향록(趙香祿, 1920. 9. 14～)

1943년 조선신학교, 1951년 동국대학교 사학과, 1958년 캐나다 토론토대학교 및 임마누엘신학대학교를 졸업했다. 1951년 한얼중고등학교 교장을 거쳐 1954～76년 초동교회 목사를 지냈으며 1971년 기독교장로회 총회장에 선출되었다. 1976～80년 한국신학대학 학장, 1976년 국제사면위원회 한국지부 이사장, 1981～92년 현대사회연구소 이사장, 1982년 기독교장로회 한일교회 당회장, 1988년 민주화합추진위원 등을 역임했다. 1993년 현재 '생명의 전화' 이사장, 민주평화통일자문위원회 자문위원(1987～), 초동교회 원로목사(1987～) 등을 맡고 있다. 저서로 팔순에 낸 『팔십자술』(八十自述)과 『조향록논단』·『사랑의 빛 사이로』 등이 있으며, 국민훈장 동백장과 모란장을 받았다.

지청천(池青天, 1888. 1. 25～1959)

호 백산(白山). 서울 출생. 1913년 일본 육군사관학교를 졸업하고 보병중위로 있다가 1919년 만주로 망명하였다. 독립군 간부양성에 진력하였으며, 청산리전투 후 일본군의 대대적인 보복을 피하여 신흥무관학교를 폐쇄, 김좌진 등과 대한독립군단을 조직하고, 여단장으로 있다가 흑하사변으로 러시아혁명군의 포로가 되었으나 만주로 탈출하였다. 1925년 양기탁 · 오동진 등과 정의부를 조직, 군사위원장 겸 사령장이 되고, 그해 군민의회가 설치되자 군무위원에 선출되었다.

1940년 충칭으로 옮긴 임시정부의 광복군 총사령관에 임명되어 항일전을 수행하다가 1945년 광복 후 귀국, 대동청년단을 창설하였다. 1947년 제헌국회의원, 정부수립 후 초대 무임소장관을 역임하고, 제2대 국회의원, 민주국민당 최고위원을 지냈다. 1962년 건국훈장 대통령장이 추서되었다.

지학순(池學淳, 1921~93)

평안남도 중화군 청학리에서 태어나 1934년 1월 25일 중화천주교회에서 메리놀선교회 소속 요셉 칼먼 신부로부터 영세(세례명 다니엘)를 받았다. 1950년 1월 17일 월남해 서울 가톨릭신학대학에 편입학했다. 1956년 로마에 있는 푸로파간다대학에 유학해 59년 교회법박사 학위를 받았다. 1968년 원주지역사회 문화활동의 전당인 가톨릭센터를 건립하였고, 박정권 아래 옥고를 치렀다. 1972년 국제사면위원회 한국위원회 이사장으로 추대되었다. 1987년에 인권보호특별위원회 위원이 되고 1987년에는 국토통일원 고문이 되어 일했다.

천관우(千寬宇, 1925~91)

충북 제천에서 출생하여 1949년 서울대 문리대 사학과를 졸업했다. 1951년 대한통신 기자를 시작으로 54년 한국일보 논설위원, 56년 조선일보 논설위원과 편집국장, 63년 동아일보 편집국장, 1966년부터 69년까지 신문편집자협회 부회장 등을 역임했다. 군사정부 아래 반독재민주화운동에 관여하였다. 1982년부터 88년까지 국사편찬위원, 1984년부터 91년까지 건국대 대우교수, 1984년부터 86년까지 한국사상사학회장, 1985년부터 88년까지 국정자문위원을 역임했다. 한국출판문화상과 금관문화상, 외솔상 등을 수상했으며, 저서로 『썰물 밀물』 『언관사관』 『한국사의 재발견』 등이 있다.

최규하(崔圭夏, 1919. 7. 16~)

호 현석(玄石). 강원 원주 출생. 1941년 일본 도쿄고등사범학교 영문학과를 졸업하고, 1943년 만주 국립대동학원을 졸업하였다. 1945년 서울대학 사범대학 교수에 취임하였다가 1946년 행정 · 외교 각 분야에서 요직을 거쳐 1975년 국무총리에 기용되고, 1979년 10·26사건 이후 대통령권한대행을 거쳐, 그해 제10대 대통령에 취임하였다. 1980년 대통령직을 사임하고, 1981년 4월부터 국정자문회의 의장으로 활약했다. 1970년 일등수교훈장, 1971년 수교훈장 광화대장, 1979년 무궁화대훈장, 1980년 건국훈장, 대한민국장을 받았으며, 타이정부로부터 받은 백상최고훈장 기사대장 등 10여 종의 외국훈장이 있다.

최능진(崔能鎭, 1899~1955)

1899년 평남 강서군에서 태어났다. 그의 두 형 최능찬과 최능현은 평남 사천에서 일어난 독립만세운동 주도자로 몰려 사형선고를 받은 인물들이다. 1915년 평양 숭실중학을 졸업한 최능진은 중국으로 건너가 금릉대학에 잠시 적을 두었다가 1917년 미국으로 유학을 떠났다. 스프링필드대학과 듀크대학 체육학과에서 수학한 뒤 4년 만에 졸업한 그는 워싱턴 YMCA 체육담당 간사를 맡는 한편 도산 안창호가 이끌던 흥사단운동에도 참여했다. 1937년 흥사단 동우회사건으로 서대문형무소에 투옥되었다.

1945년 건국준비위원회 평남지부 치안부장을 맡았다. 1945년 10월 경무부 수사국장으로 취임한 그는 경무부에 들어오자마자 친일경찰 청산을 주장했다. 따라서 조병옥, 장택상, 이승만 등 친일경찰 비호세력과 사사건건 부딪칠 수밖에 없었다. 1948년 제헌국회 때 이승만 박사와 맞서 경선을 하고 난 후 그 대가로 친일헌병 출신임에도 한국 군부의 실세로 떠오른 김창룡이 주도하는 군사법정에서 총살형을 당하는 비운의 최후를 맞아야 했다.

최동오(崔東旿, 1892~1963)

호는 의산(義山)으로 평안북도 의주에서 출생하였다. 1919년 의주에서 3·1운동을 전개하고 중국 상하이로 망명하였다. 1922년 국민대표회의 상해기성회에 조직위원으로 참여하였다. 1932년에 대한민국 임시정부 국무위원으로 선임되었으며, 그해 10월 한국대일전선통일동맹을 조직할 때 조선혁명당 대표로 참여하여 김규식 등과 함께 집행위원으로 활동하였다. 1939년 11월 대한민국 임시의정원 부의장, 1940년 5월 한국독립당 중앙간부로 선출되었으며, 한중문화협회 감사, 임시정부 법무부장, 임시의정원 법사위원장 등을 역임하면서 광복 때까지 활동하였다.

귀국 후 1946년 비상국민회의 부의장, 좌우합작위원회 우파 대표, 남조선과도입법의원 부의장을 거쳐 1948년 4월 평양에서 열린 남북연석회의에 남측 대표단 일원으로 참가하였다. 1950년 6·25전쟁 때 납북되었다. 1963년 9월 16일 심장마비로 사망하였고 1990년 건국훈장 독립장이 추서되었다.

최병렬(崔秉烈, 1938. 9. 16~)

1957년 부산고교를 거쳐 1964년 서울대학교 법과대학을 졸업하였다. 1971~73년에 미국 서던캘리포니아대학교 신문대학원을 수료하여 신문학석사 학위를 취득하였다. 1959년 한국일보사 기자를 시작으로 출판 · 언론계에 종사하다가 1980년 조선일보 편집국장이 되었다. 1981년 평화통일정책 자문위원, 1983년 조선일보 이사로 있다가 1985년 제

12대 전국구 국회의원이 되었다.

1988년 노태우 대통령 밑에서 대통령비서실 정무수석비서관, 문화공보부 장관이 되었다. 1990년 노동부 장관이 되었다. 1994~95년 서울특별시장을 지냈으며, 1996~97년에는 제15대 국회의원으로서 신한국당 당무위원으로 있었다. 1996년에 국회 국방위원회 위원, 정보위원회 위원을 지냈다. 1997년에는 한나라당 제15대 대선중앙선거대책위원회 공동선거대책 위원장을 지냈으며 1998년 부총재가 되었다.

최치환(崔致煥, 1923~87**)**

경남 남해에서 출생하여 1942년 경기고를 졸업했다. 1953년 미국 미시간주립대 행정학과를 졸업하고, 1971년 미국 하버드대 대학원 국제정치학과를 수료했다. 1960년에 무소속으로 출마하여 제5대 민의원이 되고, 1963년 제6대 국회의원(공화), 1967년 제7대 국회의원(공화)에 당선된 후 제12대 국회의원까지 했다. 태극무공훈장과 을지무공훈장(3회) 등을 수상하였으며, 저서로 『예산제도』『유격전술』『민족의 선봉』 등이 있다.

최태섭(崔泰涉, 1910. 8. 26~98. 5. 31**)**

1927년 오산고등보통학교를 졸업했다. 1953년 (주)동화산업 사장에 취임한 이래 줄곧 기업을 이끌다가 1957년 (주)한국유리공업을 세워 평생 유리공업 발전에 주력했다. 1967년 크리스챤 아카데미 이사장 및 대한적십자사 중앙위원회 위원장, 1978년 기독실업인회 회장 등을 지냈다. 1987년 숭실대학교에서 명예경영학박사학위를 받았다. 현재 전국경제인연합회 고문(1972~), 조만식기념사업회 이사장(1986~) 등으로 일하고 있다. 대통령표창, 한국의 경영자상, 인촌상, 제9회 월남(月南)상, 타이완 대경성훈장 등을 받았다.

카터(Jimmy Carter, 1924~)

1946년 아나폴리스에 있는 미국 해군사관학교를 졸업했으며, 7년 동안 해군에서 복무했다. 1976년 7월 민주당 대통령후보로 선출되었다. 공화당 후보인 리처드 포드 현직 대통령을 물리치고 미국 제39대 대통령으로 당선되었다. 1982년 그는 대통령 재임시절을 회고한 『신념을 지키며』(*Keeping Faith*)를 출판했다. 이후 그는 민간차원의 외교관으로서 수많은 나라에서 발생하는 다양한 종류의 갈등을 해결하기 위해 노력하고 있다.

폴 틸리히(Tillich, Paul Johannes, 1886~1965)

베를린대학, 튀빙겐대학, 할레대학 등에서 신학과 철학을 공부하고, 제1차 세계대전 당시 종군목사로 복무하였다. 전후 베를린대학 강사로 출발, 마르부르크대학, 드레스덴대학, 라이프치히대학 등에서 교수로 있었다. 종교적 사회주의의 이론적 지도자로서 그 운동을 추진하다가 히틀러에 의해 추방당하여 1933년 미국으로 망명, 뉴욕의 유니언신학대학, 시카고대학 등에서 교편을 잡았으며, 퇴직 후에는 하버드대학 초빙교수로 있었다.

그의 사상은 M.켈러 및 F.W.J.셸링의 영향을 받아 실존주의적 요소가 짙었으며, 그 나름의 독특한 존재론적 신학을 전개하였다. 신학과 철학을 문답의 관계로 이해하여, 상황 속에 포함되는 물음을 존재론적으로 분석함과 동시에 그 대답을 그리스도교의 여러 상징에서 찾아내는 것을 특징으로 한다. 저서로 『조직신학』 『새로운 존재』 등 다수가 있다.

하비브(Philip C. Habib, 1920. 2. 25~92. 5. 25)

버클리 캘리포니아대학교를 졸업하고, 같은 대학 대학원에서 철학박사 학위를 취득했다. 1949년 국무부에 들어가 1962~65년 주한 미국대사관의 정무담당 참사관, 1966년 주베트남 대사관 참사관, 국무부 동아시아 · 태평양 담당 차관보 등을 지냈다. 1969년 파리에서 개최된 베트남 평화회담에 미국 대표단 서리로 참석했고, 1971~74년 주한 미국대사로 근무했다. 1974년 국무차관보를 지내고, 1981년 레이건 대통령 때 중동 특사로 활약했다.

한경직(韓景職, 1902. 12. 29~2000. 4. 19)

1917년 진광학교를 거쳐 1917년 오산학교에서 수학했다. 1925년 숭실대학을 졸업하고 미국에 유학하여 1929년 프린스턴신학대학을 졸업한 후 1932년 귀국했다. 그후 신의주 제2장로교회 목사로 시무했다. 1945년 9월 국내 최초의 정당인 기독교사회민주당을 윤하영과 함께 조직했으나 소련군의 진주로 같은 해 10월 월남했다. 1945년 12월 월남한 후 한국신학대학 여신학부 원장으로 일하면서 베다니전도교회(지금의 영락교회)를 설립하였다. 1954년 숭실대학교 학장에 취임했고 1955년 대한예수교장로회 총회장, 1956년 한국기독교연합회(KNCC) 회장을 역임했다. 1973년부터 영락교회 원로목사로 있으면서 여러 세계전도대회에 참석하기도 했다. 1970년 국민훈장 무궁화장을 받았으며, 저서로 『건국과 기독교』 『내일을 사는 인생』 등이 있다.

한명숙(韓明淑, 1944~)

이화여자대학교 졸업. 박성준과 결혼한 후 통일혁명당 사건에 연루되었다. 크리스챤 아카데미 간사로 79년 투옥되었다가 석방된 후 일본, 미국 등에 유학했다. 시민단체인 참여연대 여성단체 대표로 활동하다가 국민의 정부에서 여성부장관을 지냈고 현 참여정부에서 환경부장관으로 재직 중이다.

한신(韓信, 1922~96. 5. 6)

일본 주오대학 법학과를 졸업하고, 1946년 12월 박정희 전 대통령과 함께 육군사관학교 2기로 임관했다. 1950년 8월 수도사단 1연대장으로 낙동강 교두보 확보를 위한 경북 안강 전투에서 승리해 태극무공훈장을 받았다. 5·16군사혁명 후 내무부 장관과 감사원장을 지냈고, 1964년 군에 복귀해 군단장 · 군사령관 등을 역임했다. 합동참모회의 의장을 지냈다. 저서로 『신념의 삶 속에서』가 있다.

한완상(韓完相, 1936~)

충남 당진에서 출생하여 1955년 경북고, 1962년 서울대 대학원 사회학과를 수료하였다. 이후 도미하여 1967년 미국 에머리대학교 대학원에서 정치사회학박사 학위를 받았다. 그후 미국 여러 대학에서 교수로 활동하다가 귀국 후 크리스챤 아카데미와 서울대학 교수를 역임하고 통일부 장관, 교육부 장관, 아시아교회협의회 국제문제위원, 1977년부터 80년까지 한국기독학생총연맹(KSCF) 이사장 등을 역임하였다. 1984년부터 92년까지 서울대 사회학과 교수를, 1988년 제1기 방송위원회 상임위원 및 위원을, 1999년부터 2001년까지 상지대 총장을, 2002년부터 지금까지 한성대 총장으로 있다. 1994년 청조근정훈장을 받았다. 저서로 『현대사회와 청년문화』 『민중과 지식인』 『민중사회학』 등이 있다.

한정일(韓貞一, 1939~)

전남 광주에서 출생하여 1957년 광주제일고를 졸업했다. 1965년 건국대 정외과를 졸업하고, 1972년 건국대 대학원에서 정치학 박사학위를 받았다. 1968년부터 70년까지 국회사편찬위원회 위원, 1969년부터 82년까지 건국대 정법대 강사, 조교수, 부교수를 거쳐 1985년 건국대 사회과학대 학장이 되었다. 1997년 이후 아태평화재단 이사로 있으며, 건국대 대학원장으로 재직하고 있다.

한철하(韓哲河, 1924~)

평남 강서에서 출생하여 1948년 서울대 문리대를 졸업했다. 1950년 서울대 대학원에서 종교학 석사학위를, 1958년 미국 웨스트민스터신학교 대학원에서 신학석사 학위를, 1960년 미국 유니언신학교 대학원에서 신학박사 학위를 차례로 받았다. 철학 · 신학 교수를 역임하다가 1982년부터 98년까지 아세아연합신학대 총장으로 일했으며, 1998년부터 지금까지 아세아연합신학대 명예총장, 한국칼빈학회 명예회장 등으로 있다.

한통숙(韓通淑)

1930년 경성법전을 졸업하고, 1938년 일 고등문관시험 합격하여, 1940년 흥아원 사무관으로 일했다. 1945년 주 북경대사관에서 근무하고, 1948년 교통부 장관 비서실장으로 있다가 1949년 2대 상공부 차관이 되었다. 1961년 체신부 장관이 되고 1963년과 67년 두 번에 걸쳐 전국구 국회의원이 되었다.

함석헌(咸錫憲, 1901. 3. 13~89. 2. 4)

1923년 오산고등보통학교를 거쳐 1928년 일본 도쿄고등사범학교를 졸업하고 귀국하여 모교에서 교사생활을 했다. 1940년 평양 근교의 송산농사학원을 인수, 원장에 취임하였으나, 곧 계우회사건으로 1년간의 옥고를 치른 후 8·15광복 때까지 은둔생활을 하였다. 광복이 되자 평북자치위원회 문교부장이 되었으나 같은 해 11월에 발생한 신의주학생의거의 배후인물로 지목되어 북한 당국에 의해 투옥되었다.

1947년 단신으로 월남, 퀘이커교도로서 각 학교 · 단체에서 성경강론을 하였다. 1956년 『사상계』를 통하여 주로 사회비평적인 글을 쓰기 시작하였는데, 「한국기독교에 할말이 있다」라는 글로 신부 윤효중과 신랄한 지상논쟁을 펴 큰 화제를 일으켰다.

1970년 『씨올의 소리』를 발간하여 민중계몽운동을 전개하는 한편,

1976년의 명동사건, 1979년의 YMCA 위장결혼식 사건에 연루되어 재판에 회부되는 등 많은 탄압을 받았다. 1980년 『씨올의 소리』가 강제폐간되어 문필생활을 중단하였으며, 1984년에는 민주통일국민회의 고문을 지냈다. 저서로 『뜻으로 본 한국역사』 등이 있다.

함태영(咸台永, 1873~1962)

1895년 재판소구성법 공포에 따라 설치된 법관양성소를 1898년 수료했다. 한성재판소 검사로 있을 때, 이승만 · 이상재 등 독립운동가들에게 가벼운 벌을 내려 파면되었다. 이후 대심원 · 복심법원 판사를 지내다가 1910년 한일합병 후 공직을 떠났다. 1919년 3·1운동 때 민족대표 33인의 막후에서 힘쓰다 주동인물로 검거되어 3년 간 복역했다. 1921년 석방되어 장로교 목사로 활동했다. 조선신학원 이사장 등을 지냈으며, 8·15해방 후 심계원장 · 한국신학대학장 등을 지냈다. 1952년 제2대 부통령선거에서 이승만에 의해 후보자로 추천되어 당시 자유당의 강력한 입후보자인 이범석을 누르고 부통령에 당선되었다. 1962년 건국공로훈장 단장을 받았다.

해리슨(Selig S. Harrison)

인도 뉴델리에서 워싱턴포스트의 남아시아 지국장을 6년 동안 지냈고, 1968년부터 72년까지는 도쿄에서 동북아시아지국장으로 활동했다. 한국 외에 일본 · 중국 · 아프가니스탄 · 인도 · 파키스탄 등 아시아 관련 저술도 여러 권 냈다. 1972년 5월 처음으로 북한을 방문한 이래 여러 차례 북한을 방문했고 지금은 저명한 컬럼리스트로 활동하고 있다.

허영자(許英子, 1938. 8. 31~)

경남여자중학교와 경기여자고등학교를 거쳐, 숙명여자대학교 국어국문학과 및 같은 대학 대학원을 졸업했다. 1960년대 크리스챤 아카데미 강원용 원장비서로 일하다가 성신여고 교사가 되었고, 성신여자대학교 국어국문학과장 및 한국문화예술진흥원 비상임이사, 한국시인협회장으로 활동하고 있다.

한국 여류문학의 맥을 잇는 고유의 정한을 바탕으로 사랑과 기다림, 한과 고독의 본질을 노래하는 동양적 연가풍의 아름다운 서정시를 발표해 문단의 주목을 받았다. 저서로 시집 『가슴엔 듯 눈엔 듯』 『어여쁨이야 어찌 꽃뿐이랴』 등이 있고, 1972년 제4회 한국시인협회상, 1986년 제20회 월탄문학상, 1992년 제2회 편운문학상, 1998년 제3회 민족문학상 등을 수상했다.

홍성우(洪性宇, 1938~)

서울에서 출생하여 경기고와 서울대 법학과를 졸업하였다. 1961년 고등고시 사법과에 합격했다. 1979년 크리스챤 아카데미 반공법 위반 사건의 담당변호사였다. 저서로 『세대의 문제』 등이 있다.

홍성철(洪性澈, 1926~)

1950년 서울대 상대 경제학부를 졸업했다. 이후 62년까지 해병대에서 대령예편 때까지 근무하였고, 1966년부터 70년까지 국무총리 비서실장을 지냈다. 1970년부터 73년까지 대통령 정무담당비서관, 1973년에는 내무부 장관이 되었다. 1978년 보건사회부 장관, 1985년 평화통일정책자문회의 부의장, 1988년 대통령비서실장, 1990년 통일원 장관 등을 역임하였다.

황신덕(黃信德, 1898~1983)

호는 추계(秋溪)이며 평안남도 평양에서 출생하였다. 1926년 니혼여자대학 사회사업학과를 졸업하고, 같은 해 중외일보 기자가 되었으며 1940년 중앙여고를 설립하고 교장에 취임하였다. 8·15광복 후에는 애국부인회 중앙위원을 거쳐, 1948년 과도정부 입법의원에 선임되었다. 1952년 여성문제연구회장, 1956년 가정법률상담소 이사장, 1958년 대한어머니회 이사로 활약하였다. 1961년 중앙여고 교장을 사임하고, 학교법인 추계학원 이사장이 되어 추계초등학교 · 추계유치원을 설립하였다. 1970년 3·1여성동지회 부회장이 되었고, 1975년 회장에 선임되었다. 1962년 교육사업과 여성운동에 이바지한 공로로 문화훈장 대통령장을 받았다.

황영시(黃永時, 1926~)

1950년 육사를 졸업하고 1958년 육대를 졸업했다. 1966년 수도경비사 참모장, 1969년 사단장, 1971년 육군본부 작전참모차장, 월남전서 한국군 지휘관으로 일한 후 1975년 삼군사관학교 교장, 1977년 군단장, 1979년 육군참모차장, 1981년 육군참모총장을 끝으로 1983년 대장으로 예편하여 1984년부터 88년까지 제8대 감사원장으로 일했다. 기독교 여러 단체에 관여하고 경동교회 장로도 역임했다.

황장엽(黃長燁, 1925~)

함북 주을 출생. 김일성종합대학을 거쳐 1949년 모스크바종합대학에서 정통 마르크스-레닌주의 철학을 공부했다. 1954년 입국하여 김일성종합대학 교수로 재직하다가 1958년 노동당 핵심지위로 발탁되었다. 그후 1965년 김일성종합대학 총장에 임명되었고 주체사상 확립에 관여하였으며, 김정일을 후원했다. 1970년 당중앙위원, 1980년 당비서, 1984년 조국평화통일위원회 부위원장, 1987년 사회과학자협회 위원장 등을 역임하였다. 1997년 2월 북경 주재 한국총영사관에 망명을 신청한 뒤, 필리핀을 거쳐 4월 서울에 도착했다.

황한식(黃漢植, 1948~)

경남에서 출생하여 서울대 무역학과를 졸업하고, 같은 대학 대학원 경제학석사와 경제학박사 학위를 받았다. 크리스찬 아카데미 간사 재직 중 79년 수감되기도 했다. 현재 부산대 경영경제연구소 소장, 부산대 상과대 경제학과 교수로 있다. 저서로 『부산지역 노동시장의 구조』 『도시지역 경제학연구』 등이 있다.